書不盡言
言不盡意
有覺聖智
完成人格

辛卯冬 二〇二年
九四頑童
南懷瑾

南怀瑾先生

我读南怀瑾

练性乾 著

复旦大学出版社

南怀瑾先生

书到用时方恨少
事非经过不知难

南怀瑾 书

手迹之一

座山捨河
山点要人
性乾存念

丙子春
南懷瑾

手迹之二

不二門中我亦俗聰明絕頂是無能此身不上

南怀瑾与本书作者

目 录

出版前言　*1*

引子　*1*

第一章　此身不上如来座　*1*

温州出了个南怀瑾　*2*

"佛子"——佛送的儿子　*11*

童年时代三个梦　*19*

西子湖畔学武艺　*20*

蜀道初登一饭难　*26*

成都军校当教官　*31*

恩师袁焕仙　*33*

结交"厚黑教主"李宗吾　*36*

峨眉"闭关"　*39*

康藏求道　*42*

第二章　栖身宝岛三十六年　*45*

乱世人生路　*46*

道德文章开辟新天地　*55*

走向社会　影响朝野　　63
"特别班"里的特殊学生　　67

第三章　旅美三年　心怀故国　　73

第四章　一家十口四方分　　85
忠孝不两全　　86
结发妻子是"观音菩萨"　　90
视众生如子女，视子女如众生　　91

第五章　亦儒非儒　　95
当代大儒　　98
推崇孔孟，异议朱熹　　101
不是学者，而是"行者"　　109
赚钱容易花钱难　　111
慎独自律　　116
从来不想当官　　118

第六章　是佛非佛　　121
温州佛门香火盛　　123
与佛有缘　　125
不吃素　不出家　　127

第七章　推崇道家又非道家　135
　　文化最重要　139
　　谋略要以道德为基础　144
　　小隐在山林　大隐于朝市　145

第八章　"中南海"搭起新舞台　151
　　不忘家乡，不忘老友　152
　　金温铁路的"催生者"　158
　　不计名誉，不要回报　168

第九章　统一大业，梦魂萦绕　173

第十章　等身著作还天地　181

第十一章　不算导读的"导读"　189
　　《禅海蠡测》——处女作　190
　　《论语别裁》——成名之作　194
　　《老子他说》——一部未完的书　204
　　《易经杂说》——闲坐小窗读周易　208
　　《大学》——晚年的心愿　213
　　《如何修证佛法》——信不信，都可看　221

第十二章　旁门左道不要玩　　235
　　未卜先知而不露　　237
　　用人先看相　　242
　　风水咒语有道理吗　　248
　　南老师有神通吗　　252
　　如何对付黑道　　254

第十三章　养生之道——随时吃药　　259
　　随时吃药，大病不得　　260
　　静坐修道，长生不老　　263
　　要想健康，腹中常空　　266

第十四章　书到用时方恨少　　269
　　三十岁前读遍古书　　270
　　始终手不离书　　274
　　买书送人成了习惯　　279
　　通宵达旦看《唐明皇》　　282

第十五章　"自欺　欺人　被人欺"　　285
　　知其不可而为之　　287
　　古来圣贤皆寂寞　　290
　　才难！才难！　　298

"圣贤"——剩下来的闲人　　300

第十六章　教化的力量　　307
　　浅水走蛟龙　　310
　　半个"布道者"　　313
　　弱女子，大管家　　318
　　一日从师，终身为父　　322
　　辛苦艰难永追随　　327
　　"关门弟子"　　331
　　只念过小学的"大师"　　336
　　记住老师四句话　　341
　　学功又学德的洋学生　　348

结　束　语　　357

后　记　　363

南怀瑾先生著述目录　　365

出版前言

南怀瑾先生，旅居海外的著名学人，大家都叫他南老师。我不能算是他的学生，顶多只能算半个；不过，为了随大流，我也叫他南老师。本书下面对南怀瑾先生的称呼通通都用"南老师"。

关于本书的书名，颇费了点脑筋，在写作的过程中，换了好几次。开始的时候用《一代宗师南怀瑾》，后来改为《一代奇人南怀瑾》，又改为《一代通人南怀瑾》。改来改去，总觉得不满意，这些头衔都不能概括南老师的为人和学问；加上南老师自己并不喜欢这些头衔，他经常说，自己只是一个很平凡的人。为了尊重南老师的意见，我就用《凡人南怀瑾》作书名。一个人，在自己的一生取得了非凡的业绩、拥有了崇高的声誉之后，还能以平常心对待自己，这样的平凡实际上是很不平凡的了。但看过书稿的几个人，对《凡人南怀瑾》这个书名都不欣赏，我只好再作改动，冥思苦想，还是找不到一个好题目。干脆，什么头衔都不用，老老实实，就是《我读南怀瑾》，一篇读后感，读南老师的书，读南老师的业绩，读南老师的人生。这个题目同本书的内容完全符合；这个题目像中学生的作文题目一样，凡是认识南老师的人甚至不认识南老师的人都可以写，我就可以逃脱"没有资格写南老师"这个责难了。

还要说明一点，写南老师的生平，碰到最大的困难是年代问题。南老师的记忆力非常好，童年时代读过的书，现在都能背诵；他见过一面的人，过了几年甚至十几年，再次见面的时候，南老师都能叫出对方的名字。但他自己做过的事情，哪一年哪一月，他通通记不清楚；他说自己一生只填过两次履历表，那都是几十年前的事了。在现有的介绍南老师的文字资料中，可以发现很多不准确的地方。因此，我在写这本书的时候，尽量把时间搞得准确一点；实在没有办法搞清楚的地方，只能用模糊的手法来表达了。

在开始写这本书的时候，我没有给自己定下写多少万字的指标；在写作的过程中，我发现越写越觉得言犹未尽，越写越长，我不断地在电脑里补充。到最后拿出书稿时，自己还是一片遗憾：我究竟写出了多少？我究竟了解了多少？出版社早就把这本书列入了出版计划，一些朋友也一再催促我早一点把书稿拿出来；"事求妥帖心常苦"，我只好暂时舍弃"妥帖求全"之心，把希望寄托在再版时的修改和补充上，更寄希望于高明之士来写南老师。

本书初稿完成后，我带了书稿去见南老师，本想请他过目，补充一点资料，核实一下有关情节，再请他提一点意见，使这本书的内容更加准确翔实；但在一念之间，我突然改变了主意，在本书出版之前，不给南老师过目。本书出版后，读者如果发现有什么不当之处，或者引起任何的非议和指责，责任都是我自己的。

本书采用的材料，除引自南老师的著作外，还有《怀师》和秦明女士的文章《五十年来的近事——怀师》，另外，南老师身边的李素美、刘雨虹女士等，向我提供了许多背景材料，在此聊表谢意。

引　子

要介绍南老师，或者是评价南老师，是一件很难很难的事情。我是说，要全面地介绍和准确地评价南老师，到目前为止，条件恐怕还不成熟。

在台湾，南老师有许多头衔，一般性的如"教授"、"哲学家"、"大居士"，不一般的如"国学大师"、"禅宗大师"、"当代通人"、"一代奇人"、"通天教主"、"儒释道大宗师"和"中国文化之瑰宝"等等。对南老师给予这么高的评价的人，本身或身居高位，或学识渊博；他们同南老师的关系，除了得益于他的教化和影响之外，对他并无所求。但是，在这么多的头衔中，哪一个也不能全部涵盖南老师的学问和他一生的业绩。相反，在另一方面，南老师却被安上许多莫明其妙的帽子，比如说，南怀瑾是一个"老和尚"；南先生是个"台商"，很有钱；有人说，他呀，是一个"黑道头子"；甚至还有人说，这个老头子真是艳福不浅，身边美女如云，红颜常伴。这种传闻，发生在名人身上，可能是社会常态。我在读完了南老师的全部著作和对他进行多方面的了解之后，形成了我自己的看法，我送给南老师一顶帽子：南老师是一个"？"，一个"大问号"。

南老师一无钱，二无权，却为什么有那么大的影响力？为什么海峡两岸甚至世界各地有那么多的人仰慕他、崇拜他、追随他？他的行为方式为什么又那么奇、怪、独、特？在当代社会，为什么会出现南老师这样的人？说起来都令人难以理解，很多认识他的人都说"搞不懂"、"真是搞不懂"。我写这本书，并没有奢望要解开这个"大问号"；要解开这个"大问号"，恐怕要靠后人来完成。

南老师虽然年届耄耋，但始终像年轻人一样，充满了活力。在台湾，南老师已经出版了数十部专著，但这只是他一生著述的一部分，他还有许多书稿尚未出版，另外还有许多讲学录音带没有整理出来；还有一点，关于他的生平业绩，已经公开的资料还很少，只有一本《怀师》，七八年前在台湾出版，是他的门生弟子撰写的文集，纪念他的七十华诞。许多人有兴趣给南老师写传，台湾、大陆的一些作家、记者都动过这个念头，想给南老师写传记，或者帮助他整理回忆录，但南老师都没有答应。他说："我现在还不能写，我接触的人太多了，海峡两岸，党政军里面，人太多了，现在不能写，真话不能说，谎话不可以说，不愿意说。"他甚至不愿意接受新闻界的采访，他说最讨厌自吹和让别人吹。现在，海峡两岸媒体上的文章，谈到南老师的生平，基本上是从《怀师》这本书里抄的，抄来抄去，难免也出现一些误传。

南老师的著作在海峡两岸都很畅销，读过他的书的人很多，见过南老师的人也不少；但是，在我看来，真正了解南老师的人并不多，真正能够理解他的宏愿和他的行谊的人，就更是少而又少了。许多读者都希望知道，南怀瑾究竟何许人也？他究竟是干什么的？不少人向我提出过这样的问题。这几年，我一方面读南老师的书，有些书读过不止一遍，再则，有幸多次随侍南老师身边，为他讲课作记录整理的工作；另外，我还做了一点他交办的事情。我不能说自己知道的事情很多，但是，比起内地的普通读者来，我对南老师有了比较多、比较直接的了解。

我曾经斗胆预言，"南怀瑾"三个字将来肯定会成为一门学问，叫

"南怀瑾学",或者叫"南学",相信会有人来专门研究南老师的。有人鼓动我来做这件事,我说我有自知之明,力不从心。但是,我正在努力为后人研究南老师做一些事情,做一点前期的工作,做一点铺路的工作。比如,为南老师的著作在内地出版,做一点联络和校对勘误的工作,也着手搜集有关南老师生平的资料。与此同时,我编辑出版了两本书,一本叫《南怀瑾历史人生纵横谈》,再版时改名为《南怀瑾谈历史与人生》;另一本是《南怀瑾著作诗词辑录》。《南怀瑾谈历史与人生》这本书出版以后,南老师的好几位门生说我做了一件大好事,功德无量。我据实以告,在这本书里,除了"前言"和"后记"外,没有我自己的一个字,我只是用剪刀加浆糊,从南老师的众多著作中"断章取义"而已。我编这本书的目的很明确,第一,希望那些身居要职或忙于下海赚钱的人,能读一读南老师的书,但南老师有那么多的书,他们肯定没有时间去读完南老师的全部著作,读了我编的这本书之后,对南老师的学问,就可以有一个初步的了解,或许从中能得到一点启示;第二,希望那些喜欢读书但又从来未读过南老师书的人,读了我编的这本书之后,可能会引起兴趣,再去读南老师的原著。从《南怀瑾谈历史与人生》这本书出版后的反应来看,我的这两个目的都已经达到了。

因为我编了这两本书,受到了读者的欢迎。我收到了不少读者的来信和稿约,还有人登门同我探讨读后感;北京、上海、温州和杭州等地,有人请我去介绍南老师,我把我知道的情况随便给他们聊聊,他们都很有兴趣地听。于是,我就萌生了这个念头:在专家学者们的研究著作出来之前,我先来写一本书,或许能够起抛砖引玉的作用;同时,在这本书中,我把南老师的生平作些简略的介绍,使一般读者对南老师有一个大致的了解,也可释去一些讹传。我这本书,谈不上是南老师的传记,也谈不上是研究性的评传,我只是提供一些我所知道的背景资料和我自己的一点感想而已。

第一章
此身不上如来座

一九一八年农历二月初六（阳历三月十八日），南怀瑾生于浙江温州乐清县翁垟镇地团村。小名银奶，生肖属马。

温州出了个南怀瑾

大凡介绍一个名人，都从他呱呱坠地开始，接着介绍一大段生他养他的那一方土地；我写南老师，也不想免掉这一"俗套"。

南老师的家乡温州，也是我的家乡。这十几年来，温州的知名度一直居高不下，不仅在国内有名，甚至远播海外。我这个在外地的温州人，连带着也沾了不少光，同时也连带着受了不少累。我回答了别人的"府上在什么地方"的问题后，对方第一个反应是："你们家一定很有钱。"害得我必须花很多口水来解释，我说：温州人并不是个个都发了大财，我的几个弟弟妹妹还是捧着社会主义的"铁饭碗"，过着"工薪阶层"的平常生活。

温州究竟是怎么样一个地方？温州人有什么特点？我这个温州人讲不清楚。经济学家们一批一批往温州跑，要探讨"温州模式"；记者作家也一批一批往温州跑，写出一篇篇温州人"敢为天下先"、"第二次创业"的报道文章。与此同时，温州出伪劣产品、温州人乱建坟墓等等坏事也经常被媒体曝光。对于家乡的这些好事坏事，我这个温州人并没有因此而感到自豪或羞耻，我也无法作什么评论；但一个地方发生的事情，被别人广泛地议论，总有它的特殊理由。一九九二年，我相隔十五年之后再次回到故乡，就发现温州确有许多与众不同的地方。我跟几位港台来的朋友去拜访市长、市委书记，小汽车一直开到市长的办公楼前，市府大院门口没有警卫拦截，传达室没有人出来盘问，客人不用在传达室登记，因为是晚上，我甚至没有看清有没有警卫和传达室；市长书记的办公室、市府会议室朴素得近于简陋、近于寒酸。我也算是一个走南闯北、见过世面的人，面对此情此景，当时就产生了一个强烈的感觉：温州确实是一个非常特殊的地方，我在国内国外从没有见到过这种景象。

在这本书里，我不准备详细全面地介绍温州。因为，第一，没必要；第二，我也做不到。我从出生到考上大学，在温州生活了十八年，我把记忆中的家乡情况描述一番，可能给读者了解南老师提供一点帮助；但南老师比我年长二十一岁，我们之间也存在着一个"代沟"，我讲的情况可能同他青少年时代的温州也有不同。

温州是个小地方。这几年，城市建设搞得好，有一点现代化的味道了。记得我小时候，温州只是一个古老的小城，建国初期，温州的城市人口只有十万；纵贯市区南北的解放路，算是最繁华的，我曾经从最北头逛到最南端，一个来小时就够了，因为这条路也不过两公里多一点；四层楼的国货公司是全市最高的建筑；老百姓没有见过火车、汽车和许许多多其他现代化的东西；绝大多数家庭用不上电灯，到了晚上，商店关上门，如果没有月亮，大街小巷一片黑暗；做饭用木柴；自来水、公共汽车都是一九五八年"大跃进"的产物。这就是当年温州的情况，一个古老的小城市，在中国的版图上占了一个小小的圆点，默默无闻。

温州是个好地方。用山清水秀、鱼米之乡来形容，并不过分。温州的地形属于丘陵地带，山很多，市区里就有积谷山、华盖山、松台山、杨府山等等，都只有几十米高，现在都成了公园；市区之外的茶山、仙岩、南北雁荡山等，则是远近闻名的旅游景点。"天下名山僧占多"，温州的名山一般也都建有大寺庙，记得小时候春游远足，能够歇脚休憩的地方只有寺庙。一条瓯江发源于庆元，经龙泉由西向东流经温州，奔腾而去流入大海，全长三百八十八公里，是浙江省的第二大河；温州境内还有许多河，市区里也有许多小河，虽然没法同威尼斯相比，但那些傍水而建的民居，也很有一番情趣。这几年，城市建设步伐加快，许多小河都被填了修马路盖房子了，城市日益向现代化迈进，那种水乡的特色消失得差不多了。

这么一个有山有水的地方，加上气候温和，雨量充足，物产自然很丰富了，水果有柑、橘、梨、柚子、杨梅、枇杷，水产海鲜的品种很多，鱼虾蟹样样俱全，滩涂里出的一种"跳鱼"和一种叫"龟脚"的海鲜，味道很是鲜美，后来我跑了那么多地方，从来没有吃到过。大概是那时候对外交通不便，温州的土特产运不出去，价钱都很便宜。印象很深的一个景象是，直到五十年代中期，到了黄花鱼、凤尾鱼捕捞季节，满大街都是卖鱼的，一斤只卖一毛多钱；去年回乡探亲，听说黄花鱼卖到一百八十元一斤，不到四十年时间，涨了一千多倍，大概是涨得最厉害的一种商品了。

在这样一个"鱼米之乡"长大的人，有一种自得其乐的情结。当然，"谁不说自己家乡好"，但温州人乡土观念似乎特别强烈，认为天底下哪儿都不如温州好；在外地工作的人，千方百计要往回调。小时候，听大人们说起，东北是怎么怎么冷，擤鼻涕都会把鼻子擤掉；北方人拿高粱、玉米当主食，怎么能咽得下去。家里有人在外地工作的，得经常往外地邮寄鱼干、虾米、腊肉、粉干。小时候听过一个笑话，一个温州人到北方办事，上馆子吃饭，身上带的钱不多，不敢点鸡点肉，要了一盘他认为最便宜的海蜇皮，结果一结账，口袋里的钱都掏出来还不够。他犯了一个错误，入乡不问俗，他以为北方同温州一样，像海蜇、虾皮、鱼生这些东西是最便宜的，穷人家都吃得起。说温州物产丰富、鱼米之乡，但在我的记忆里，老百姓的生活水平还是很低的，特有钱的"大款"，家里拥有一辆黄包车，就不得了了，几乎全城的人都知道；而穷苦人则随处可见，我小学的同学中，就有经常光着脚、饿着肚子来上学的；小河里漂浮着弃婴的尸体，则是我亲眼所见。当年的情况恐怕同全国其他地方也差不多，只不过仗着比较好的自然环境，没有遇着特大的天灾人祸，没有出现过那种赤地千里、饿殍遍野的局面罢了。

这几年，有一件事使我百思不得其解，就是温州人打进全国各地的市场，连新疆、西藏都有温州人在经商，旅居海外的华侨有二十多万人，有人甚至说，温州人就是"中国的犹太人"。记得小时候，温州人从来没有这么"火"过。建国以前，温州的几家最大最有名的商店都是宁波人开的，商店的招牌上都特别写着"宁商"两个字，大人们说"无宁不成市"，没有宁波人开的商店，就不能算是一个城市。看看今天的情况，这句话真该改为"无温不成市"了。

温州是个特别的地方。每个地方都有一个地方的特点，温州可以讲出的特点很多很多，最突出的恐怕是语言了。温州话自成一个系统，外地人听了像是外国话。在温州专区的十来个县市里，还有各种不同的方言，有些可以沟通，有些相互之间根本听不懂；瑞安同平阳两个县紧挨着，但两地的人就讲两种完全不同的方言，平阳还有一部分人讲闽南话，其实他们离闽南还远着呢。解放后，全国推广普通话，学校里也教汉语拼音，加上广播电视的逐渐普及，现在，大多数温州人总算能听懂普通话了，能讲不标准的普通话了，要温州人普通话讲得标准，恐怕很难很难。温州人当电影演员、播音员的不太多，老牌明星黄宗英是温州人，但她从小就离开了家乡。我在北京生活了三十多年，普通话到现在还讲不好，一开口，人家就知道我是个南方人。至于老一辈的温州人，有的到外地经商谋生，到老了还只会讲温州话。我大学毕业后，又脱产学了三年英文，但我第一次当翻译用的却是温州话。那一次，碰到国庆盛典，许多海外华侨回来参加国庆观礼，当时的侨委人手不够，我被借去参加接待工作。华侨中有几个定居欧洲的温州人,普通话半句也听不懂,中国字也不识;侨委的唯一温州籍干部正好出差去了,上上下下弄得一筹莫展。侨委领导按例还要宴请这几位温州华侨,这可怎么办好?正在万难之中,发现了我这个"人才",马上被拉去当翻译;而我则是第一次轻轻松松地完成了一项"政治任务"。我还听说,国外的某一场战争中,一方用温州话作为战地通讯的工具,使敌人无法破译。这个传闻可能是编出来的,但听起来挺有道理;试想,在战场上如果窃听到敌方的温州话联络内容,要判断确定它是温州话就很不容易,再要找到一个温州人来破译它,那场战斗恐怕早就打完了,毕竟温州话是一种很特殊的方言。

除了独特的语言之外,温州在文化风俗方面也保留了自己的特色。重视文化,重视对子女的智力开发,是温州人的传统。南宋时期出现的"永嘉学派"在历史上产生了重要的影响。一种用温州方言念唱的戏剧"乱弹",专家考证起来,还是我国最古老的剧种之一,今天可能早就式微了。佛教和佛教文化的影响,在温州可以强烈地感觉到,我在下面还会专门讲到。旁门左道、封建迷信的东西,在温州曾经相当盛行;今天,这些东西又沉渣泛起,外地人看了觉得大惑不解。

温州是个出人才的地方。"江南出才子",这句话流传全国;温州也在江南,连带着沾点光,说起来也是个出才子的地方。出才子的地方,似乎同时意味着出不了英雄。温州历史上好像没有出过什么英雄豪杰,温州地处一隅,不是兵家必争之地,除了"文革"中的武斗外,现在几代温州人都没有见过真刀真枪的战争场面。历朝历代温州似乎也没有出过大官、大人物;在革命战争中,温州也没有出过一位杰出的领导人物;解放后一直到现在,温州人当过中央政府的部长、副部长的寥寥无几。看来,温州这个地方只能出"才子",在文化艺术教育领域里,出了一大批学者专家教授,为年轻一代莘莘学子树立了奋斗的榜样。在一九五八年之前,温州只有几所高级中学,没有大学,要上大学都得到外地上，严格说来，这些被称为"才子"的人，也是外地培养出来的。而且，论知名度，论影响，这些人恐怕只能算是"小才子"或"中才子"，真正能在一个领域独领风骚，或者能够名留史册的，则是凤毛麟角了；在现代，能让温州人感到自豪的大概只有大数学家苏步青、姜立夫、李锐夫、考古学家夏鼐、著名报人赵超构、"词学宗师"夏承焘、元曲专家王季思等几个人。

这就是南老师的家乡温州。"一方水土养一方人"，但我上面对温州的介绍，并不足以说明，温州这样的环境必然要出南老师这样的人；甚至可以得出相反的结论，温州不该出南老师这样的人。关于山川同人物的关系，关于一个地方的环境对那个地方的人物性格的影响，究竟是怎么回事，我讲不清楚，南老师却有个说法，他对自己的家乡有一些独到的见解。南老师曾经口述一篇文章，叫我整理，讲温州的永嘉禅师的事，题目是《山川人物与永嘉禅师》，我把它摘要引用在这里，比我的介绍分析精彩多了。

山川人物与永嘉禅师

山川人物这个题目，在中国文化里的确很重要。山川代表地理环境，不同的地理环境生产的东西就是不同。比如说榴莲，泰国、印尼、缅甸这一带很多。你把它移到台湾或亚热带地区，它绝不是榴莲。所以，地理环境同这个环境里出生的人物不能说没有关系。南方人就是南方人，北方人就是北方人，东部和西部也各有不同，他们的思想、气质，一切都有不同。奇怪，看起来似乎是迷信，实际上是科学。

因山川人物提到永嘉禅师。永嘉禅师对中国文化、禅宗的影响，他的声光，声名、光芒，现代话叫声誉，不但照耀唐朝的禅宗一代，而且影响到深远，一直到现在，甚至将来。

永嘉禅师当然是永嘉人。清朝以前，浙江设八府，温州府、宁波府、处州府等。温州府共辖五个县，永嘉县是温州的首县。温州的山川人物影响到一个时代，尤其是现在，"文革"以后，改革开放以来，个体户兴起，温州的声望是那么大，几乎传到全世界。

我是温州府乐清县人。我从小对这个国家很有感情，想为国家做一番事业，所以对本国的历史、地理、文化特别注意。我们当年，国人如对自己国家的历史、地理、文化不熟悉，是一件羞耻的事。尤其是我个人，比一般人的个性又更顽固。

关于地理，讲一个有趣的事。大家知道，世界的屋脊在喜马拉雅山，在小乘佛经里，喜马拉雅山就是须弥山，大乘佛经里的须弥山不一定指喜马拉雅山。须弥山是地球的中心，也是屋顶。喜马拉雅山下来，在北方，新疆一带过来，北部高原，叫冈底斯山。中东、印度、中国，河流山脉的源头，在中国讲，都发源于昆仑山。昆仑山是喜马拉雅山的一股，一大股，中国人素来以昆仑山为标准。中国的山脉分三条大山脉，昆仑山主山中脉，到青海高原、甘肃、陕西、山西下来，古代称之为中龙山脉，像一条龙，阴阳风水叫龙脉，从空中看，山势的走动就像一条龙在滚动。中龙山脉由青海、甘肃、陕西下来，过了太行，是中条山脉。最后，一路下到淮泗，淮河流域、泗水流域，到海边下海，震泽湖。龙下来一定要喝水，到震泽湖下海，龙在喝水。这一条龙脉，在海里抬头，就是日本。

由昆仑山脉向北走，过新疆、青海，经过内蒙古和蒙古，到东北，鸭绿江下海，在海里抬头，就是朝鲜，这是北龙山脉。

南龙山脉，从昆仑山出来，进西藏，向南到云南贵州，向东到两广、广东、广西，经过湖南、江西，一路到福建。当然它有分支。江浙、福建都是它的分支，到福建下海，就是台湾。

把中国的山川气脉分类，大概是三条龙脉，不同的山川气脉出的人物都不同。拿历史来对照，差不多三代以前了不起的人物，尧、舜、禹、汤、文王、周公、孔子，成功的人物，大多是北龙山脉出来的。北龙山脉的人出来，天下太平，他们稳重。秦汉以后，以至唐、宋、元、明，都是中龙山脉的人，大多是太平盛世。

南龙山脉出名的，好像文化思想、哲学、禅宗、佛法，成仙成佛，大多是南龙山脉的人。南龙山脉出来的人可以做宰相，聪明有余，稍欠浑厚。一百多年来的历史际运，站出来的都是南龙山脉的人。

温州在地理上属南龙山脉的分支。浙江的括苍山脉，由杭州那边起，青田、丽水一带下来，又是一条龙脉，到温州下海。括苍山脉从古到今出了很多人，风景很好；同仙霞岭山脉连起来，一下来就是天台。天台是历史上有名的出神仙、出仙佛的地方，换句话说，是出哲学家的地方。温州在历史上素来是仙灵聚居之地，山水秀丽，如有名的乐清北雁荡山。

温州一带，春秋战国、秦汉以前是蛮夷之地，同福建一带称闽越，温州是南越；汉朝的南越是指广东、广西；温州叫瓯越，是独立的一个系统，文化也不同。汉朝以前是东瓯王，古书上说，百越文身之地。百越包括广东、广西、福建、江西等等。温州真正归入中国版图，是在汉武帝的时候。温州文化慢慢开发起来，山川之秀丽渐渐为人知道，是在东晋阶段。雁荡山原来几乎没有人知道，到了东晋，谢灵运（康乐）出守温州，当地方首长，他喜欢爬山，喜欢游山玩水，才发现雁荡之美。据说，雁荡山是释迦牟尼的弟子、五百罗汉之一的诺巨那尊者的道场。对此，只能说事出有因，查无实据。佛的五百罗汉弟子那时候怎么能到达中国，除非他有神通。这个就难说。佛经上常说，佛以一音说法，众生随类得解。佛讲一句话，世界上一切众生都听懂。那好，他老人家当年用梵文讲经，中文为什么没有记录，为什么后来还用翻译？为什么不用中文讲出来、不用后人翻译？佛以一音说法，众生随类得解。当年，有人对我说，你悟道了。我说没有，我讲出一句话，别人听不懂，还没有到佛的境界。

温州的文化在唐以前，没有出什么很大的人物，只有一位，是佛家的永嘉玄觉禅师，在文化史上占很重要的地位。这个人不但影响了唐代的禅宗，还是禅宗和天台宗两大派同出的最重要人物。

温州人物在儒家、文学上出名的，在宋朝比较多。宋朝形成一个学派，叫永嘉学派，是儒家理学的一个支流，与浙江的金华学派、宁波甬上学派，都是儒家的派系。在学术、文化上，叶水心（叶适）出了名。我觉得温州很奇怪，佛道两家出了些人。宋代一个道士林灵素，温州人，拿现在的话说，就是有特异功能，可是他的法力很大，影响了宋朝的皇帝宋徽宗，宋徽宗拜他为国师。一个温州人，画符念咒，影响到皇帝。宋朝这几个皇帝很奇怪，从真宗以后，大多都是迷信的大家。看他们的谥号，死后得的封号，宋真宗，真假的真，好像很好听，实际上是特异功能的崇拜者；神宗、钦宗受林灵素的影响很大。金人南下，打到汴京（开封），最后用道家的符咒法力抗拒金人，不但不能打胜仗，父子两人还做了俘虏。这个林灵素，历史上只一笔带过，因为他是道门之人。

永嘉禅师是正宗的禅宗，温州人知道他的并不多，知道林灵素的则更少。对林灵素这一段仔细研究起来，皇帝迷信道教、画符念咒到这个程度，这个国家非亡不可。我们温州人林灵素对北宋之亡倒有很大的功劳。后来，温州还出了一些汉奸，同山川风水的影响很有关系，这是很客观的，不要站在温州人的立场，尽是出好人，不出坏人。不过，其他地方也出坏人。到了宋朝，乐清考取了一个状元，叫王十朋，乐清人一提起王十朋，觉得了不起。

温州的永嘉禅师的著作影响到千多年来的学术思想，尤其是禅宗，他的分量有那么重，价值是那么高，文字之优美就更不用说了。我觉得，讲温州人物，最光荣的一位就是他。

上面这一大段文字，是南老师对他家乡的山川与人物的关系的分析，听起来挺新鲜。南老师那么推崇永嘉禅师，认为永嘉禅师是温州历史上"最光荣"的一位人物，但今天的温州人恐怕没有几个人知道永嘉禅师；在《温州词典》中只有一百多字的介绍，没有做任何评价。南老师说，温州一带历史上出过不少神仙、仙佛，那么南老师自己是不是这样的人？或者，南老师也将同永嘉禅师一样载入史册？我不能回答这两个问题，我能做到的，是把我了解的情况向读者作比较详细客观的介绍。

"佛子"——佛送的儿子

南氏家族在当地是一个大家族，祖先在宋代时从中原移居此地。上面介绍温州自古以来算是一个鱼米之乡，但南老师出生的乐清县地团村和附近的几个村子，却是个穷地方，地少人多，旱灾、台风、潮水倒灌等自然灾害经常发生，十年九荒，讨饭的人很多。南家到他祖父这一辈，已经中道衰落了。他的父亲南仰周是个遗腹子，上面两个哥哥能力不强，南仰周十二岁就撑起这个大家庭的重担，凭着他顽强的毅力和不服输的性格，总算置下了一份"小康"水平的家产，并在地方上赢得了声誉，还一度当选为乡长。

有关南老师父辈、祖辈的事情，已没有现成的文字资料可查，现在还健在的人也没有几个能说得清楚，何况那都是几十年甚至一百多年前的事了，我不想也没有能力把它搞得水落石出。只是从南老师在家乡的亲属的闲聊中，听到片言只语，并了解到南老师这个传奇式人物，生下来也并不是一个"天才"或"神童"，如果一定要说出南老师童年和少年时代的特点来，倒也可以说一点他的与众不同之处。

南老师的父亲到了结婚年龄，娶当地赵氏女为妻，赵氏几年后病逝，南仰周续娶了她的妹妹，当然也称赵氏。南家这时候人丁不旺，天天盼望着赵氏为南家添丁加口；偏偏她过门以后，一年，两年，三年，没有一点生儿育女的信息。现代人提倡晚婚晚育，可在当时，过门几年没有生育，做媳妇的被人戳脊梁骨，那是世之常情。本来并不礼佛的赵氏，天天跑城隍庙，求神拜佛，烧香许愿。大概是她的虔诚感动了佛爷菩萨，在她二十六岁的"高龄"，终于生下一个儿子，就是南老师，为南家续了香火，但她此后再也没有生育。几十年后，南老师名闻海内外，家乡老一辈的亲戚茶余饭后谈起他，说他生下来后就被亲友称作"佛子"——佛菩萨送的儿子。

父母亲"晚年"得子，又是一个独子，呵护备至，娇生惯养，自不必说，特别是母亲，更是将宠爱集于他一身。只举一例，就可以看出母亲对他是如何的宝贝。现在当妈妈的，生下孩子，有些没有喂过一天的奶，而是让孩子吃牛奶。早年，都是靠母乳把孩子养大。一般到了一岁多、两岁就给孩子断奶，吃奶吃到三岁的，都是稀罕的事；而南老师长到七岁竟然还吃妈妈的奶。那时他已经上私塾念书，中间休息的时候，别的孩子都是跑回家去吃一点点心，而南老师跑回家，却要在妈妈的怀里吮几口奶。

父亲只有这个儿子，对他自然非常钟爱，但他的爱是另外一种形式，不是溺爱，而是严格的管教，该骂该打，一点也不宽容。南老师父亲的"凶脾气"，亲友们至今都还有印象。一次，南老师同邻居的孩子吵架，被对方骂娘骂祖宗，这在当地被看作是有辱家门的事。父亲知道后，一气之下，把他推到门前的小河沟里。因为父亲自己过早地挑起了家庭的重担，没有好好念过书，只读过几年私塾，所以他希望自己的儿子能好好念书，并不是要他去做官，只是要他能够做到知书达理。父亲除了有几亩薄田之外，一辈子靠经商维生，他在村子里开了个小店，卖布、卖米、卖百货。在传统观念里，士农工商，商人排在最后一位；但他父亲却认为，经商是世上最好的职业，生意做得好，发了财，连官府都要来攀附。他希望自己这个儿子，先好好念书，将来接他的班，一面经商，一面过个平平静静的耕读生活。

南老师六岁开蒙，接受几千年沿袭下来的旧式的教育，上私塾，读四书五经。只在县小学插班读了最后一个年级的课，拿他自己后来的话说，自己一辈子连个小学文凭都没有拿到，勉强算是小学肄业。南老师能有今天这样的盛名，并不是生来就是天才，小时候，聪明、机灵都称得上，但并不是一个乖孩子，甚至可以说很调皮，很爱玩。只是父亲管得太严了，严得几乎不近人情，母亲这把保护伞有时也失去了效力。这样，在严格的私塾教育下，他打下了深厚的国学底子，四书五经不管懂不懂，他都能背下来，几十年后，都没有忘记。南老师自己也对人说，他现在"这点墨水"，就是小时候打下的基础。

根据南老师自己的回忆，童年时代，从一岁到六岁，浑浑噩噩，糊里糊涂，没有太多太深刻的记忆。从六岁到十二岁，除了读书之外，只记得自己身体非常弱，正餐不好好吃饭，喜欢吃零食；三天两头生病，生来是个多病的身体，什么病都生过。十二岁以后，小病随时有，大病没有；伤风感冒是经常的事，但没有生过大病，一辈子也没有得过大病。他说，也许十二岁之前把所有的病都生过了，所以后来就不生病了。

童年时代，家里遭遇一件大事，南老师刻骨铭心，在一定程度上，这件事的教训，融入了他的人生哲学之中。那一年，大约十一岁，父亲送他到县第一小学上学。二十年代的中国，推翻清朝封建王朝虽然已经十多年了，但社会、文化、教育还处于新旧交替时期，尤其是在地处一隅的乐清，现代教育还不普及，上小学是一件了不起的大事，小学毕业就相当于过去的秀才了。南老师上过私塾，古书读过不少，但现代科学知识，比如算术、化学、卫生等等，则一窍不通。父亲拉关系、走后门，总算把他送到县第一小学，插班读六年级。县小学在城里，没有寄宿，父亲找了城里一个林姓朋友，让南老师借住在他家里。正好这位朋友有一个孩子也在念小学，名叫林梦凡，也是一个独子，两人正好作伴。梦凡的母亲对南老师很好，像对自己的儿子一样。在学校里，南老师个子小，上课坐在最前排，排队排在最后一个，加上是乡下人，常常受别人的欺侮。不过，南老师在这里还是很开心的，毕竟换了一个新的环境，什么都新鲜。

　　读了半年，放寒假了，就回家过年。过阴历年，农村里都是热热闹闹，一般从初一到十五灯节，走亲访友，大宴宾客。加上这一年正是他祖母的六十大寿，凑在一起，南家更是热闹非凡，天天席开十几桌。父亲在乡里本来人缘不错，加上他刚刚为地方上修了一个陡门，就是蓄水放水的水闸，很得民心，来祝寿的、"蹭饭"的人特别多。这样闹到正月十五，南老师一觉醒来，突然出现一个念头：不行，我要走，不能呆在家里，要上学去。父母亲拦他，学校还没有开学，你去上什么学？南老师执意要走，反正不愿意在家里呆着，到城里找同学去。父母拗不过他，只得让他去。那一天，南老师一个人，步行两三个钟头，住到了同学林梦凡家。第二天上午，父亲派人来，告诉他昨晚家里被抢，并带来一份状纸，叫他到县里报案。原来，头一天夜里，一伙海盗洗劫了南老师的家。南老师的父亲开了一爿商店，卖米、卖布、卖杂货，像当时镇上的一般商店一样，前店后屋。海盗来打门撬门的时候，他的父亲被惊醒，知道情况不妙，顾不得老人妻子，光着脚从后门跑了。等海盗撬开门进来时，他母亲在惊恐之中还能急中生智，摘下戒指耳环拱手交给强盗，说：主人都跑掉了，我是他家的佣人。南老师的母亲平素不爱打扮，穿衣服不大讲究。海盗看她这副样子，不像是老板娘，就放过她了，只是把店里能抢走的东西席卷一空。等到他父亲带领一群"盐兵"赶到时，那伙海盗早已扬长而去了。

这是南老师记忆中家庭经历的一件大事，全家人的命都保住了，但财产损失惨重，好在他的父亲"留得青山在"，就会"有柴烧"。南老师说，他那天如果不离家进城，很可能会被海盗绑票了，也许早就没命了。当然，这些事情都没有发生，但几十年后，南老师从这个偶然事件上，引出了一个人生的哲理，他说：如果不大事操办祖母的六十大寿，可能不会招来海盗；所以，在中国传统文化中，不轻言做寿；拿佛学的道理来讲，一个人在"福报"很好的情况下，不要把"福报"都用完了。南老师的意思是：一个人，在有钱、有权、有势的情况下，不要张扬，不要忘乎所以，不要得意忘形。南老师一辈子的为人，都是遵循着这个原则，哪怕在他声名鼎盛的时候，自己都是那么冷静，那么低姿态。

十三岁，私塾念完了，该读的书都读了；小学也念了，倒数第一名，那时候叫"背榜"，拿了个肄业证书。下一步怎么办？父亲说，不要上学了，交不起学费。上中学，乐清县还没有一所中学，要到温州去上。但家庭经济的状况又无力负担，那时候，供养一个中学生，不是一般家庭所敢奢望的，比现在供一个大学生还难，何况家里刚刚被海盗洗劫一空。父亲叫他学一门手艺，当地有一位木雕艺人，远近闻名，南老师觉得木雕很好玩，但一辈子干这种事，不干。父亲又叫他去学生意，到人家商店里当学徒，南老师也不干，他不能反抗父亲，他反抗父亲的唯一武器是眼泪。父亲说一次，他哭一次，硬是不愿意去学生意。父亲说了三次之后，拿他没有办法，只好由他去，在家里读书自修好了，反正年纪还小，家里还养得起他。

那年暑假,在温州读中学的表兄王世鹤回来度假,王家是当地一个大户人家,请了一位老师给他补习,父亲叫南老师也去听课,一共有七八个孩子,南老师年纪最小。请来的老师姓朱,名味渊。朱味渊先生学问很大,在前清的时候没有考上功名,就到处游历讲学;论及时政,愤世嫉俗,唾沫横飞,被乡里视为奇人。南老师后来说自己同国民党政要陈诚是"同门",指的就是同朱味渊先生的这一段师生因缘。陈诚是浙江青田人,朱味渊曾在青田教过陈诚,在古时讲究师从关系,受过同一个老师的教诲,就称"同门"。其实,南老师比陈诚小二十多岁,一辈子同这位学长没有直接打过交道。

南老师同朱味渊的师生因缘,也只是这个短短的暑假,算下来只有一个多月的时间,真正一对一的教诲只有一个来小时,但在南老师的心里,对朱味渊先生怀念了一辈子。这个暑假,朱味渊给这七八个孩子讲古文,讲诗词,朱先生的诗词功底很深,当年诗坛上小有名气。南老师那时候早就把《唐诗三百首》背得滚瓜烂熟了,而且,十来岁就会写对子写诗了,但古诗究竟妙在何处,也不知其所以然。一天,南老师到朱先生的书房,看到案头有清人吴梅村诗集,拿起来翻阅朗读,爱不释手。朱味渊见他喜欢,乘兴为他朗吟吴梅村的《琴河感旧》四律,并借给他清诗一卷。于是,南老师从吴梅村入手,读遍了清朝名家的诗作,发现其情怀磊落,比读唐诗更有心得。南老师认为,清朝的诗词,"寄意遥深,托情典故,殊非唐初盛晚诸世旷达疏通所可及者,宜乎情之切近于哀乱哀思而尤擅其胜场也"。朱味渊先生的教导,使南老师开拓了眼界,对学诗"须先习盛唐,宗法李杜,方为正规,如清初诸家,不可学也"的观点产生了怀疑。这么短短的一个小时,留给了南老师终生难忘的印象,使南老师知道,除了唐诗之外,清朝的诗另有境界。南老师后来再也没有机会受朱先生的教诲,朱先生第二年就去世了。但南老师把朱先生尊为自己诗学的启蒙者,一辈子不忘这位恩师。我们现在读南老师的著作,里面引用了许多清朝诗人的诗句,特别是郑板桥、袁枚、赵翼、龚定庵、钱谦益和吴梅村等人的诗,南老师都是推崇备至,从中可以看出朱味渊先生对他的影响。

在家自修这三年的时间里,南老师读书的范围更广了。家里的藏书不少,《史记》、《文选》、《纲鉴易知录》,还有唐诗宋词等等,南老师都翻出来读了个遍。《红楼梦》、《三国演义》、《水浒传》以及武侠小说,这些"闲书"、"野书"也都想办法弄来看。父亲对这个独子,有严格管教的一面,同时,对他的培养还是很用心的。父亲给他请来一个老师,名叫叶公恕,叶先生古文底子好,又通现代学问,一个月来家里两三次,从他那里南老师知道了孙中山、康有为,还有外国的林肯、华盛顿、兴登堡、卡内基的传奇故事。

在家里自修,总是容易懒散,父亲认为环境不好,就把他送到家庙里去读书。南氏家庙建在附近的山上,离家大约有五六里地,庙里安放南氏先祖的牌位,每一代里选派一人看管;平时,这里是人迹不到的地方,只有在过年过节或婚丧嫁娶的时候,后代才会到家庙去祭拜祖宗。父亲把南老师送到家庙读书,平时不准他回家,隔三差五给他送一些好吃的东西。按道理,一个十四五岁的少年,而且还是一个独子,当时一般的家庭总是把他拴在身边;而南老师父亲这种独特的管教方式,也许是南老师日后那种特立独行、桀骜不驯的性格形成的原因。家庙的环境确实很好,庙里一片幽深,陪伴他的只有一个又呆又瘸的公公;庙外,有清澈的溪流,有山花,还有美丽的翡翠鸟。南老师在这里读书,读中国的历史,读中国的地理,他的思想可以自由驰骋,他立志要当一个"大人物"。尽管他对外部世界的形势,什么欧洲风云、国共两党的斗争,他都是模糊一片,因为这个小地方的人还是过着古老、宁静的生活。

十七岁是南老师人生历程上的一个里程碑。也许是书读多了,他不愿意局促在家乡这个小小的地方,他要出去闯天下,他要干一番惊天动地的事业。他的这个理念非常强烈,没有谁能理解,也没有谁能阻挡，可能只有上天知道。还在他少年时代，南老师在家乡附近的一座道观抽过一支签；过了几年，在一座庙里又抽了一支签。抽签这种东西，属于迷信骗人的东西，讲得好听一点，属于神秘学的范畴，本不足以拿来当真；但南老师在不同的时间、不同的地点抽到的这两支签竟完全一样，这确实有点神秘色彩了。这个签语说：

> 脱却麻衣换绿衣，
> 恰如杨柳遇春时。
> 飞腾要取蟾宫桂，
> 许折东南第一枝。

这个签语可能对南老师的一生产生了重大的影响。南老师不是一个迷信的人，但签语中的蟾宫取桂、折"东南第一枝"，对他无疑是一股强大的动力，鼓舞着他，鞭策着他，一辈子自强不息。过了几十年后，南老师经常向人谈起这个签语，颇有几分津津乐道之状，说自己的一生经历被这个签语说准了。我没有请他详细解释这几句话，"脱却麻衣换绿衣"，"绿衣"大概是指他曾经穿过军装；"麻衣"相当于"布衣"，是古时平民、学子穿的衣服。至于从蟾宫里取得什么桂，"东南第一枝"究竟指什么，我从来没有听他说起过。

当年，正在他满怀壮志、雄心勃勃要干一番大事业的时候，一位在外地做事的同乡回乡度假，鼓动他到外面闯荡，说杭州浙江国术馆是公费，不要钱，还管吃管住，两年毕业后，分配到各地当武术教官。国术馆，是教授武术的学校，这正合南老师的心意，《三国演义》《水浒传》《说岳全传》以及武侠小说里的英雄人物，他早就崇拜羡慕；现在有这个机会，自己如果能够学会十八般武艺，走南闯北，当一个英雄好汉，也不枉活一生。父亲的管教，母亲的宠爱，没有能够拦住他那颗远走高飞的心，父母只得筹借一笔路费，送他上路。

童年时代三个梦

"三个梦决定了我一生的命运。"南老师的这句话,连同他讲的三个梦的故事,我听过好多次,开始的时候,我都没有在意,听过去也就算了。"日有所思,夜有所梦。"我还在上小学的时候,老师就这么说的。每个人都会做梦,几乎每天晚上都有梦,各种各样的梦;梦中的境况,一醒来就变得模糊了,很难留下清晰的记忆。写文章的人,白天搜断枯肠找不到的好句子,往往在梦中会出现,但一旦醒来再去追忆时,却怎么也想不起来了。南老师同常人一样,也爱做梦,特别是他小的时候,也许是体弱多病,梦也特别多,常常从恶梦中惊醒,又哭又闹,弄得全家不得安宁。童年时做过那么多的梦,醒来都忘了,只有这三个梦记了一辈子;他每次给人家讲自己的故事,总会讲到这三个梦,而且总是说:"这三个梦决定了我一生的命运。"

我这本书初稿完成,第四次到南老师那儿去的时候,又一次听到了"三个梦"的故事,我一下子懂了,他讲的话可能有道理,于是,我把他的三个梦也写到这本书里。

第一个梦:母亲抱着他到海边玩。海边离家不远,也就几里的路。站在海边,放眼东望,茫茫一片。忽然,乌云密布,海浪翻腾,天空中出现了成百上千条龙在空中飞舞。他伸出小手去抓,抓住一条,拿双手一扯,把一条龙扯成两段,扔在地上。再抓一条,又扯成两段,又扔在地上。到最后,空中的龙被他抓光了,只剩下一条龙,一条巨大的黑龙,在空中张牙舞爪,南老师伸手去抓,怎么也抓不住,在又气又急之中,被惊醒了,原来是一个梦。

第二个梦:南老师说自己小时候很怕黑,很怕鬼。同一般小孩一样,又怕鬼又想听鬼的故事。晚上睡觉,都十几岁了,还跟妈妈睡。

老式的床很大，像一间小屋，他睡在里头，妈妈睡在外头，保护着他，有一种安全的感觉。有一次，他梦见自己一人来到一个地方，很黑很黑的地方，他心里很害怕。慢慢地，前方出现了一线光明，他也不知道是怎么回事。忽然，半空中出现了一只大老虎，浑身黑色的大老虎，老虎扑过来，趴在了他的身上，并没有想吃他或伤害他，但他被吓坏了，一下子醒了。

第三个梦：一次，南老师梦见自己不知怎么站到了磨盘的上面。石磨是当年温州一带家庭常用的东西，农村里几乎家家必备。石磨有大有小，或一个人推，或两个人推，把米磨成粉，做米饼做年糕。南老师站在磨盘的当中，磨盘在转，也没有人推，在那儿不停地转。磨的周围，挤满了豺狼虎豹等各种凶恶的野兽，个个龇牙咧嘴，张着血盆大口。南老师站在磨盘上，面对如此恐怖的场景，无路可逃，一下子被吓醒了，吓出了一身的冷汗。

这三个梦，故事情节都很简单，无非都是噩梦。究竟这三个梦是怎样决定了南老师一生的命运？他自己没有太多的阐述和发挥。关于第一个梦，他说没有答案；第二个梦，后来应验了，我在后面会加以说明；第三个梦，他没有挑明，我在了解了他一生的行谊之后，将在后面作出我自己的解释。

西子湖畔学武艺

一九三五年夏天，南老师跟了一位同乡离开家乡，到温州坐船去上海，又转火车去杭州。这时，南老师已经结婚并已有了一个孩子，但在当时，一个十七岁的年轻人，出这样一趟远门，还是一件了不起的大事情。好在有这位同乡照应，一路上平平安安。

南老师一来到杭州，就喜欢上这个地方。杭州是文化名城，历史上出过不少名人、有道的人,加上这里有山有水,风景优美。浙江国术馆的校址就在里西湖,刚刚开办了三年,学生不多;前面两期学生还多一点,南老师这一期是第三期,学生只有七八个人。学校的老师可都是武林高手,内功、外功、少林、太极,各门各派,人才荟萃。国内武林,千百年来,素来沿袭师父带徒弟的方式传授技艺,而且师父对徒弟一般都留一手,有些绝技都没有传下来,只成为奇闻轶事充当人们茶余饭后的谈资。以办学的方式传授武术,而且没有门派观念,浙江国术馆可能在近代史上开创新风。南老师在这样的环境中求学,如鱼得水,他学得很认真、很努力,学校每天八小时的课程,他不满足,自己每天清晨四点多就起床,一个人先到西湖边上练拳练棒,练一两个小时,回去吃早饭上课。在同班同学中,南老师年纪最轻、个头最小,但每门功课,每种武艺,他学得最快最好。学校的武术老师有十几位,有年长的,也有年轻的,都是身怀绝技的人,而且都有传统文化的根底和侠义精神。南老师至今对几位老师还有深刻的印象。一位老师叫刘百川,传说他功夫很大,外号"双刀刘",他用手拍你一下,你就吃不消。一位教内功的,姓田,则是文质彬彬的样子,南老师经常上他家拜访,家里挂满了字画,摆满了书籍,完全是文雅书生的样子。还有一位教少林拳的,很有名。这些武术教师在传授武功的同时,总是不忘给学生讲做人的道理。那位少林拳教师的训话,南老师记忆犹新:为了国家,练好身体,不要玩女孩子,谁要是玩女孩子,就不要来学武功;特别要记住"好兔不吃窝边草",身边有最好最爱的女人也不要动。这些人生的经验,几十年后,南老师经常拿来教育他的学生:要做事业,就不能沉迷于女色;尤其是你当了单位首长,当了公司老板,你玩了女秘书,后果不得了,大家会攻评你,她也要控制你,往往搞出难以收拾的局面。

国术馆除了武术训练外,还开设文化课程,教授国文、历史、生理卫生等等。南老师喜欢读书,这些课学起来津津有味,甚至觉得学校里教的东西还不过瘾，还抽时间跑到之江大学旁听；听了几节课，又觉得大学教师的学问也不过如此，就没有再听下去。社会上的英文补习班也去上过，学了几次，也没有坚持下去，这次他没有怪老师，而是觉得自己不行，要学会英文太难了，要花太多的时间，还是先把中国文化学好，英文就放弃了。从那以后，南老师再也没有动过学英文的念头，他一辈子也不懂英文，只认得英文字母。大概是年龄的关系吧，究竟要学什么，将来究竟要干什么，南老师在这个时候还没有一个明确的目标，到国术馆求学，并不是为了毕业后可以当武术教官，那只不过是离家出走的一个借口。但是有一条是明确的，要学一身本领，做一个叱咤风云、君临天下的人；要是不成，哪怕当一个浙江省长或杭州市长也不错。这个梦想，或者说是野心，南老师是很强烈的，他的少年时代，青年时代，很长一段时间里，这个梦想挥之不去。也正是有这个梦想的支撑，使他总是有一股强烈的求知欲，读书，习武，求道，他从来不使自己闲下来。国术馆的课程本来已经不轻松，南老师却还给自己加码，能够找到的书都找来读。当时，商务印书馆编了一套"大学丛书"，讲电、光、航空这些现代科技知识，南老师都去借来读。杭州有个孤山，山上有座文澜阁，是一座很有名的藏书楼，是乾隆年间把圣因寺改建而成，专门珍藏《四库全书》。南老师想办法弄了个借书证，每个星期天都跑到文澜阁去，借出几本，就在那儿翻。按规定，这些书不能带回家，细读是不可能的。

南老师好读书，酷爱书，但那时候没钱买书；不过，他好像天生同书有缘。也是在杭州国术馆学习那段时间，有一次在西湖边上练拳，邂逅一位和尚，斯斯文文，戴一副眼镜，宁波人，南老师把他的名字忘了，只记得当时叫他"四眼和尚"。交谈几句后，"四眼和尚"请南老师到他庙里去坐坐。庙子就在西湖边上，名叫"闲地庵"，是一个非常清静幽雅的去处。庙里挂着一张史量才的遗像，原来，这个"闲地庵"是史量才的家庙，隔壁是"秋水山庄"，是史量才为他的姨太太沈秋水修建的别墅。别墅和家庙有一扇小门相通。史量才是中国近代史上的一个大名人，有关他的文字资料很多，从南老师嘴里讲出来的故事是这样的：史量才本是穷人家出身，一面读书，一面给报馆送报卖报。沈秋水是上海滩上的名妓，天天看见史量才送报，觉得这个年轻人是个可造就之才，就资助他、鼓励他好好读书。后来，史量才学有所成，办了《申报》，沈秋水就嫁给了他。不到一二十年，史量才就成了上海滩上的名人，连杜月笙、蒋介石都怕他几分，不过，他最后还是死在蒋介石特务的黑枪之下。南老师从来没有见过史量才，但自从认识了"四眼和尚"后，史量才的家庙"闲地庵"成了他读书的好地方。他经常到这个地方来，教和尚打拳，同和尚聊天，有吃有喝还有书读。史量才的学问很大，藏书很多，他搜罗了许多道家的书，有些秘本，都是别的地方见不到的。南老师后来同人说："史量才大概没有想到，他搜集的这些道家的书，等于为我准备了。"史量才的武功很高，修道也修得很有心得，他的师父就是一个道家人物，在情况危急之中，他的师父叫他连夜逃跑，他没有听，结果第二天就被害了。而史量才为南老师准备的道书，南老师读了以后，都派上了用场。他后来到康藏求道，参拜密宗上师，就是拿这些道家学问，赢得密宗上师们的尊敬，而把藏传佛教里的奥妙传授与他。

在西子湖畔，南老师虽然只生活了短短的两年时间，但在他的心里却留下了总也抹不去的印象。几十年过去了，南老师也到了晚年，他想回来定居，杭州成了他的首选之地，在西湖边上，他早就买好了一所房子。他同杭州有这份情结，因为这里是他闯荡天下的第一站，他在这里不仅学到了武功，还读了不少书，跑遍了杭州的名胜古迹。他跑名胜古迹，自然有年轻人爱玩的习性，而他心思更重的是求仙访道。杭州庙宇多，传说中出过不少神仙高士，南老师一心要寻访到一位得道高人，学一手济世救人、天下无敌的本领。学校附近有一处名胜，称葛岭，相传晋代著名道家人物葛洪在这里修过道。葛岭上还留下一座庙，南老师经常去，希望能碰到一个指引自己得道的高人，结果是一次又一次失望而归。有一次，在路上看见一个长相怪怪的和尚，南老师就尾随着这个和尚，跟着跟着，那个和尚进了一个山洞，南老师上去往里一瞧，山洞又小又黑又潮，一领破席，一捆稻草，是那个和尚的全部家当；南老师向和尚请安，那个和尚理都不理，连着问候了好几声，和尚好像都没有听见，南老师只得扫兴而回，心里想，这个和尚不是一个得道的人，看他那面黄肌瘦的样子，说不定是快要死的人了。还有一次，南老师结识了一个和尚，和尚送给他一部《金刚经》，南老师念《金刚经》念了三天，当念到"无人相，无我相，无众生相，无寿者相"的时候，感觉到一片空灵，找不到"我"了，"我"到哪儿去了？南老师放下《金刚经》，不念了，跑去找那个和尚，问为什么会出现这种境况。和尚一听，表示很惊讶，对他说："你真了不起。人家修行几十年都做不到，你念了三天《金刚经》就达到这种境界，你就是再来人。""再来人"在佛学里就是得道悟道的人。和尚的这句话南老师也没有在意，他到处求仙访道没有结果，而面前的这个和尚可能就是指点他的高人，却擦肩而过。南老师后来回忆说：其实那时自己已经开悟了，只是当时自己不知道，后来几十年走了很多弯路。

　　在浙江国术馆两年的生活，很忙碌，很充实，除了学校安排的课程表之外，南老师自己还有一个日程表，几点几点干什么，每天都排得满满的，严格按照自己订下的日程表执行，晚上只能睡四五个小时。他对自己的管理非常严格，不让自己闲下来，不浪费时间；那时候养成的这习惯，后来一辈子都没有改。古人有言："人非有品不能闲"，今天，南老师被推崇为有品有道之人，他仍然不使自己闲下来。

　　在国术馆的两年当中，不是一切都顺心的，最大的问题是钱，没有钱。来杭州之前，听说这所学校是公费的，家里给他准备的钱有限。来到学校之后，才知道因为经费困难，从他这一期开始，许多费用都要学生自己负担了。这样，过了一个学期，南老师就要为下学期的费用操心了，只剩下八块大洋了，冬天的棉衣还没有，怎么样省吃俭用，也不够一学期的开销。偏偏在这个时候，又出了一件意外的事。一天，一位同学急匆匆跑来告诉南老师，西湖里捞起一个跳湖轻生的人，说是乐清人，是南老师的同乡。南老师一听，赶紧跟了那位同学，来到湖边，只见一个中年男子，像一个落汤鸡。一问，他说自己是一个生意人，从乐清来杭州做生意，赔光了钱，回家的路费都没有了，也没脸回家了，萌生了轻生的念头。西湖冬天的水不深，他跳下去没有死，被人救了上来。南老师看他一副可怜的模样，就把那人带到学校里来，到厨房给他弄了点吃的，把湿衣服换下来，然后，从自己仅有的八块钱里，拿出六块钱给他，叫他赶紧回家过年。南老师在自己阮囊羞涩的情况下，资助了一个落难的同乡，做了一件好事，自己心里当然很高兴。过后，他在信中把这件事告诉了父亲。父亲在回信中说，这个人是个骗子，他已经骗了不少人了；不过，你这样做也没有错。这是南老师一生中头一次受骗上当，后来，几十年下来，找上门来骗他钱的骗子也不知道有多少，尤其是在他经济情况比较好以后。他曾经对我说过："有时候明知这个人是个骗子，他来向我借钱，我还是会借给他的。他向我开口，说明他有难处，我能帮他忙，为什么不帮？"南老师的这种思想和这种作风，我理解不了，当然也学不会；连追随他多年的学生有时候都不能理解，但南老师照样我行我素。这次，他自己的钱被别人骗了，自己的经济问题竟意外地很快就解决了。南老师说：是在西湖边上捡到的，五十块钱的票子，在当时是一笔很大的钱。南老师捡到钱后还站在原地，等失主来领，大冬天，在雪地里站了两个多小时，也不见失主的人影，那时候还不兴把捡到的钱交给警察叔叔，他把这笔钱揣进了自己的腰包。几十年后，南老师给他的"徒子徒孙"们讲起这段故事时，引得大家哈哈大笑。有人说，这是天意，上天看到他专做好事，就给他一个回报。

一九三七年，南老师以第一名的成绩，从浙江国术馆毕业，获得武术教官的资格，但他没有谋得一份差使。不久，抗战爆发，国难当头，南老师只有二十来岁。满怀壮志，一腔热血，想干一番惊天动地的事业，但他没有投身行伍，拿枪杀敌。这时候的南老师，还是单身匹马，走着一条自己的路。他一心想闯荡江湖，到处求仙学道，想学一身功夫本领。这在当时一部分年轻人中是件时髦的事，都幻想学会一手飞剑本领，可以直取日本鬼子的首级。鬼子的首级没有取到，南老师从未上过前线，但他学到的学问功夫使他终生受用不尽。

蜀道初登一饭难

南老师第一次出门到杭州，第二年暑假，回家住了一个月，妻子怀了第二个孩子。毕业后，他没有回家，只是在十年之后，才第二次也是最后一次回家乡。

南老师从杭州出发，经九江、汉口、重庆，最后到了成都，一路上相当顺利。南老师似乎有先见之明，他如果晚走几天，就要吃更多的苦头了，因为南京不久被日军占领，国民党的中央政府迁移重庆，大批难民跟着涌向西南大后方。而南老师在难民潮之前已安然抵达四川。

初到成都，南老师落脚在贵州会馆。会馆里供奉着南霁云将军的神像，南将军是唐代名将，姓南的本来不多，想不到在他乡遇到，也许是一种缘分，南老师就在这里住下来了。在这里，他和钱吉（钱宗本）成了莫逆之交，南老师对他永志不忘。钱吉是四川彭县人，有一段非常惨痛的恋爱故事：他年轻的时候，在封建思想极为浓厚的彭县乡下，他与同村的一个少女有了恋情，结果被女方家里知道了，家族群起反对，他们想要离家出走。那个少女被家族中人抓回去，活埋了。钱吉怀恨在心，想杀人放火，后来受一高僧指点，带着老母离家，出家为僧，住在成都贵州会馆成都佛学社里，养母修行。

同是天涯沦落人，南老师同钱吉结成患难之交。在一段时间里，钱吉追随南老师，帮助照顾南老师，直到后来南老师闭关学佛，钱吉改行做小生意去了。钱吉当时写了一首诗赠南老师：

> 侠骨柔情天付予，
> 临风玉树立中衢。
> 知君两件关心事，
> 世上苍生架上书。

"知君两件关心事，世上苍生架上书。"南老师当时才二十出头，难得钱吉的两句诗，判定了南老师的一生行谊，确实是高山流水有知音。有一次，我同南老师说，钱吉的这两句诗写得不错。南老师说，是古诗上借用的。

时间过了差不多五十年，到了一九八六年，南老师在美国开始同成都的老朋友联系上，他要打听当年朋友的下落，其中就有这位钱吉。但钱吉怎么也没有找到，连当年他们共同栖身的贵州会馆，也因城市的扩建而无迹可寻了。有人写信告诉南老师说，在"文革"期间曾见到过钱吉一次，他在街上卖旧衣服，境况大概很不好。南老师写下了一首很富感情的诗怀念这位老朋友：

> 蜀道初登一饭难，
> 唯君母子护安康。
> 肯知苏季非张俭，
> 不信曾参是项梁。
> 徒使王陵有贤母，
> 奈何维诘学空皇。

千金投水淮阴恨，

今古酬恩枉断肠。

从这首诗可以看出，南老师刚到四川的时候，生活上是很窘迫的。"蜀道初登一饭难"，这个"一饭难"的滋味是很不好受的，一般人大概一辈子都没有尝过这个滋味，但南老师尝到过。有一次，在从宜昌到成都的路上，他同表叔两人，整整三天没有吃过一顿饭，饭馆酒家里飘出的美味佳肴的香味，馋得他们口水直流，但他们身上没有一分钱。在饿急了的情况下，南老师在一个馒头摊上偷了两个馒头，一人一个，就像雨果《悲惨世界》里的冉阿让一样，不过他的运气比冉阿让好，没有被人抓住。所以，南老师后来讲课，多次引用古人的诗句"美人卖笑千金易，壮士穷途一饭难"，来告诫他的学生们，要知道人生的艰难，要珍惜青春年华。在台湾的时候，他对很多家境清寒的学生，总是寄以极大的同情，并尽量给予资助，因为他自己尝过"一饭难"的滋味。

钱吉母子，同南老师萍水相逢，却伸出援手，使他摆脱困境，"唯君母子护安康"，南老师自然没齿不忘。南老师在上面这首诗中，提到好几个历史人物，涉及好几个典故，都是历史上很有名的，南老师给我一一解说过，为了节省篇幅，我不想把它都记录在这里；其中一句，"千金投水淮阴恨"，讲的是淮阴侯韩信的故事，韩信在早年落魄甚至饿肚子的时候，曾经得到过一位漂母——在河边洗衣服的老太太的一饭之恩，等到韩信成功发迹之后，回来找这个老太太，却再也找不到了。韩信不忘旧恩，"千金投水"，拿出千金，撒在当年老太太洗衣服的那条河里。这个故事流传千古，成为传统文化中知恩必报的典范。南老师在他的著作里曾引用过这个故事。对南老师来说，钱吉母子犹如漂母对于韩信，南老师现在虽然不能说发迹了，但他要报答他们，遗憾的是，却再也找不到钱吉母子的任何踪迹了，南老师只能"千古酬恩枉断肠"了。

南老师在成都住了一段时间，无所事事，他就远走高飞，去创一番事业。他到了川康边境大小凉山地区，在那里办起了一个"大小凉山垦殖公司"，自任总经理兼自卫团总指挥；钱吉在母亲的动员下，还了俗，跟随南老师。说是垦殖场，实际上是南老师，一个乳臭未干、嘴边无毛的小青年，在一个偏僻的蛮荒之地，拉起了一支队伍，要做保家卫国的事业。当年他有一首诗很能说明他的这个志向：

东风骄日九州忧，
一局残棋尚未收。
云散澜沧江岭上，
有人跃马拭吴钩。

南老师的这个举动，在当时颇引人注目。南老师的一位朋友也是自称学生的王启宗回忆道："几乎已是半个世纪以前的事了。记得那时正值日本军阀对我发动侵略，全国上下奋起抗战，一般爱国青年无不热血沸腾，纷纷投笔从戎，救亡图存。当时我也投身军旅，于役重庆，一日见报载：'有一南姓青年，以甫弱冠之龄，壮志凌云，豪情万丈，不避蛮烟瘴雨之苦，跃马西南边陲，部勒戎卒，殚力垦殖，组训地方，以巩固国防。迄任务达成，遂悄然单骑返蜀，执教于中央军校。'"

王启宗先生的这段回忆，给我们留下了十分宝贵的历史资料，但是，也许时隔几十年，他并没有讲清楚这件事的来龙去脉，他说南老师"任务达成"，实际上，好像没有人给南老师什么任务，也就无所谓达成未达成。南老师一时热血沸腾，远赴凉山，戍边保国，其志不可谓不大矣，但理想同现实之间的距离也不可谓不小矣。据南老师自己回忆说：这么个地处穷乡僻壤的垦殖场，竟引起了不大不小的风波。当年，四川一直在地方势力控制之下，同蒋介石的中央政府矛盾很大，控制与反控制的斗争非常尖锐。南老师在这里突然拉起一支队伍，因为他是浙江人,当地的地方势力以为他是国民党派来的;而重庆的国民党特务机关,发现这个地方突然冒出来一股武装,非同小可,就要收编他。南老师受到两面夹击,不到一年,就放弃了垦殖场,回到了成都。他曾把这一段经历写成书,题为《西南夷区实录》,可惜这本书没有保存下来。

这段时间,南老师找到一个工作,在宜宾《金岷日报》担任编辑。说起来也很简单,南老师为了找碗饭吃,找到这家报社。柜台上坐着一个老头子,南老师上去请安,问能不能在这里找到一份差使。老头子把他打量了一下,问他是哪里人,不是日本人吧。那时候的人都很怕日本的特务或汉奸。南老师连忙说:我是浙江人,逃难逃到这里,想找一个差使,好有碗饭吃;随便什么事都行,倒茶扫地也干。这时,坐在里面的老板听见了,伸出头来看看,就叫南老师进去。南老师还是那句话,流浪到大后方来,举目无亲,没有饭吃。老板就说:那好啊,你就来上班,我们缺一个工友,扫地的。南老师当天就在那家报馆上班——扫地。这个老板姓许,他在一边看着,一会儿,便把南老师叫过去,对他说,看样子你不是干这种事的人;南老师以为自己做得不对,老板却问他会不会写文章。南老师不敢说大话,只说自己在私塾里念过子曰什么的。许老板马上出了一个题目,叫他写一篇文章。南老师大笔一挥,许老板看了非常满意,让南老师当报纸的副刊编辑。报社也就那么几个人,所谓编辑,除了经常写些文章外,什么杂事都要干;对南老师来说,吃点苦算不了什么,总算有一个立足的地方,有一碗饭吃。编辑、写文章,都难不倒南老师。有一次,那天报纸排好了,还空一小块地方,拼版的师傅要南老师找一点东西凑上去。南老师手头实在没有什么现成的东西,灵机一动,编了一份《征婚启事》,为拼版的人救了急。想不到报纸出来以后,收到了好多来信,都是看了那则《征婚启事》来应征的。南老师现在同别人谈起新闻工作的职业道德时,说自己也干过新闻这一行,指的就是这一段,其实只有很短的一段时间。

成都军校当教官

从宜宾回到成都，他谋到了一个公职，在成都中央军校军官教育队担任武术教官和政治指导员；并在中央军校政治研究班第十期毕业。

蒋介石投靠孙中山先生后，以黄埔军校校长而发迹，后来，黄埔军校改名为中央军校，蒋介石仍担任校长。军校出来的人，成了蒋介石的嫡系，在国民党的派系里是最有实力的。成都军校在成都的北校场，规模相当大，当时是总校，其他地方还有中央军校的分校。南老师到军校任教，少校军衔，穿军服。名义是政治指导员，实际上教的是武术。武术的本事是他小时候以及在浙江国术馆学的，想不到在这里派上了用场。在成都军校当教官的时间并不长，他也没有成为蒋介石的嫡系，此后再也没有在国民党政权中做事，但他这一段经历，至少在感情上把自己同国民党政权连在了一起，影响了他人生的很长一段时期。他在军校穿的那身军服，经过几十年的流离颠沛，长期保存在身边，每年总要拿出来穿一次，关起门来，自我陶醉一下。南老师后来常说：对蒋老头子，尽管我好多地方不同意他，但我见了他还是要敬礼的，因为他是我的校长。

军校的生活是很严格的，那是对学生而言的；作为教官，则比较自由。南老师没有家室的负累，除了上课之外，很是自由自在，他又像在杭州那样，充分利用课余时间，到处求仙访道。军校后门外，不远的地方有一座庙子，那是南老师经常去的地方，同庙里的老和尚谈经说佛，研习武功。星期天和节假日，他更到处游逛，访贤问道。军校成了他的一个很好的落脚点，在这一段时间里，他结交了不少名人；后来，等他结识了禅宗大德袁焕仙，干脆辞去了教官的职务，跟着袁老师学禅去了。

南老师在成都军校这一段，最值得提的是一个人——贾亦斌。当年，贾亦斌和南老师是军校的同事，他比南老师大六岁，上校军衔，教军事战术课。

贾亦斌的前半生颇具传奇色彩，根据他向我提供的资料，我在这里做简要的介绍。贾亦斌在成都军校任教的时间不长，便离开军校，上前线打仗去了，很快升到师参谋长，领少将衔。后又进陆军大学深造。一九四六年，经人介绍，投在蒋经国的麾下，为蒋经国所赏识，成了蒋经国的副手，担任"国防部预备干部局"副局长；不久，又接替蒋经国任该局代局长。一九四八年，蒋经国在上海"打老虎"，一时间搞得轰轰烈烈。所谓"打老虎"，就是国民党政权在前方兵败如山倒、经济面临崩溃的情况下，企图挽回败局，推出经济改革方案，以"金圆券"限期兑换形同废纸的法币，所有商品必须限定在八月十九日的市价上，官方称为"八·一九防线"。蒋经国被任命为"上海经济督导员"，发动大规模的"惩治奸商"的运动，他的"戡建队"喊出了响亮的口号："只打老虎，不拍苍蝇"；蒋经国高喊"一路哭不如一家哭"，名噪一时。开始时，贾亦斌对蒋经国此举寄予希望，但这个希望很快就破灭了。要说贪污腐败，蒋家政权的"四大家族"是最大的贪污腐败，蒋经国根本不愿也不能触动"四大家族"的一根毫毛，他只能"拍苍蝇"而不"打老虎"，贾亦斌终于与蒋经国分道扬镳，秘密加入了中国共产党。

一九四九年四月，贾亦斌率领"预干团"在浙江嘉兴起义，加入了共产党领导的人民解放事业。"嘉兴起义"在当时是一个颇为轰动的事件，因为贾亦斌被认为是蒋经国的亲信，而"预干团"又被认为是蒋经国的嫡系，这次起义当时被认为是"从蒋家的心窝里反出来了"，这对本已民心丧尽、风雨飘摇的国民党统治，无疑是一个极大的打击。

建国后，贾亦斌长期从事统战和对台工作，担任的最高职位是政协全国常委、民革中央名誉副主席。南老师与贾亦斌在成都军校同事的时间也不长，南老师没有在仕途上求发展，很快就离开了军校。但想不到四十多年后，这两位当年的同事，别后重逢，虽然都是鬓发斑白、年愈古稀的老人了，但他们没有悲叹年华易逝、人事沧桑，而是"烈士暮年，壮志不已"，为中华民族的繁荣昌盛、为祖国的统一大业，在尽心尽力。

我为了写这本书，写信给贾亦斌，希望他谈一谈成都军校这一段历史。他接到信后，马上打电话给我，表示很欢迎我去。贾亦斌已是八十多岁的人了，身体还很硬朗，很热情，很健谈。他说："你来找我，我很高兴。成都军校的那一段，我同南老师相处时间很短，没有太多的东西可讲；我主要向你谈谈南老师的后半生的事迹。古代名人贤士一生追求三件事：立德、立功、立言。南老师出了那么多书，在台湾，在大陆，那么多人读他的书，那是'立言'方面的情况。但是，南老师在'立功'和'立德'两个方面的情况，现在知道的人并不很多。我在台湾有三位最好的朋友，一位是南老师，还有两位，胡秋原和徐复观。他们三位的共同点是，都很爱国，都很有学问。但南老师对弘扬传统文化、国家建设和实现祖国统一大业方面的贡献是很大很大的，是非常难得的。这些情况，一般人都还不知道，你现在着手写这本书，我很高兴，我愿意帮你。"

贾亦斌已届耄耋之年，尽量减少应酬，在家写回忆录。他出于对南老师学问为人的推崇，鼓励我写好这本书，并给我提供了一些鲜为人知的材料，更增强了我写作此书的信心和勇气，尽量把南老师的情况介绍给读者，哪怕写出了万一，也算是一件幸事。

恩师袁焕仙

南老师在成都军校当教官的时候，星期天、节假日经常外出寻仙访道，结交名人。在他结识的这些人中，对南老师影响最大的是袁焕仙。

成都附近灌县青城山，有一座寺庙叫灵岩寺。灵岩寺的住持和尚是传西法师，他是佛学大师欧阳竟无先生的弟子。当时逃难到大后方来的各路名人很多，灵岩寺里就住着好几位大名鼎鼎的学者，如冯友兰、钱穆、郭本道、李源澄、王恩洋和傅真吾等人。传西法师虽然出家了，但也很愿意结交这些世俗名流；他让这些人住在灵岩寺，等于给他们提供了很好的环境，在国难当头、兵荒马乱的情况下，有这么一个清静的去处，对这些知名学者来说，无疑是一个世外桃源、人间仙境。据说，冯友兰就是在这里完成了他的传世之作《中国哲学史》。一座庙里住着那么多的名人高士，自然引起南老师极大的兴趣，这里成了南老师经常拜访的地方。

南老师在这里结识了袁焕仙，从忘年之交而成为师生。袁焕仙号盐亭老人，人称"大禅师"、"大居士"，当时已与佛门大德虚云大和尚齐名。

袁焕仙是四川盐亭人，少年时就已博览群书，国学底子很好；但也很顽皮，很风流。在四川军阀杨森那里做过幕僚，算是一个军师；同后来当了红军总司令的朱德还有一段因缘。朱德早年在杨森底下当一个团长，威望高，人缘好。袁焕仙同朱德的关系不错，朱德平时称袁焕仙为"焕哥"。在关键时刻，袁焕仙对朱德有所帮助。解放后，袁焕仙给朱德写过信，朱德对他也有所照应，总算能过个太平日子，袁在"文革"当中病逝。这是后话。

袁焕仙当时在灵岩寺闭关，对经常登门的南老师已有所闻，他发现南老师虽然小小年纪，但非等闲之辈，他有意要收拢这条"孽龙"，传道与他。

这一天，南老师又到灵岩寺去，正好袁焕仙出关，两人一见面，袁焕仙先打招呼："南教官，你好！"南老师赶紧还礼，忙说："听说您是有道的高人。"袁焕仙说："哪里哪里。我看你武功很高，向你拜师。"南老师自然谦虚一番。袁焕仙叫南老师教他太极拳；南老师说："不敢说教，陪你玩玩。"第一次见面，就是这么简单的过程。后来，袁焕仙真的跟南老师学了一阵子太极拳，但真正有意义的是，南老师从此拜在这位禅宗大师的门下，走上学佛学禅的道路。其实，他初识袁焕仙的时候，只知道他是个大名人，并不知道他是禅宗大师，当时，南老师对禅宗的了解还很有限。

　　南老师拜在袁焕仙门下之后，改变了他一生的道路。对那些旁门左道的东西，已没有太大的兴趣了，军校武术教官的工作也不放在心上了，而是专心致志跟袁焕仙学佛学禅。一九四二年冬，袁焕仙出关后，到成都创办了维摩精舍，等于是佛门禅宗的一个道场，设在当时的提督街三义庙里。南老师辞去中央军校的教职，追随袁焕仙。开始时，只有南老师一人追随身边。后来，追随袁焕仙的弟子越来越多，许多人年龄比南老师大十几岁、二十几岁，但都称南老师为大师兄。袁焕仙在维摩精舍的讲课，内容非常丰富，涉及儒释道三家学问，南老师和其他学生一起，把它记录下来，编成《维摩精舍丛书》。南老师漂泊几十年，这本书总是带在身边；后来，等他有了自己的出版社，就把恩师的这本书出版，使之流传。直到今天，时间已过去了五十多年，维摩精舍的弟子们早已飘零凋谢，健在的寥寥无几，最年高的将近百岁，但他们提起南老师来，仍称他为大师兄，并对他肃然起敬。

　　袁焕仙有那么多的弟子，唯独对南老师最为器重，他如何接引开悟南老师，这里面有很多禅宗里的机锋妙语，我不懂禅宗，不敢随便禅外说禅，总之，是袁焕仙指点南老师走上学禅学佛的道路。现在，南老师的学生们，提起袁焕仙的名字，都很恭敬地称呼他为"袁太老师"。下面一段文字，题目叫《示南怀瑾》，由袁焕仙口授，南老师笔录，我把它收在这里，可以看出他们师生之间的关系。

怀瑾谛听

　　在山数十日，切见诸禅德巍然自拔，有独立振衣之概，老人至喜也。摄其众向道，导其徒回车，风其俦化行方国者，实为怀瑾。而怀瑾律己过严,责人如己,老人至虑也。律己严,可也;责人如己,不可也。何也?律己严,过必远;责人严,众必减。众果减矣,汝纵口如河沛法若雨,其谁辅汝绍隆玄化而导行天下?古人所以有遇风而息之惧也。谚曰:不痴不聋,不可作翁班。子曰:水太清则无大鱼,圆悟勤又尝以示大慧杲者也。统此故,纸怀瑾阅卷自悉,无庸老人重拈。今社会非古也,朋友可借援而不可期以辅汝绍隆玄化,古有之普化克符吾宗家范,今恐无必以无,而现诸有于内则多咎于外,必多尤,咎尤交倾,进程必碍,先哲所谓欲速则不达者也。余意然千圣之心灯,续四生之慧命,不必外期友朋,要在自育一期超士,所以孔子道行,内有颜闵曾仲,不假外交伯玉。原让怀瑾此后念头当改,不然,徒滋烦忧耳。

从这段文字可以看出,一方面,袁焕仙一生收了很多门生弟子,唯独对南老师最为器重,认为南老师"禅德巍然自拔,有独立振衣之概",评价相当高;另一方面,也指出南老师的缺点——"律己过严,责人如己",是他最担心的,"老人至虑也"。袁焕仙这么坦率、这么严肃地指出南老师性格上的弱点,在南老师的一生中,恐怕是第一次,也是唯一的一次,因为他是南老师的老师。"律己过严",经过几十年的人生历练,南老师的这个毛病始终没有改掉;"责人如己",现在从南老师身上,只能看到一点影子,他希望别人,希望他的学生,能够像他一样读圣贤书,行圣贤事,但几十年看下来,实际上很难做到,所以,南老师对别人,对他的学生,已经表现出很深的谅解。

结交"厚黑教主"李宗吾

在他三十岁以前,除了前面提到的这几件事之外,南老师没有谋到一个职业,生活是非常清苦的,但没有影响他那种"谋道不谋食"的人生追求。在大后方的漫漫岁月中,他到处结交名士高人。当时四川有学问的遗老遗少很多,享有盛名的有所谓"五老七贤";成都有个少城公园,那里有一个棋社,就是这些人经常聚会的地方。南老师常到这个公园去,认识了不少名流,有些人还成了他的忘年交。因为这些人看见这个年轻人,小小年纪,志气可不小,而且,国学底子也不错,是个可造就的人才,都乐意同他交往,提携他。大名鼎鼎的"厚黑教主"李宗吾,南老师就是在少城公园结识的,他们年龄相差几十岁,却成了好朋友。南老师在他的几本著作中都提到李宗吾,称李宗吾为自己的"老一辈朋友"。

李宗吾的《厚黑学》流行了半个多世纪,到了八十年代,大陆、台湾、香港还出现了"厚黑热"。南老师说李宗吾是他的朋友,出于新闻记者的职业敏感,我一听,这句话可不简单,现在活着的人还有几个认识李宗吾的?有一次,我请南老师讲讲李宗吾,他就给我讲了一大段故事:在少城公园认识李宗吾后,经常去拜访他,向他请教。李宗吾学问很大,名气也很大,尤其是以骂人出名,他骂历史上的名人,骂社会上的丑陋现象,骂四川军阀,他的思想有一点像庄子,或者说更接近明朝的李卓吾,拿现代的话来说,就是敢于向权威挑战。李宗吾教给南老师一个成名的法宝——骂人。他说你骂我就行了,你骂我就能成名。南老师没有照李宗吾教他的话去做,他说:"所以我也没有成名。"

后来有一次,南老师和钱吉一起,从成都徒步走到自流井,去凭吊一位老朋友,盘缠花光了,回不了成都,想起了李宗吾,李宗吾的老家就在自流井,就是现在的自贡。南老师找到了李宗吾的家,受到了热情的接待。李宗吾在当地有一个朋友叫赵四爷,武功高超,特别是轻功,说是在雪地上走上一里地鞋底都不湿。但赵四爷的武功后继无人,他曾教过一个徒弟,本事学得不错,可是品德不行,深夜溜出去采花，就是登门入室搞女人，赵四爷一气之下，废了他的功夫，从此发誓不再收徒弟。赵四爷的功夫是跟一对浙江夫妇学的，李宗吾想到南老师是浙江人，有这个缘分，就劝南老师留下来，跟赵四爷学武艺，学一身本事，将来走江湖闯天下，就不怕了。学艺期间的生活费用李宗吾都愿意承担。这个建议对南老师来说，应该是很有吸引力的，南老师考虑了一夜，觉得三年时间太长了，他还想做好多别的事情。第二天一早，南老师婉言谢绝了李宗吾，借了二十块大洋，返回成都。这笔钱南老师一直没有还，后来在峨眉山听到李宗吾的死讯，南老师为他念了三天的《金刚经》，算是还了这笔债。这个故事，我把他整理出来，收进了《南怀瑾谈历史与人生》一书里，题为《李宗吾与厚黑学》。

我把南老师同李宗吾交往的故事写进本书，只想作一个例子。像这样的故事，南老师可以讲很多很多，近代史上的许多人物，特别是国民党营垒中的许多名人，南老师都有过交往接触，或者能作出独特的评论。他在著作里提到过一些人和事，但都比较简单，而且把人名都隐去了；而更多的人和事，都还没有写进著作里。比如，曾当过台湾省主席、"副总统"的陈诚，是南老师的同乡、同门；国民党当时最年轻的中常委张冲（张淮南），是南老师的朋友，也是同乡；一代宗师虚云法师，南老师有过交往；还有如蒋经国、陈立夫，写《中国科技发展史》的英国人李约瑟、美国禅宗巨子卡普乐等许多名人，南老师都有过交往，都能讲出一段故事；还有许多人，南老师虽然没有直接打过交道，但间接听到不少趣闻轶事。南老师现在天天在讲故事，并经常引用诗词典故，从一个人的身上，总结出许多人生哲理，比起现在报刊上的一些名人轶事来，更生动，更有深度。很可惜，南老师自己没有时间来写这些东西，又不容易找到一个好帮手，来帮他记录整理这些资料。国内叫做"抢救史料"，南老师脑子里有许多史料，都是极为珍贵的活的史料。我曾经发愿要帮他整理，他也同意了。我给他出了七十多个题目，都是关于他熟悉的名人的事情，让他讲，我来记。

可惜我不可能经常在他身边，这个愿望也不知道能不能实现，不知道什么时候能够实现。

峨眉"闭关"

南老师一生中的一件大事，一件常人很难做到又很难理解的大事，那是在一九四三年秋天，南老师离开袁焕仙，没有打招呼，一个人悄然上了峨眉山，"闭关"去了。

"闭关"是佛门当中的事，道家也有类似的做法，叫"入圜办道"。一般读者也许都不太了解"闭关"是怎么一回事。"闭关"一词，最早见之于《易经》复卦象辞："先王以至日闭关，商旅不行，后不省方。"是斋戒安身静养的意思，后世谈到闭关，就拿释迦牟尼掩室于摩竭，维摩缄口于毗耶等来说明。中国的禅宗盛行此风。到了后来，不管什么宗，动不动就是闭关，什么"拜经关"、"念佛关"，名目繁多。宗门相传："不破本参不入山，不到重关不闭关。"

峨眉山是国内的名山之一，历史上有数不清的神话传说。南老师"闭关"的大坪寺，在中峰顶上。要到达大坪寺，只有悬崖峭壁上的两条山路，一条叫猴子坡，一条叫蛇倒退，光听这两个名字，就知道大坪寺不是一般人可以上得去的地方，所以，这里几乎常年很少有什么游人香客。山上吃水困难，只靠一个蓄水池，积存雨水和冬天的雪水。南老师在这里同出家人一样，也是"过午不食"；吃的菜叫做"万年菜"，辣椒、盐巴和干菜；初一、十五，有一点豆腐吃，就算"开荤"了。每年农历十月以后，大雪封山，好几个月寸步难行，南老师有两句诗描述当时的情况："长忆峨眉金顶路，万山冰雪月临扉。"关于大坪寺，也有很多传说。据说大坪寺的开山祖师叫松月老和尚，大概是明末避世的得道高人，出家以后，独自住在中峰绝顶的茅草丛中，同猴子、老鸦和蛇为伍，还有一只为他巡山的黑虎；没有吃的，只能吃乌头，乌头有毒，而这个老和尚吃了居然没事。后来，大坪寺每年冬天，全体僧众都要吃一次乌头，来纪念松月老和尚的苦行精神。

南老师到这样一个地方"闭关"，他的勇气，他所面临的困难，常人是难以想象的。山下有一个"山王庙"，山王，山中之王，大老虎也。"山王庙"中供着一只泥塑的大老虎，浑身黑色的大老虎，相传就是保护松月和尚的那只黑虎。南老师进到庙里，第一个感觉，自己好像来过这个地方，他童年时代"三个梦"当中的第二个梦，在这里得到了应验，梦中趴在他身上的那只大黑虎，同"山王庙"里供的这只大黑虎一模一样。南老师后来说，命中注定他要到峨眉山"闭关"，而他的闭关一定是顺利的，因为有这只大黑虎保护。

大坪寺高处中峰之顶，和尚们的粮食给养，全靠两位苦行僧从山下挑上来。这两位苦行僧，一位又聋又哑，都称他为哑巴师兄，据说聪明绝顶；还有一位叫通永法师，贵州人，早年投身行伍，不通文墨。他比南老师年长，同南老师结成了深厚的情谊，他们两人之间，互称师兄。五十年后，南老师到厦门南普陀寺主持"禅七"，也把通永法师请去。这是他们分别了半个世纪后的第一次见面，通永法师已是八十多岁的老人了，看起来身板还很硬朗；我想从他嘴里了解一点南老师当年"闭关"的情况，可惜他闭口不谈，我只好作罢。

南老师一生有两次"闭关"，这次在大坪寺闭关是头一次，当时他只有二十多岁，做出了一般人特别是年轻人难以想象的事情，现在，我们这些方外之人要想了解南老师的那段经历，也是难以理喻的。南老师在"闭关"期间，留下了好几首诗，从他的诗中，或许能看到一点南老师那时的心路历程。南老师的一首诗是这样写的：

云作锦屏雨作花，
天饶豪富到僧家。

住山自有安心药，
问道人无泛海槎。
月下听经来虎豹，
庵前伴坐侍桑麻。
渴时或饮人间水，
但汲清江不煮茶。

　　南老师的这次"闭关"，在他的一生中留下了深刻的印记，现在家乡有的人，一提起南老师，就说他是个老和尚；其实他一生中并没有当过和尚，只有这一次"削发为僧"的经历，当的还是一个假和尚。南老师当时已经成家，他有妻子儿子，他不想出家；但为了修证佛法，他要到这里闭关。寺庙的规定，在这里闭关必须当和尚，要削发，要穿僧衣，南老师接受了，只是没有受戒。在这三年中，南老师独处幽室，与外界断绝了一切联系，埋头阅读《大藏经》。《大藏经》是汉文佛教经典的总称，也叫《藏经》、《一切经》，内容分经、律、论，包括了印度和中国的佛教著述，南北朝开始编辑，至唐代已有一千零七十六部，五千零四十八卷，以后各代有新译经和著述入藏。近年来，海峡两岸都影印出版了《中华大藏经》和《敦煌大藏经》，我曾抽了一本翻翻，只能望书兴叹，恐怕没有几个人能读完这部经典。我问过好几个出家人，还是颇有名气的法师，有没有读过《大藏经》，都是以摇头来回答我。而南老师在峨眉山闭关时，把整部《大藏经》从头到尾读了一遍，这就为他日后被奉为"禅宗大师"奠定了基础。

　　峨眉山大坪寺，在南老师的人生轨道上，是一个非常重要的驿站；在他的心路历程中，是一个抹不去的记忆。几十年后在他开始同大陆联系时，最关切的一批朋友中，就有大坪寺的师兄弟们。可是后来，师兄弟们请南老师出资修建大坪寺，重续大坪寺的香火，南老师却没有答应。这本来是一件轻而易举的事,南老师只要一点头,一张嘴,就会有人愿意出钱来做。南老师不做,不愿意做,我看大概有两个原因:一个原因是,南老师热心钻研佛学、传播佛学,但他对纯粹的宗教活动并不很热心,他认为那是宗教界的事,他自己不想涉足宗教界,他要保持一定的距离。另外一个原因,南老师也是人,同凡人一样,南老师也有怀旧情结,到了晚年,对自己当年生活过的地方,自然有一种怀念之情。但南老师同凡人的不同之处,正在这种地方。南老师不愿意花钱修建大坪寺,正同他不答应修建他的故居一样,为了不给别人留下一个为自己树碑立传的印象。南老师不搞个人崇拜,他也不愿意别人对他搞个人崇拜,凡是有一点点这种味道,他都不会答应。

康藏求道

"出关"以后,抗战已经胜利,在四川的外省人纷纷东迁,或回归故里,或当"接收大员"去了。当时的四川省主席王赞绪劝南老师留下来,出山当官;曾任四川省财政厅长的甘典夔要把自己在百花洲的别墅让给他住,都被南老师婉言谢绝了。南老师说:"梁园虽好,决非久住之乡。"差不多也是这个时候,国民党准备召开国民大会,一时间,"民主政治"搞得热热闹闹。南老师有两个朋友,一位是曾担任四川大学哲学系主任的傅养恬,一位是中央军校教官、留苏出身的叶道信,他们因在报上发表和毛泽东《沁园春》的词而被蒋介石免职。他们觉得此时正是另组新党、参与国事的大好时机。他们在成都西门外茶馆里开讲座,傅养恬讲《大学》、《中庸》,叶道信讲社会革命,听众都是普通百姓,非常热闹叫座。他们准备组织一个新党,要南老师担任新党的党魁;他们认为南老师年轻有为,而且具备世间、出世间的学识修养。南老师听了后,哈哈大笑,他说:"你们大家是我的好朋友,真想把我抬到火炉上烤啊!"

在这种情况下,南老师没有在四川久留,也没有立即返乡,而是去了昆明。在昆明教了一段时间的书,又远走康藏,参访密宗上师。一个小青年,能受到上师们的接待和礼遇,都是得益于他在峨眉山的"闭关"和在成都结识的宗教界人士。

一九四六年底,南老师离开昆明,经杭州,回到家乡。这里有一个小插曲,南老师逃过了一次劫难。在昆明的时候,南老师买好了飞机票,过两天飞杭州,也给杭州的朋友发了电报。这天,几个朋友为他饯行,其中有军界的朋友,商量着在南老师离开之前,大家一起到石林玩一趟。这时来了一个电话,说一架军用飞机明天去杭州,还有两个座位,问有没有人搭乘。南老师当即表示,第二天就走。朋友们劝他,何必急呢,不在乎这一天。但南老师执意要走。结果,南老师第二天搭机平安到了杭州,而那架他原来要坐的航班,撞山坠毁,机上乘客全部罹难。

南老师在当年的春节前回到了老家,这是他离开家乡后第二次回家,也是最后一次。抗战八年,他都是单身在外;好在父亲还在壮年,妻子也很贤慧,这个家没有他也已经习惯了。亲戚朋友一阵接风应酬、热热闹闹之后,南老师还是要走,他在家里待不住,这个地方太小了。南老师又走了;他的妻子又怀孕了,不足月生下一对双胞胎,一个是死胎,一个生下来时还有微弱的生气,遗憾的是,当时农村的医疗条件太差,没有救活,这是南老师事后才知道的。

一九四八年,南老师去台湾,住了三个月回来。

一九四九年春天,南老师只身一人去了台湾。这一年,他三十一岁。

三十岁以前,南老师的经历颇富传奇色彩。有两点值得注意:第一,他没有走上仕途,没有去当官;第二,他没有遁入空门。按一般道理看,这两条路当中不管哪一条,他只要迈出一步,都是很自然的,都是在情理之中。因为，第一，如果他想当官，不说易如反掌，也是门路很宽。当年，国民党统治集团为江浙帮所控制，南老师是浙江人，算是蒋介石的小同乡，国民党党国要员中，他有很多朋友，只要他稍为表现出一点投靠的意思，在国民党里谋到一官半职是不难的，或许还能青云直上。但是，南老师没有走这条路，他一辈子始终没有走这条路，这大概同他受道家思想的影响有关系，"薄帝王将相而不为"。当年，他还只有二十多岁的时候，陈诚曾推荐他给蒋介石当秘书，他没有干。第二，他学了那么多年的佛法禅宗，而且年纪轻轻，就被认为是得道开悟了的高人，但他没有踏入空门、出家为僧，他一辈子没有踏入空门，因为他还牵挂着世间的事。一九四七年，南老师写了一首题为《自题照影》的诗：

前因后果问如何，
眼阔心空且放歌。
浮海十年家国事，
闲情留取付梨涡。

不二门中有发僧，
聪明绝顶是无能。
此身不上如来座，
收拾河山亦要人。

我认为，在南老师的诗集中，这首诗是比较重要的，这是一首言志的诗，也是一首自我剖析的诗，诗中很明白地说明了自己不出家、不入空门的原因："此身不上如来座，收拾河山亦要人。"南老师在这里说要"收拾河山"，他到底怎么去收拾？又收拾得怎么样？对南老师他一生事功的评价，都可以循着这首诗的思路去探讨。

第二章
栖身宝岛三十六年

一九四九年二月二十八日，南老师到了台湾，直到一九八五年七月四日离开，一住就是三十六年。这个时期是南老师的壮年和中年，也是他开创一片天地、达到享有盛名的时期。我不想把南老师的这个时期划成明显的阶段，但为了叙述的方便，大致可分为前期、中期和后期。五十年代为前期，六十年代到七十年代为中期，八十年代为后期。

乱世人生路

南老师一个人到了台湾，把父母、妻子和两个儿子留在了大陆家乡，一别四十年，恍如隔世。有些文章说他去台时"挈妇将雏"，那是不确切的。抗战胜利后，他在一九四七年回了一趟老家，住了一段不长的时间，又出去闯荡了。一九四八年，他去了一趟台湾，但时间不长，很快便回来了。一九四九年，他是只身渡海，便再也没有回过老家。

话说台湾被清朝政府割让给日本以后，被日本统治了五十年，抗战胜利，台湾回归中国，国民党派浙江省主席陈仪去接管。接管工作需要人，当时愿意去台湾的人并不多，派到台湾去被认为是流放。国民党的官员忙着当"劫收大员"，忙着搞"五子登科"。当时，国民党在内部登记，征集五类人员去台湾工作：台湾省籍人；福建人，主要是闽南人；留学过日本的；浙江平阳人，因为也讲闽南话；还有其他特殊情况的人。至于后来，有些不属于上面这五种情况的人，也志愿报名去了台湾。这种人因为复员没有路子，没有靠山，在大陆找不到差使，只好去台湾找一条出路。那时候，南老师没有跟随国民党接收大员的潮流回乡，他还在大西南东奔西跑，访师求道。

在国共两党和谈失败后，内战烽火再次燃起。战场形势发展迅速，中国人民解放军从弱到强，势如破竹，国民党兵败如山倒。到了一九四八年，国民党在战场上节节败退，毫无招架之力。"党国要员"和巨商富贾，携带妻儿老小、黄金美钞，坐飞机坐轮船，来个大搬家，纷纷跑到台湾，照样过他们的富贵生活；跑到台湾去的人，像南老师这样的单身汉，也大有人在。一种是当兵的或机关的下级人员，随着部队或机关一起过去；一种是并不属于哪个部队或机关，只是全家一起走太不容易，要卖掉大陆的家产，凑足路费，在当时那种兵荒马乱的情况下，谈何容易，只好一个人先去，等那边安排好之后，再把全家老小接过去。这样做的人确实有，但很少。那些脑子特别灵，动作又特别快的人，把全家搬到台湾安顿下来；动作稍为慢一点，想再来接家属，就接不成了，只得天各一方，望洋兴叹了。

南老师一九四七年回家乡时，谈不上衣锦还乡，但在家乡这种小地方，也算是见过世面的人物了。当时，温州虽然还听不到枪声，但内战的消息也不断传来。有一天半夜，父亲把他叫起来，问他天下大势将如何收场，共产党会不会成功。南老师回答：国民党已是落日残阳，共产党绝对会成功，肯定会坐天下。父亲问他，你是不是共产党。南老师回答：我是你儿子，我要是共产党，我会告诉你的；这次我回来，是同你商量，全家一起走。南老师的父亲没有被他说动，对他说：我不走，你赶快走。

南老师没有说动父亲，只好辞别了年迈的双亲和妻儿，再次离开家乡，但他没有马上去台湾。南老师到了上海，住在虹口区的一个佛教医院里，当家的智方法师，把一间特等病房的钥匙交给了南老师，使南老师在兵荒马乱的年头，有一个又舒适又清静的安身之处。

在这段时间里，有一件事值得提一下。杭州一个老和尚，巨赞法师，被国民党特务列入黑名单，想要他的命，罪名是：他，还有虚云大和尚、陈铭枢等人向共产党靠拢,同共产党有联系。巨赞得到这个消息后,来找南老师求救。南老师问他到底同共产党有什么关系。巨赞说,他同共产党已搭上手,共产党来了,他也不走,他想留下来,目的是保护佛教。南老师听说他要保护佛教,这个想法很好,这个忙一定要帮,救巨赞一命。南老师立即奔赴南京,找保密局。戴笠已于一九四六年坠机身亡,军统局在他死后改编为保密局,由郑介民主事。南老师同郑介民底下的人还能说上话。南老师说:这个和尚不要杀,请手下留情,放巨赞和尚一条命;巨赞同共产党搭上手,是要保护佛教,其实,你们最好也去同共产党搭个手。郑介民底下那个人口头答应不杀巨赞后,南老师还不放心,要他写一张条子,拿回去,让巨赞自己交给保密局杭州站站长。南老师的这一番奔波,总算救了巨赞的一条命。解放后,巨赞和尚曾经当过中国佛教协会副会长。

　　南老师没有留在大陆等待解放,他怎么也不会留在大陆迎接解放,这一点是肯定的;虽然他不是国民党的要员,但他毕竟在国民党统治下生活了几十年,在政治上、思想上以及人事关系上同国民党政权有千丝万缕的联系。他曾经在成都军校当过几个月的武术教官,并接受过政治训练,自认为是蒋介石的学生;在西南的时候,他的一个朋友、国民党的西康行辕主任贺国光,曾经送给他一个"少将参议"的头衔,虽然国民党里将官头衔满天飞,他的这个头衔完全是一顶没用的帽子,但在南老师的心里,共产党来了,他的这顶帽子足以使他掉脑袋。还有,从政治思想上来看,南老师受儒家的思想影响很深,尽管不满国民党政权的腐败无能,却不会跳出这个营垒反戈一击,他不会这样做的。

　　在南老师要走未走之际,一九四九年一月二十一日,蒋介石宣布"引退",李宗仁当上代总统。李宗仁的"军师"白崇禧,从武汉托人传话给南老师,请南老师出山,许诺的官衔是政治参议兼秘书。有人说这是"老亮"找"小亮",因为白崇禧有"小诸葛"之称。南老师听了说:"笑话,我怎么会去?"他引用了两句古诗:"千里长江皆渡忙,十年养士得何人。"这个时候请南老师出山，南老师当然不为所动，他已经看到，国民党政权"日薄西山，气息奄奄"的败局根本无法挽回了。

真正促使南老师离开大陆的是一条新闻：台湾当局宣布，从一九四九年三月一日开始，台湾实行出入境管理制度，凡是进出台湾的人，都得有当局颁发的出入境证件。南老师一看，情况不妙，得赶紧去，晚了就麻烦了。南老师不是怕拿不到一个证件，而是主管这件事的人，南老师不愿意向他低头。于是，南老师立即买好了去台湾的轮船票，赶到台湾的那天，正好是二月二十八日。南老师庆幸自己能活着跑到台湾，因为那时都是仓皇逃难，大陆去的船一般都超载，就在前几天，发生了一起翻船沉船的事件，酿成几百人葬身鱼腹的惨剧。南老师平安抵达台湾基隆，回想这段狼狈出逃的经历，非常感慨，想起古人两句诗："三百年来养士朝，为何文武尽皆逃。"

台湾，南老师前一年已来过一趟，给他的印象有好有坏。南老师觉得惊奇的是，台湾的基础设施搞得不错，电力、马路、自来水，都搞得不错；社会秩序也比较好。但老百姓都很穷，满街的木拖板，老百姓都穿木拖板。台湾的"酒吧女"很漂亮，大概是混血的关系，因为荷兰人、葡萄牙人、日本人在此都统治过。但"酒吧女"上下都不能看，上面，一笑，"满口金牙"；下面，一抬脚，"两条烂腿"，没有袜子穿。总之，台湾的老百姓那时过着贫穷的生活。

南老师到台后，先是栖身在基隆海滨一陋巷中，他带到台湾来的不是黄金美钞，而是一大堆书。到台湾干什么？南老师没有自己明确的打算。蒋介石后来"退到"台湾，是想把台湾变成"反共基地"，梦想有朝一日从这里"反攻大陆"，夺回在他手中失去的王朝。南老师当时并不相信蒋介石的这番话。南老师是熟读史书的人，古今中外，从海岛反攻大陆，没有成功的先例。一个政权，被打败了，被赶到海岛上去了，再想反攻到大陆上去，绝对是不可能的；拿破仑失败后，被流放到圣赫勒那岛，最后死在那里。何况面对现实，共产党在大陆如风卷残云，势不可挡，说不定哪一天共产党就要打过来了，渡过海峡，占领台湾。蒋介石到台湾不久，就到菲律宾作了一次访问，据《蒋经国传》的作者江南分析，蒋介石这趟出访，实际上是为自己安排后路，万一共产党打过来，美国他是不会去的，他很可能流亡菲律宾或者南美洲。南老师也要为自己的下一步作出安排。万一共产党过来怎么办？逃到外国去？南老师不干。他曾经说过：这一点我同吴佩孚一样，一辈子不喜欢外国。南老师给自己想了一条后路：万一台湾守不住了，共产党过来了，就再跑，找一个小岛，在那里住下来，做点生意。当时，要做海上生意，有两样东西必不可少，一样是船，一样是枪。可是，这两样东西，当时一般人不容易搞到。还是南老师的朋友多，三教九流，什么人都有。戴笠的一些老部下也来找南老师。三条船，十几条枪，很快就搞到了。南老师同几个朋友一起，在基隆办起了一个公司，那时候不兴叫公司，而叫"行"，南老师为公司起的名字叫"义利行"，又讲义又讲利，这是孟子的话；南老师熟读古书，生平第一次做生意，也忘不了古人明训。

"义利行"开张了。南老师自己当大老板，但他自己没有多少钱，资金大部分是别人的。当时仓皇逃到台湾的人很多，官僚、土豪、劣绅、地痞、流氓，这是共产党的形容词，南老师说，事实上就是那么回事，这些人都跑到台湾来了。他们身上多多少少都带有黄金美钞。但这些人个个如丧家之犬，惊魂未定，加上人地生疏，也不知道到哪儿赚钱，怎么去赚钱。南老师朋友多，人缘好，四川的朋友，云南的朋友，浙江的朋友，同乡的亲友，什么"立法委员"、"游击司令"，都来找南老师，许多人都愿意把黄金美钞交给南老师，同他合伙做生意，"义利行"很快就筹集了几千两黄金。南老师现在经常讲，天下的钱多得很，就看你会不会去拿来用。我看，南老师的这个经验之谈，最早是从"义利行"的实践中得到的。

现在有些介绍文章，把南老师说成是"台湾商人"，那是不准确的。从真正意义上说，南老师做生意，"义利行"是他生平的第一次，也是最后一次。南老师后来虽然挂了香港一家公司董事长的头衔，那不过是挂名而已，董事长不"懂事"，他并不管实际操作。而南老师第一次做生意，把个"义利行"还真弄得有声有色，三条机帆船，从琉球运货到舟山，当时舟山还在国民党手里；再从舟山把货运到琉球去卖，钱赚得不少。"义利行"天天宾客盈门，经常是席开五六桌。赚来的钱，别人入股的钱，金条拿布一裹，随手塞在枕头底下。

既然又讲义又讲利，南老师在这段时间里，做了不少"义事"。大陆逃来的人当中，穷光蛋也不少，这种人找到南老师，南老师都慷慨解囊，雪中送炭。国民党的一些残兵败将，蓬头垢面，胡子拉碴，来找南老师，南老师就接济他们。更重要的"义举"是，南老师救了不少人的命。国民党在大陆杀了千千万万的人，"撤退"到台湾以后，又杀人不计其数。有名的"二二八"事件，杀的大多数是台湾本土人，不知道制造了多少冤魂，"二二八"的死结至今还没有解开。紧接着，国民党又在"抓匪谍"的口号下大开杀戒，抓了人，往麻袋里一装，扔到海里去。这批被杀的人，以大陆去的人为多，说是抓"匪谍"，其实，真正的共产党并没有几个，被杀的绝大多数是冤枉的。那时，国民党实行身份证制度，凡是从大陆来的，办理身份证都得有人担保，如果查明是共产党，担保人也要跟着送命。南老师早来一步，基隆的警察、宪兵联检处处长是当年成都军校的学生，同南老师的关系自然非同一般。这样，来找南老师担保的人很多；南老师又是个爱管闲事的人，人家找上门来，他就有求必应，掏出私章在人家的担保书上一敲，不管是认识的或不认识的，不管是不是共产党，救人济难的事，他是很乐意干的。后来，求的人多了，他嫌这样做麻烦，干脆把自己的私章放在联检处处长那儿，凡是能说出南某人名字的人，他都给担保。南老师回忆，那时候被国民党杀害的人无数，都是冤枉死的，哪有什么共产党的影子。台北有个叫马场町的地方，枪毙人的地方，每天都有人被拉去枪毙，一提起马场町，人人不寒而栗。有一天，南老师碰到那位联检处处长，一问，用自己名义担保的人已有四百八十多人。南老师一听，赶紧把自己的私章要回来，还是得慎重一点好，万一担保的人当中，真的出了个共产党，自己这条命也要搭进去；几十年来，能活下来也不容易，不要毫无意义地把这条命往马场町送。南老师当年担保了那么多人，有些人后来成了南老师的好朋友；在危难之中，能得到别人的帮助，自然是终生不忘。

"义利行"总的来说还算顺利，但好日子没有维持多久，就遭受了一场灭顶之灾。一天中午，在舟山做生意的合伙人突然出现在南老师的面前，面如土色，一副狼狈相。他是从舟山回来，刚下的船，向南老师报告：国民党要撤退，三条船被征用，用来运国民党的残兵败将；三船汽油被烧掉，损失黄金三千两。他觉得很惭愧，对不起南老师。南老师一听，"义利行"的老本通通输光，何况许多钱都是别人的血本。但是，南老师表现得很镇定，就像他一生对待钱财的态度那样，他对这位合伙人说，没有事，不要紧，你先回家去，洗个澡，睡一觉，生意的事明天再说。

第二天，南老师也没有什么高招。一夜之间，南老师从一个有钱的老板，变成一个穷光蛋，甚至要靠典当衣服来维持生活，生活陷入平生从未遭遇的困境。不久，南老师离开基隆，迁到台北，住在一个菜市场旁边。此后，在整个五十年代，南老师几乎都是过着清贫的生活。关于南老师的这一段生活状况，他的学生张尚德教授曾有这样的描写："一家六口挤在一个小屋内，'家徒四壁'都不足以形容他的穷，因为他连'四壁'都没有。然而，和他谈话，他满面春风，不但穷而不愁，潦而不倒，好像这个世界就是他，他就是这个世界，富有极了。"这是一九六〇年的事。

在这段文字里提到，南老师"一家六口"，我来解释一下事情的背景。八年抗战和三年内战，使千百万人家破人亡，流离失所，制造了无数的人间悲剧；同时，也大大地冲击了人们的婚姻关系。在电影《一江春水向东流》里，有所谓的"抗战夫人"、"胜利夫人"，在一定程度上反映了国民党官场的状况。一九四九年，国民党败退到台湾以后，"改组婚姻"又成为一种普遍的现象。最高层的"党国要人"、富商巨贾，都是全家老小搬到台湾，但许许多多的人都是孤身一人，随大流而去，把妻儿留在了大陆。本以为"委员长"能很快带领他们"反攻大陆"，打回老家去，与家人团圆，但这个梦想很快就破灭了。于是，那些在大陆有家室的人，纷纷重组家庭，被称为"改组派"，不重组家庭的反而是少数。

南老师到台湾后，不久也重新组成了新的家庭。新夫人名叫杨向薇，东北长春人，为人热情，心地善良，也是孤身一人随大流到了台湾。南老师同杨向薇的姻缘，说起来也带有一点偶然性。南老师那时在基隆，有一天，基隆一间小旅馆失火，住在旅馆的旅客本来都是从大陆逃难来的，现在又成了无家可归者。南老师天性慈悲仗义，他的家就成了接待所，杨向薇也在这批火灾难民之中，住到了南老师的家里。不久，难民们一个一个先后搬出去了，只有杨向薇还住在南老师家；同是天涯沦落人，两人结为夫妻。在家乡的原配夫人，从同乡的嘴里知道南老师在基隆落脚后，带了还不到十岁的二儿子小舜，颇费艰辛，寻到基隆。南老师有两位夫人，当时没有现在的《婚姻法》，不犯重婚罪；两位夫人融洽相处，相安无事。后来，南老师做生意失败，经济上陷入困境，原配夫人领着儿子返回老家，从此天各一方。新夫人结婚之后，孩子一个接一个出生，一共生了四个孩子，两男两女，生活是十分的艰难。这桩婚姻维持了二十多年，夫妻没有能够白头到老，于一九七三年最后分道扬镳了，其中的原因肯定非常复杂，讲起来是一个长长的故事，我只好一言以蔽之了。

总之，整个五十年代，也就是南老师到台湾后的十多年的时间里，除了"义利行"兴隆红火的几个月时间外，属于他一生中生活最困难的时期,他胼手胝足,默默耕耘,做出了常人做不到的事情。在这段时间里,即使在个人生活极端困难的情况下,他还念念不忘弘扬中华传统文化。日本统治台湾五十年,推行奴化教育,早年,学校里还可以教"四书五经",到了抗战开始,报纸的中文版被禁止了,学校里"四书五经"也不让念了。南老师刚到台湾的时候,书店里买不到"四书五经"、《红楼梦》;现在台湾某些高官,从小接受的是日本的教育,连《三国演义》都读不懂,要看日文版的。国民党逃到台湾后,根本没有心思顾得上文化建设的事。南老师看到这种情况,心里很着急。重视文化是南老师的一贯思想,他认为,文化是根本,一个国家,一个民族,如果没有文化,不管你经济怎么发展,这个社会也不可能繁荣安定的。

  南老师就在文化方面全力以赴,做他想要做的事。当时,到处找不到一部佛经,南老师就从自己带来的书中选了一部佛经。没有钱印不了。不过,好事自有好心人相助,有人出钱帮他印了几百套佛经,但是,很长时间里也没有卖出去。后来,碰到一位商人,他愿意出钱全部买下,南老师当然很高兴,算碰到好心人,自己的苦心没有白费。谁知道,这个商人原来是一个肉商,他把这些佛经买回去,然后把书都撕开来,拿来包肉用。这件事,南老师后来经常提起,当作一个笑话。实际上,这里面包含了多少文化人的悲哀。

  这里还有一点值得提一下,在他到台初期的那段艰苦的日子里,他仍然保持了那种热情好客、仗义疏财的豪放气派。他得知邻居揭不开锅,可以把自己家仅有的米送去。那时,台湾整个社会经济不发达,一般老百姓生活都比较困难,比南老师穷的大有人在,只要求到南老师,他总是慷慨解囊,受过他的接济的人不知道有多少。这种作风或这种品德,贯穿了他一生的行迹。一个人,当他的钱多得花不了的时候,拿出一小部分来,捐给教育机构,捐给慈善事业,自己留个好名声,这样的人当然也不错,西方国家和港台地区,很多人就是这样做的,但毕竟还是比较容易做得到的;难的是在自己并不富裕的情况下,能从自己的碗里拨出半碗饭给饿肚子的人，这就非有菩萨心肠不可了，南老师就是这样的人。近年来，我碰到南老师有的学生，在南老师面前表示，等自己赚了大钱，发了大财以后，一定去做好事，做善事。南老师听了，一笑了之。

道德文章开辟新天地

南老师在台湾的第二阶段，我算它为中期，大概从六十年代到七十年代中期，这十几年的时间，是南老师的事功最辉煌最鼎盛的阶段，所谓著作等身、桃李满天下的局面，就是在这段时间里形成的。

这个阶段，台湾社会的特点是，一方面，国民党、蒋介石的独裁统治，思想上采取禁锢主义，但又拿不出什么像样的口号来维系人心，蒋介石的"反攻大陆"的口号喊了十几年，天天喊，年年喊，喊得老兵们胡子长了，头发白了，也看不到反攻大陆的影子。另一方面，台湾经济从稳定开始走上繁荣，人民生活开始富裕，但因为没有一种理念、一种精神来支撑，整个社会的价值观、道德观出现了问题。如果说，时势造英雄，那么，在这样一个大环境中，南老师的一整套理论，或者说他的全部学问，才有了需要，有了市场，他的弘法传道、济世救人的理想才能够实现。

这十几年里，南老师做了很多事情，而且，做得都比较顺心。

一九六三年，"中国文化大学"聘请南老师担任教授，这是南老师在台湾的第一份正式工作。南老师在接到聘书后，非常感慨，他写了一首诗：

门外忽传走转车，
聘书递送却愁余。

> 自从长揖山林后,
> 又向人间填表书。

后来,辅仁大学也邀请南老师给学生讲哲学讲禅宗。辅仁大学和"中国文化大学"都是私立大学,规模和名气都相当大。南老师没有到公立大学上课,原因是南老师没有学历资格,前面说过,南老师一辈子没有一张文凭,连小学的文凭也没有。台湾当时还是沿袭国民党在大陆时的老办法,公立大学的教授都由"教育部"任命,不管你学问多大,你是自学成才,没有学历资格,"教育部"也不会任命你当教授。后来,南老师名气越来越大,教课很受学生的欢迎,教育部想给南老师特批一个教授资格。六十年代初,"教育部长"几次派人登门,请南老师在一张表格上签名盖章,就可以给他颁发教授资格证书。但南老师就是不签名盖章,他对来人说:"麻烦你跑了好几趟,真对不起部长和你。并非我不识抬举,不通人情,无奈我从来不想取得什么资格,事实上我不想把我这些不成文的著作拿去请人审查,我当然不能在申请表上签名盖章。"这就是南老师!别人拉关系走门路都求之不得的东西,白送给南老师他都不要。南老师不稀罕这种任命的教授,就是不去公立大学教书。

当时,台湾大学校园里流传着"不三不四"教授的称呼,这自然是贬义的,是讽刺那些教"三民主义"和"四书五经"的教授,满口的教条和空洞的口号,学生当然不爱听。但南老师认为,学生不爱听,原因是你老师教得不好。他甚至自愿去代课,讲四书五经,结果,大受学生的欢迎。

南老师讲课有一个特点,不带讲稿。他的普通话不很标准,略有家乡江浙口音和四川口音,除个别字外,一般还比较容易懂。他讲课非常生动,所谓厚积薄发,他脑子里装的东西太多了,真是信手拈来,出口成章。我开头三次去香港,都是他叫我做记录整理工作的。第一次讲《大学》，第二次讲《禅宗与生命科学》，第三次讲《庄子》。每次上课大约一个半小时。他自己拿一本原书，叫学生也准备一本书。有时候，没有那么多的书，他事先叫秘书把有关的章节复印出来，听课的学生人手一册，南老师逐字逐句解释。像《大学》《庄子》这些书，我们现代人读起来确实感到很深奥，很难懂。近年来，大陆出版界掀起一波一波的传统文化热，把我们的老古董翻了个遍，或注释，或今译，甚至一部古书有好几种今译本。这种古书的今译本，翻译得好不好，效果到底怎样，早有出版方面的权威人士提出过质疑。南老师对古书今译这种事当然是不以为然的，因为就他而言，差不多所有的古书都是青少年时代念的，私塾里的老师教他们的时候，只带领他们念，一天一段，第二天就要背出来，背不出来就要打板子，打手心，教书先生的"戒方"就是拿来打学生的手心用的，起一种震慑作用。可怜古代的学子，从五六岁开始，整天在"戒方"的威胁下，摇头晃脑，死记硬背四书五经。如果有哪句话是什么意思搞不懂，去问问老师，老师根本不理睬你，眼睛都不看你一眼，恶狠狠地说："叫你背就背！什么意思，你大了自然会懂的。"

　　这种教育方法早就不复存在了，现在的学生可以不受"戒方"的威胁，可以不用背那么多的古书了。那么，这种古老的教育方法是不是一无是处？南老师的回答是："不！"因为他从这种老式教育中受益匪浅，尽管他没有吃过多少板子，但老师教他的，老师要他背的书，他都背下来了，当年没有搞懂书中的意思，等他长大了，经过人生的磨炼，书中的道理自然明白了，当年背的书使他一辈子受用无穷。所以，南老师经常对他的那些二三十岁、四五十岁的门生讲："你们算是读书啊？你们读过几本书？我讲过一百遍你们都记不住。"有道理吗？当然有。但用南老师当年所受的那种方法来教现在的小孩，行不行得通呢？恐怕行不通。南老师有个学生想出钱在大陆办学，让学生从小接受传统文化，要学生从小背古书，这事恐怕办不成，毕竟时代不同了，不要说孩子不干，家长也不会送孩子去受这份罪。

南老师自己能背书，但并不要求他的那些成年学生背书，他知道这是做不到的事。但他要求学生在读古书时，要"以经解经"、"经史合参"，从原书里找答案，而不要被前人的注解套住了，以至于越弄越糊涂。这是他对学生的要求，也是教给学生的读古书的方法。"以经解经"，说起来很简单，真正做到又谈何容易。

南老师讲课，先是逐句逐段解释原书。碰到有些字句，千百年来学术界有不同的解释，争论不休，南老师也会点出来，引起大家的注意。但南老师非常自信，他认为自己这样解释是对的，讲话从来不模棱两可。他经常说这样一句话："至少我今天是这样看的，也许，明天我发现自己错了，再改过来。"

解释完一段原文以后，南老师就进行发挥，古今中外，天南地北，人情世故，随手拿来说明书中讲到的道理，可以说是理论联系实际，也是大家最爱听的。有时候，还拿在座学生的事情来当例子，经常引起哄堂大笑。诗词歌赋更为南老师的课增加了色彩。每节课，他总会引用好多诗词。每当他提到一首诗时，他的助手或者说他的学生，就在黑板上写出来。近年来给他写黑板的学生是李素美和李淑君小姐，她们两位都是大学毕业，而且追随南老师十几年二十几年，对南老师讲话的口音和讲课的内容都很熟悉，所以南老师一提到哪首诗，她们马上能在黑板上写出来；偶尔想不起来或写错了，那就要挨骂了："都听了一百遍了，还不会写！"一般人肯定受不了这样的骂，但这两位学生只是笑笑。打是亲，骂是爱，南老师的学生都知道，南老师不随便骂人，他只骂他最亲近的学生。

南老师讲课，那么嬉笑怒骂，海阔天空，他会不会毫无条理地胡侃一通？恰恰相反，他讲课很有条理，逻辑性很强。实际上，他每次上课前都作了充分的准备，头天晚上找好资料，第二天上午叫秘书复印出来。因为他搬了好几次家，现在的住处是临时性的，地方又不大，很多书没有带在身边。有时候，手头没有他所需的资料，他就叫人到书店去买，或者给台北的一位学生发传真，请他查到了马上传真发过来。这样的条件，内地恐怕没有哪个专家学者能办得到。

我为南老师的讲课作记录整理的工作，说容易也容易，说难也难。他上完课以后，第二天，我根据录音整理。他讲一个多小时的课，我要花一整天的时间才能整理出来。一节课整理出来有五六千字，最多的一次，我记得有一万字。我把整理好的材料拿给南老师，他翻了翻，说我整理得好。我说："老师，这里面没有我的一个字，甚至连顺序都是照老师讲的那样，我所做的只是把一些重复的话去掉。"他这三次讲课，我记录整理出来，有三十多万字，只要再花点时间加以润饰，就可以出书。但南老师不急着出版，他把我整理的书稿通读了一遍后，表示不满意，说不能出书。他不是对我的记录整理不满意，而是对他自己讲的内容不满意，他要重新讲，从头再来。我开头不太理解，你辛辛苦苦讲了，我认认真真记了，你一个不满意，大家都白辛苦一场。后来我了解到，这是经常发生的事，南老师已经出版的书，都不是一次就完成的，他自己不满意，都不会匆忙出版；在他讲课的过程中，我也发现，如果碰到他情绪不好，或者身体不舒服，讲课的质量就要打折扣，难怪他有时会对自己讲的内容不满意。

南老师的三十多部专著大多都是这样出来的，就是他讲，学生记录整理，自己再反复修改。从已经出版的书中，可以看出记录整理的水平是不一样的，南老师最满意的，也可以说公认整理得最好的，是《论语别裁》。这本倾注了南老师和他好几位学生的心血，南老师在前言里特别提到了蔡策先生，说他"不但记录得忠实，同时还详细补充了资料"，"其情可感，其心可佩"。蔡先生比南老师还稍年长一点，当时还在《中央日报》担任秘书，在繁忙的公务之余，帮助南老师完成这部六十多万字的巨著，确实功德无量。后来，蔡先生还想帮助南老师完成其他著作，南老师看他年纪大了，身体也不很好，就没有忍心让他做。遗憾的是，蔡先生已经作古了，现在，再要找到蔡先生这样的人是很难的了。所以，南老师那里有一大堆讲课的录音带，整理的进度很慢。南老师周围的学生很着急，他自己也经常为此而苦恼。找过不少人，有台湾来的，有大陆去的；还有人自告奋勇，以为这还不容易，不就是记录整理吗？拿了南老师的几盘录音带，吭哧吭哧，整理出来，拿给南老师，南老师翻了一下，就扔在一边了。

上面讲了一大堆话，都是关于南老师上课的情况，是我自己亲身经历的。我可以想象，南老师当年，六十年代、七十年代，在台湾大学里受欢迎的情景。书教得好，学生爱听，一传十，十传百，"南怀瑾"三个字不胫而走，南老师的名气越来越大，请他教课的学校也越来越多。

这段时间，南老师总算有了一个比较安定的生活环境。在大学里教书，传道授业，桃李满园；社会上也有人请他去讲课。但南老师并不满足这个现状，他需要一个更大的舞台，在更大的范围里，弘扬传统文化，把他自己脑子里的好东西装到更多的人的脑子里去。大学校园这个天地太小了，他要走向社会，走向更高的层次。他在《禅话》这本书中提到禅宗著名人物傅大士（傅翕）时，有这么一段话："我们从傅大士的卖妻子、集资财、作布施的事，便可了解世间法和出世间法事难两全的道理。世间法以富贵功名为极致，'洪范'五福，富居其一。出世法以成道的智慧为成就，所以佛学以般若（智慧）解脱为依归。但作法施（慧学的施舍）者，又非资财而不办。自古至今，从事宗教与学术思想者，莫不因此困厄而寂寞终身。否则，必依赖于权势与财力，方能施行其道。傅大士为了要弘法利生，先自化及平民，终至影响朝野。"南老师当然要弘法利生，当然也要影响朝野，这是他一辈子的心愿，一辈子的理想。但他没有依赖权势与财力，他要自己干。

一九六三年，当时台湾的某委员会给南老师送来一个聘书，请南老师担任委员，南老师坚辞不受，他写了一首诗：

> 一纸飞传作委员，
> 却惭无力负仔肩。
> 人间到处宜为客，
> 免着头衔较自然。

各种各样的职位、头衔是很有诱惑力的，多少人为此孜孜以求，有人名片上印满了各种头衔，令人眼花缭乱。而南老师又是显示出他的与众不同之处，什么头衔都不要，"免着头衔较自然"。他这个做法到他晚年都没有改，大陆好多单位要送给他这样那样的头衔，他也一概不要。

大约在一九六六年左右，应蒋介石、蒋经国父子的邀请，南老师到台湾三军各驻地巡回演讲。其中有一次，在高雄冈山空军基地演讲，蒋介石亲自聆听，有所感悟，回台北后即命令成立"复兴中华文化委员会"，蒋介石亲任会长，并请南老师主持实际工作。这真是天赐良机，在当时当地，这是多少人梦寐以求、可望不可得的殊荣。但是，面对"当朝天子"送上门来的这份厚礼，南老师并没有为之动容，他婉言谢绝了。因为，一方面，那样做不符合他一辈子做人的理念；另一方面，是他对蒋氏父子存有固定的看法，始终保持一定的距离。他后来同别人谈起这件事的时候说，他"以保持超然身份之故，婉辞美意"。我想他这样做是不奇怪的，这是他一贯的作风、一贯的脾气，而且他的这个脾气一辈子也没有改，他要自己干，他真的自己干了。

一九六九年十一月，日本盖了一个徐福庙，邀请台湾派一个"中日文化访问团"参加落成典礼。徐福的传说，中国人几乎家喻户晓，说的是秦始皇派方士徐福去求长生不老之药，徐福带了五百童男童女，到东海仙山求药，中途遇台风，漂流到日本岛，没有采到药，却在日本定居下来了，经过世世代代的繁衍，就是现在的日本人。日本人过去对徐福的故事是讳莫如深的，而现在居然为徐福盖庙，恭敬祭祀，并请台湾派人参加庆典,显然是一种友好的姿态。台湾派了一个规格不低的代表团,团长由何应钦担任,南老师以学者的身份被选中参加代表团,这是南老师生平第一次到外国访问。在日本短短的一星期间,除了游览名胜古迹外,还同日本学术界进行文化交流,南老师应邀作了报告《东西文化在时代中的趋向》。

访日虽然只有短短几天,所见所闻,感触颇多,在回程的飞机上,南老师写了一首诗:

> 空到东瀛走一回,
> 平添感慨有沉哀。
> 低徊富士山头白,
> 我又乘风归去来。

南老师这里说"平添感慨有沉哀",他究竟感慨什么呢?对日本侵略历史,南老师有亲身难忘的体验,对日本本来就没有好感;对战后日本经济的腾飞,南老师认为"值得钦佩和欣赏"。但南老师很快就感触到,"十九世纪以来,西方各种经济思想与工商业的发达,带给东方经济思想的影响",并为此深感忧虑。他给日本朋友指出:"一个经济发展到实力充沛的国家,如果没有远大的经济哲学思想,往往会踌躇满志,挟富而骄,欺凌弱小。"他在看到日本经济发展的同时,社会文化方面存在的问题,指出"日本在文化思想上的危机,的确是一件更为值得担忧的问题"。东道主对南老师的意见,说"要讲东方文化,中日两国原为兄弟之邦,中国是老大哥",希望南老师开诚布公有所指教,请南老师把他的讲演内容形成文字,这就有后来的《致答日本朋友的一封公开信》,发表在台北的《中央日报》上。

一九六九年九月,在一些外籍学者专家和南老师弟子门生的筹划下,"东西精华协会"在美国加州成立。同年十一月,在台北创立了

"东西精华协会"总部，南老师自任会长。

> 辛苦艰难独自撑，
> 同侪寥落少辰星。
> 松筠不厌风霜苦，
> 雨露终教草木青。
> 熟读经书徒议论，
> 实行道义太零仃。
> 乾坤亘古人常在，
> 欲起天心唤梦醒。

从这首诗可以看出，南老师搞这个协会的目的，是"欲起天心唤梦醒"，要从事文化教育工作，以弘扬传统文化为己任。从这个名字可以看出，协会不是一个保守的、排外的组织，对外来的文化、西方的文化，不是一味的排斥。南老师为协会订下了三大目标：一、唤醒近世东方各国，使他们恢复自信，不再舍弃固有文化的宝藏，而一味盲目地全盘西化；二、重新振兴中国人文思想的精神，以纠正西方物质文明的偏差；三、沟通东西文化，以谋人类的和平和幸福。后来，他在向大陆有关方面负责人谈起这件事时说："处此交通讯息极发达的时代，全人类来往密切；弘扬中华文化优良传统固属立国之根本，但若不能与世界各国之文化菁华结合，则极易重蹈清末'国故派'之覆辙，欲跻中华民族于真正强盛之域，无异缘木求鱼。"

走向社会　影响朝野

"协会"，在现代社会里，作为一种群体意识的觉醒而出现的社会集团，是一种普遍的现象，一批人，人数可多可少，有共同的利益，共同的追求，甚至只是有共同的兴趣的人，集合到一起，为一个目标而奋斗。一般说来，这种协会不以赢利为目的；它也没有像政党那样有严密的组织和严明的纪律，入会的会员可以合则来，不合则去，来去完全自由。在一个国家的政权之外，作为一股社会力量，也能发挥改善社会环境的作用。在西方国家，特别是美国，这种协会简直多如牛毛。记得八十年代初期，我在美国担任记者的时候，曾经专门收集过这方面的材料，真是大开眼界，比如，有"反肺病协会"、"反艾滋病协会"，只要你说得出一种病来，就会有一个相应的协会存在。美国人爱养狗，各种名目的狗协会就遍布全国。当时，沙皮狗，这种据说来自中国而且它的祖先可以追溯到汉朝的品种，成了美国人的新宠，全国成立了两个沙皮狗协会，各地还有许多分会。大陆实行改革开放后，各种各样的协会像雨后春笋般地涌现出来，做了许多有益于社会的事情；但是，也有一些协会的宗旨和人员组成颇有问题，有的甚至巧立名目，赚取不义之财，在社会上造成了很不好的影响。

南老师搞这个"东西精华协会"，他想做些什么事，目标很明确：社会福利和教育两件大事。他的设想也很具体，要筹建"安颐别业"和"青少年辅导院"，这是《礼记·礼运》里的理想："使老有所终，壮有所用，幼有所长，矜、寡、孤、独、废、疾者，皆有所养。"还有，南老师要做文化教育工作，弘法传道，把大学的课堂搬到社会上来，可以影响更多更广的人。他计划筹建"国际文哲学院"、"禅学进修班"、"西洋哲学进修班"、"美术进修班"、"国乐进修班"、"语文进修班"和"国医进修班"等。南老师的这些想法都写进"东西精华协会"的章程里，他的目标很大，他想做的事情很多，在此后的十几年时间里，南老师根据这个目标和想法，在忙碌，在操心。

东西精华协会成立后的第一个讲座，由南老师主讲，题目是《易经》，听课的人不多，只有十几人。协会初创的时候，条件非常艰苦，人力财力都不够。只有几个追随他的学生和他一起，先在台北青田街租了一套三房一厅的公寓房，客厅里挂着南老师自撰的两副对联，其中的一副写着："上下五千年，纵横十万里；经纶三大教，出入百家言。"从这副对联可以看出南老师的理想，也可以说是南老师一生学问和事功的写照。这副对联被广泛引用，凡是写有关南老师的文章，差不多都引用了，但南老师现在的客厅里已经不挂它了。

协会面临的首要问题是经费不足，南老师一方面拿出自己不多的积蓄，一方面面向社会募集资金。他的学生拿着募捐簿到处募捐。有一个学生名叫李淑君，当时还在台大经济系念书，有一次，在上课前，她拿着有关协会的资料，在课堂里募捐，上课的教授当场就捐了五百块钱，这位教授就是李登辉。李淑君高高兴兴地回去报告了南老师，却被南老师说了一通："对一个清苦的大学教授来说，五百块钱不算多但也不算少，你怎么好意思向他募捐呢？"好多年之后，这件事却成了南老师和李登辉的一段重要关系的因缘。

在人财两缺的极度困难的情况下，一九七一年初，南老师力排众议，毅然创办了《人文世界》杂志，南老师自己每期都要写出四五篇文章。这份杂志办了差不多十年，南老师的好几本专著都是先在《人文世界》上发表的。

这段时间，南老师的工作相当繁忙，除了为杂志写稿外，每周还有三个晚上公开讲课，还要应付日夜川流不息的访客，有来求药问病的，有来诉说烦恼的，有来聊天排遣的，有来求禅问道的。星期天上午是静坐课程，其余时间，南老师要亲自处理成堆的海内外来信，往往通宵达旦。

一九七一年五月，"东西精华协会"第二次迁移，搬到台北连云街"莲云禅苑"四楼，那里有一间较大的厅房，作为教室；学员也由原先的三十来人增加到六七十人。南老师所讲的内容则从禅学扩大到传统文化的其他领域，先后讲了《论语》、《庄子》、《参同契》、《楞严经》、

《瑜伽师地论》和中医医理等。协会还从社会上聘请了学有专长的人士，开设了国乐、国画、书法、太极拳等课程，就是在协会章程里要办的各种进修班。一时间，协会办得生机勃勃，门庭若市。

除了在协会讲课之外，南老师也应社会上的邀请，出去讲课。一九七三年，杨管北居士邀请南老师讲《金刚经》，每星期六下午，南老师都到杨宅去上课，听课的人不多，但身份都很高。这大概是后来协会"特别班"的雏形。

一九七四年四月，"恒庐"邀请南老师作学术报告，讲《论语》，这是南老师第三次比较系统地讲《论语》。"恒庐"是"国民党中央大陆工作会"的代号，请南老师讲《论语》是有原因的。那时，"四人帮"正在大搞"批林批孔"，南老师讲课就更有针对性。南老师讲了差不多有一年的时间，讲课的内容由蔡策先生记录整理出来，在《人文世界》杂志发表，没想到读者热情的来信如雪片似的寄到协会。一九七五年，《青年战士报》新开"慈湖版"，社长唐树祥先生专诚拜见南老师，恳请允许他的报纸转载《论语别裁》，刊出后，又造成一时的轰动，这份报纸的发行量也大大增加。广大读者要求出单行本，自己办出版社被提到议事日程。

一九七六年五月，"老古出版社"成立，南老师自任发行人。当时，他的一位学生古国治刚从辅仁大学毕业，愿意加入这个行列，南老师就让他掌管出版业务。出版社的名字就以古国治的昵称"老古"命名，后来改为"老古文化事业公司"。

随即，《论语别裁》问世，在台湾出版界引起了一阵轰动，学术著作能够如此畅销，在台湾是几十年少见的事。许多人自己读了这本书后，就不遗余力向亲戚朋友推荐。一位师范大学的研究生杜先生，甚至拿着《论语别裁》，利用课间时间，到其他班级推销。出版社的业务也逐步走向正规，南老师的著作相继出版，销路都不错。

一九七六年底，南老师把出版社的事交给学生古国治，自己则掩

室谢客,在闹市中闭关了。闭关之前,写了两首诗偈:

> 忧患千千结,
> 山河寸寸心。
> 谋身与谋国,
> 谁解此时情。

> 忧患千千结,
> 慈悲片片云。
> 空王观自在,
> 相对不眠人。

这次闭关,是南老师一生中的第二次,离第一次在峨眉山闭关已有三十多年了。第一次闭关,奠定了他"禅宗大师"的基础;这次闭关,我把它作为一个分号,南老师的人生文章写到这里,已经很精彩了,南老师已经在台湾创出了一片天地,影响了一大批人,而其中许多人长期追随,矢志不渝。在盛名之下,南老师却为什么"隐居闹市"?我分析,一方面,他想暂时摆脱俗务的纠缠;另一方面,他自己要继续精进,考虑下一步的行动。

"特别班"里的特殊学生

从一九七六年到一九八五年离开台湾去美国,将近十年的时间,我把它划为南老师在台湾的第三阶段,也可以说是后期。

南老师的闭关和一般的避世清修有所不同,他虽然身在关中,仍心忧天下,因此,经常有随缘之事来向他请益而使他不能清闲。

闭关不久，高雄有一位法师，矢志专修般舟三昧，禅修境况到了紧要关头，写信给南老师恳求指点。看了他至诚的行持和恳切的求援，南老师唯恐回信说不透彻，而且费时，于是在一九七七年中秋，南老师翩然出关，南下高雄。一代宗师接引后学的慈悲愿行，使这位般舟行者感动不已。

这次在关中南下，在台北是非常机密的，可是在高雄却引起一阵不小的轰动。但南老师没有作公开的演讲，匆匆告别这群殷情盼望的僧众，返回台北关中。后来，又有几位法师相继奉函请益，老师不厌其烦，一一作答。

南老师在闹市闭关三年，于一九七九年底出关。

一九八〇年一月，"东西精华协会"迁入新址。命名为"十方丛林书院"的佛学院正式挂牌招生。此时，《人文世界》杂志已经停刊，随后又创办了《知见》杂志。

一九八〇年二月底，为扩大营业范围，把"老古出版社"改组为"老古文化事业股份有限公司"，代劳三年的古国治先生，因为家庭经济的原因，不得不另谋高就。

经过三年闭关，由于《论语别裁》和《静坐修道与长生不老》等书在社会上的流行，南老师出关后，声望更高，各方仰慕求教者日益增多，《易经》、《庄子》和四书等课程讲座，都有一百多位学员参加，这在台湾又是空前的事。

另外，每周四的晚上，有一个特别班，参加者多为党、政、军各界，财经、传播、教育等各方面的高层人士，讲课内容偏重于历史哲学之发挥，如《史记》、《长短经》、《战国策》、《素书》和《阴符经》等等，持续了四年多的时间。南老师有一副联语，就是记述这个时候的情况：

白屋让王侯，座上千杯多名士；

黄金如粪土，席前百辈数英雄。

　　这句"席前百辈数英雄"，是指这个特别班的盛况。有一天，南老师给特别班上课，看到底下坐的全是少将中将，一数他们军衔上的星星，一共有二十八颗；这些人都是"党国重臣"，握有实权的大人物，如马纪壮、彭孟缉、刘安祺、萧政之、余传韬等一些台湾政坛重量级人物。马纪壮当时是"总统府"秘书长，大权在握。彭孟缉是陆军司令。刘安祺是上将。萧政之是王升的部下，官拜中将。余传韬是中央大学校长，也是陈诚的女婿。听课的就是这么一批人，差不多是南老师的同龄人，有的还年长许多，他们称南老师为"南先生"，而不叫"老师"，"先生"是传统文化中对"老师"的一种尊称，而"老师"则可用在理发的、做木工的等各种人身上。南老师开了这个特别班之后，每个星期上课的那个晚上，"东西精华协会"门前的街上，停满了高级轿车，站满了勤务兵。

　　还有一个重量级人物——王升，他虽然不是这个特别班的学生，但差不多在同一个时期，他每天早晨都到南老师的协会来，同南老师一起打拳。王升从江西时候起，就追随蒋经国，这时，蒋经国当了"总统"，王升是蒋经国最得力的宠臣，甚至有传言他可能接蒋经国的班。王升同南老师交上朋友，把南老师那儿比作"人民公社"。"人民公社"是大陆的专有名词，那个时候别人是不敢这么乱讲的，"人民公社"被王升叫响后，十几年了，一直叫到现在。因为王升的关系，这个特别班就惹出了麻烦。

　　这个特别班，虽然是由南老师讲《史记》、讲《战国策》，但南老师从来是"以史为鉴"、理论联系实际的，特别班也就成了这班高官们议论朝政的地方；比如，谈到两岸关系，南老师就对这些高官讲，你们讲"反攻大陆"，反得回去吗？你们还不如赶紧同大陆做生意，直接的不行，先间接做起来，中国人的钱不要被外国人赚去了。类似这样的话，这样的主意，南老师出了不少，他的本意是帮助这些当权的人，但看来作用也有限。南老师的意见，有的被采纳，有的话讲了等于白讲。不管怎样，这个特别班还是产生了很大的影响，这批高官重臣，在南老师那里，实际上形成了一个小圈子，有的人想参加进来，还被挡在门外。后来，有人传话给南老师，说南老师被最高当局也就是蒋经国视为"新政学系"的头头。南老师一听，知道自己的处境不妙。"政学系"是国民党里的一个派系，人数不多，但在一段时间里，在蒋介石身边产生很大的影响，蒋介石在江西对红军发动第四次、第五次"围剿"，所谓"三分军事，七分政治"的口号，就是由政学系的杨永泰等人提出来的；蒋介石搞的"新生活运动"，也是由他们炮制的。被认为是政学系的首脑人物有杨永泰、罗世辉、张群等，几十年里，在国民党内部举足轻重。南老师因为这个特别班，树大招风，出来一个根本不存在的"新政学系"，而且，自己还是头头，南老师知道，自己已经引起最高当局的猜忌。不久，蒋经国的宠臣王升被贬，外放拉美当了"大使"。王升的亲信萧政之是南老师的至交好友，也是这个特别班的"班长"，南老师预料，萧政之恐怕大事不妙了。在这种情况下，南老师作出了本不愿意的抉择——离台去美国。不久，萧政之果然锒铛入狱，关了一年又八个月。

十年之后，我找到了当年的特别班"班长"萧政之将军，向他采访有关特别班的情况，他却把这件事看得很淡很淡。他说："这件事不要多讲了，没有意思嘛。什么'新政学系'？根本没有的事。这个特别班还是我搞起来的，玩玩的，根本没什么政治目的，来上课的人也不固定，从头到尾坚持下来的只有刘安祺和我两个人。南先生的学问很大，大家请他讲历史，他就从《史记》、《资治通鉴》上选出一些材料，给大家读，然后由他讲解，比如讲诸葛亮、郭子仪这些人物，根本不谈政治。"萧政之这位当年颇为显赫的台湾政坛人物，他说自己是"反共反了一辈子"，今天，把一切看得都很平淡，没有做官的兴趣，也不想发财，知道自己发不了财，认为发财也没有用；但他却也没有在家享清福，还是整天忙忙碌碌，奔走于两岸之间，帮助别人联系一些投资项目。我说，将军现在的作为，是不是应验了那两句古训——"英雄到老皆皈佛，宿将还山不论兵"。他说，那只是个人的修养。萧政之比南老师只小两岁，但对南老师的学问非常推崇，他说：南先生最高的是佛学，可以说，他是近百年来禅宗第一人，他主持的"禅七"，那是禅宗大手笔，连虚云大和尚都比不上；他的佛学著作，给佛教经典加进了现代化的内容，南先生是个真正大彻大悟了的人。

第三章
旅美三年　心怀故国

一九八五年七月,南老师在门生李传洪、李素美等人的陪同下,匆匆到了美国。

　　不是乘风归去也,
　　只缘避迹出乡邦。
　　江山故国情无限,
　　始信尼山输楚狂。

　　这首诗是南老师刚到美国的时候写的,表达了他这次去美的原因和复杂的心情。"只缘避迹出乡邦",躲避台湾的复杂环境和人事纠纷。后来,台湾高层有人对南老师的出走颇有微词,说他是"不负责任,一走了之"。南老师听了,一笑置之。他说:"我一辈子没有负过什么责任,因此,我走开了,也不算不负责任。"

　　在南老师离开台湾的前几个月,美国一个社会团体的负责人阿拉莫尼先生来拜访南老师,这个团体名叫 United Way,是一个民间慈善团体,规模很大,在美国很有影响,从事类似于我们现在的"希望工程"这样的工作。阿拉莫尼先生对南老师的道德文章、理想信念非常敬佩,希望南老师能到美国去,传道弘法,他的组织可以提供场地、设施和一切便利条件。南老师没有答应,他的根在中国而不在美国。阿拉莫尼的来访和邀请,同很多外国人和外国机构的来访和邀请一样,事情过去了,南老师也没有把它放在心上。想不到突然要去美国,阿拉莫尼先生成了一个可以联络的"老朋友"。初到美国的时候,这位"老朋友"确实尽了一些地主之谊,为南老师举办了盛大的欢迎晚会,介绍一些朋友。南老师不懂英语，沟通交流都靠门生朱文光翻译。同阿拉莫尼先生的这一段关系，只能看作是一段"异国因缘"，谈不上什么合作；虽然双方的心愿理念很接近，毕竟文化背景不同，要做济世利生的事，方法路子都不一样。所以，后来南老师也没有利用对方提供的条件来做什么事情，只是保持一种朋友的关系。

南老师在美国住下以后，台湾的学生一个一个跟过来，多的时候有十几个人。住的地方也一换再换，刚去的时候住在一个老太太的家里，很大的房子，只有老太太一个人住，而且她自己到外地去住，房子全空着，也不收房租，唯一的条件是照看好她的一只宝贝的猫。毕竟白住人家的房子，要处处小心谨慎，很不自在，住了不长一段时间，就搬出去，租了一套公寓。后来跟随的学生多了，公寓房显得活动不开，才在华盛顿附近弗吉尼亚州的兰溪买了两处房子，总算居有定所，南老师和他的学生们称这里为"兰溪行馆"。到离开美国之前，南老师就住在这里，在这里接待美国朋友、台湾来的学生和国内来的亲朋故旧。

正因为他是"避迹出乡邦"，所以在美国，南老师没有考虑做什么大的事情，没有一个明确的目标，他把自己看作是一个"过客"，而没有计划要在美国扎下根来。美国有关当局要白送他绿卡，他不要。这里不是他自己的国家，加上他对美国向来没有好感。这次，他虽然在美国跑了一些地方，但仍没有改变他对美国的看法。他认为，在现代科技方面，美国可以当我们的老师；谈到文化，对不起，美国当我们的孙子都不够格，美国立国才二百多年，是一个没有文化的国家。要了解西方文化，光看美国是不够的，而是要去研究欧洲文化，特别是希腊的文化。

对美国的政治，南老师也很不赞同。对西方特别是美国标榜的"民主自由"、"人权"、"人道"，南老师认为，"这些名词非常好听，实际上都是乱七八糟，乱扯；什么是人权，他自己都搞不清楚。中国的人权思想的确另外有一套，都包括在中国文化的义理之中。"他对美国人说："你们现代西方文化的民主，都以美国式民主作代表，与法国式、德国式的又不同。依我的看法，你们现在美国式的民主，是真正的专制，是资本家在专制，是假民主，真专制。"南老师的这一番关于"美国式的民主"的观点，我个人认为是一针见血的评价，这是他一生的经验之谈。美国人不遗余力地向全世界推销他们的民主制度，世界上也有不少人羡慕鼓吹美国的民主制度，南老师讲出这样的话，显示了他具有很高的智慧和很大的勇气。我从南老师的著作中和他平常的谈话里发现，南老师是一个很慈悲的人，但他的政治主张却是很"铁腕"的，特别是关于治理像中国这样一个大国，他认为政治上绝对不能学美国那一套，不能把美国式的民主搬过来。南老师是主张中央集权的，认为没有一个强有力的中央政府，中国的事情就办不好；如果出现诸侯割据的局面，中国就会乱。还有很多人欣赏的美国的法律制度，所谓"法治"，南老师认为，法律是人制定的，法律的解释和执行也靠人，因此，归根结底还是"人治"，当然必要的法律还是要的，美国法律那么严，打起官司来，没有钱总是要输的。在南老师的眼里，亚洲某些地方，学了美国的民主，实际上是学了人家不好的东西，社会就给搞乱了。他认为，台湾今天政治、社会这样乱，部分的原因也是学美国的结果；言论自由，结果讲话都是不负责任；今天，台湾一些妇女在游行中打出标语，竟然喊出"不要性骚扰，争取性高潮"这种口号，在南老师看来，都是学美国的结果，人家的好东西没有学到手，坏东西一学就会。

对美国的外交政策，南老师也有很多批评，南老师认为，美国所谓对外国的援助，都是为了自身的利益，而受援国反而深受其害。美国在"援助"别人的同时，总想把自己的那套"民主"、"自由"强加给别人身上，结果总是把别人国家的事情搞乱。

南老师的这些观点，在他的好几部著作里都有阐述，在《亦新亦旧的一代》这本书里，更是集中地谈了他对西方文化的看法。南老师的这些论述，美国人看了肯定不会高兴，中国人也不见得人人都同意他的观点，但他是从文化的角度，从东西方不同的文化发展的角度来谈的，是从历史的经验中得出的结论，具有很深刻的内涵。我们这么些年，改革开放之后，"西风"刮进来了，"崇洋媚外"特别是"崇美"的心态，在相当一些人的身上都可以感觉得到。如何看待美国的文化，如何看待美国的"民主"、"自由"，恐怕是我们理论思想工作中，过去是、今后相当长的一段时间里仍然是一个重大的课题。极少数人把美国看成是"人间地狱"，还在那里夜郎自大，说什么"风景这边独好"；更多的人把美国看成是"天堂"，千方百计要往那儿跑，要去"淘金"。南老师没有用"天堂"、"地狱"这些词来形容美国，但他在不到三年的美国经历之后，对美国许多问题作出的分析相当深刻。我读南老师的书，听他聊天，深深感到，在南老师的身上，有一股强烈的爱国主义情操。一九九六年，在台湾"大选"之前，解放军举行军事演习，国际上议论纷纷，南老师那里也一样，说什么话的都有。南老师讲了一句话，与众不同，他说：中共今天能够举行这样的演习，站在中华民族的立场，应该感到高兴，这是前所未有的。在议论国际形势和中国的外交问题时，南老师多次说过：我们中国人决不欺负别人，但也决不能被人家欺负。

据当年追随身边的门生回忆讲，旅美三年，南老师的生活并不自在。心情并不舒畅，水土不服、饮食差异、语言不通，这些事难不倒他，他的生活适应能力很强，虽然身处异国他乡，照样高朋满座，宾客盈门，美国好玩的地方，包括大西洋赌城，都留下他的身影，但这热热闹闹的日子，掩盖不了他那颗悬着的心。美国毕竟是美国，这里再好也是别人的，这里没有他的舞台，没有他的听众，这里没有他想要做的事情，他的那颗炽热的心，无时无刻不在大洋彼岸，在那遥远的东方故国，他的根在那边。海峡两岸还处于分裂状况，但他对两岸都有刻骨铭心的记忆，都有挥之不去的情怀。宝岛台湾，他在那里生活了三十六年，他把它视为第二故乡，只是那里恶劣的政治环境和社会乱象，他不会再回去了。中国大陆，那是生他养他的故土，他在那里生活了三十一年，虽然离开将近有半个世纪，但日日夜夜都盼望能早日回去，他要为那片土地、那里的人民奉献自己的力量。

在美国的三年，南老师有一个不小的收获，就是他同国内的联系开始了。他去美国之前，两岸关系还处于非常紧张的状况，在台湾，同大陆的来往虽然已经开始，但还受诸多的限制，只有极少数的人有勇气回大陆探亲、投资；台湾媒体上对大陆的报道，基本上都是负面的。这种情况不能不对南老师产生影响。到了美国之后，了解大陆的信息更多了，也更全面了；同大陆的通信联络也比台湾方便多了；另外，还可以接触大陆来的亲朋故旧。

一九八六年三月初，南老师同成都的老朋友恢复了联系。

一九八七年四月，南老师第一次派他的学生到国内。

在美国不到三年，下一步棋该怎么下，南老师已经有了一个明确的思路，他准备为国内做些事，为国家民族贡献一份力量。南老师的行事方式是很独特的，他要做什么事，怎么做，都不能用常规来推理，所以有人说南老师是"不按牌理出牌的人"，这句话不是没有道理。会打牌的人都知道，打扑克也好，打麻将也好，出什么牌，有很多技巧，有很多花样，但总是有一些最基本的规律；不按这种基本的规律出牌的人，十之八九是一窍不通的新手，必输无疑。南老师不按牌理出牌，却往往出奇制胜。这可能正是他被称为"奇人"的原因。就说他在美国下了为国内做事的决心这件事，跟随他的门生并不清楚，甚至连他最亲近的学生，也不知道老师下一步要到哪里去，要做什么。一九八七年下半年，他的一位最亲近的学生回台湾处理一些私事，行前，南老师对他说，办完事，顺便到香港去看一看。这位学生在台湾忙了一阵子，把南老师这句话忘了，办完事径直返回美国。南老师叫他去香港看看，本来想叫他到香港打前站，为南老师下一步做准备，但他没有完成这个任务。一九八七年十二月三十一日，在没有充分准备的情况下，南老师带了几个学生，离开美国，到了香港。这就是南老师，说走就走，神龙见首不见尾。

这几年，大陆见过南老师的人越来越多，没有精确的统计数字，可能有几百人。这里面，有的人仰慕南老师的学问，有的人想借助南老师的盛名，热情推动南老师回大陆讲学，回大陆定居，许多人都愿意充当东道主，为南老师提供方便。有的人甚至提出，大陆任何地方都可以，让南老师挑，现成的房子白给住，南老师要自己盖，最好的土地免费奉送。我不怀疑这些人的一片苦心，也不怀疑他们的能力，我相信他们说得出就能做得到。但我在一边袖手旁观，心里想，你们恐怕还是不了解南老师，都是一厢情愿在出主意。跟随他几十年的学生都没有也不能为南老师安排日程，南老师的行程只有他自己清楚，他离美赴港就是一个很好的例子。

在大陆做什么事？怎么个做法？在离美赴港之前，一个初步的思路已经形成了。比如，到大陆投资，南老师指出，不能"驱耕夫之牛，夺饥人之食"。意思是说，海外华人到大陆投资，不能只是为了谋利，不能只做那种一本万利的事，而应该"真正投进资金和先进技术，用以接济陈年贫乏和落后"。他还指示他的学生，到大陆投资做事，要有思想准备，要"忍人所不能忍，行人所不能行"。南老师还明确表示，对大陆投资，必须以下面四种项目为优先范围：一、农业；二、能源；三、钢铁；四、交通。南老师认为："这四项事业，才是大陆当务之急，才是振兴中华的物质建设之本。"南老师十几年前提出的这个投资思路，同我们今天的大政方针几乎不谋而合。南老师对到大陆投资还提出了一个很有名的响亮的口号：

共产主义的理想，

社会主义的福利，

资本主义的经营，

中华文化的精神。

南老师用这四句话，鼓励他的学生到大陆投资，他自己后来也是这样去做的。这四句话，看起来似乎很简单，但有几个人能真正理解，有几个人愿意去做，又有几个人能做得到？南老师到大陆投资，或鼓励学生到大陆投资，都是想帮助大陆发展经济，帮助大陆改善人民的生活条件，而不是把赚多少钱放在首位。真要赚钱，把钱放在台湾、香港可能更好，可能更容易赚到钱。在这四句话中，他更重视最后一句，"中华文化的精神"，通过经济的发展，使全社会的道德、文化得以提升。

这里需要说明一点，南老师这个口号里的第一句话，"共产主义的理想"，并不是说南老师已经认同共产主义，或者说他在宣扬共产主义了。不是的。南老师对共产主义是不赞同的，一直到现在也没有改变他的看法。南老师认为，一百多年来，影响世界最大的思想有两个，一个是马克思的共产主义，一个是弗洛伊德的性心理理论；他所讲的影响是指负面的影响。但是，把"共产主义"作为一种理想，作为一种信仰，这是个人的自由，南老师并不反对，南老师说："理想就是理想。"在南老师看来，世界上的各种信仰，包括政治信仰和宗教信仰，儒家的"大同世界"，道家的"华胥国"，佛家的"西方极乐世界"，基督教、天主教的"天堂"，这些都是人类的美好理想，实际上也是人类的共同追求，只是表达方式不一样罢了。正如列子的话："东方有圣人，西方有圣人，此心同，此理同。"对共产党，南老师过去没有好感。经过这些年的接触后，南老师认为，在中国，要真正办成事，还得靠共产党；甚至，在同个人打交道时，他也比较信任共产党员，他认为，真正讲奉献、讲牺牲，还是共产党员。他曾经想在大陆搞一个项目，要求工作人员必须都是共产党员。还有一个文化项目，有人找上门来请南老师帮忙；南老师听了情况介绍，很想支持，但一打听，这个项目的负责人不是共产党员，他就没有兴趣了。

"真正讲奉献、讲牺牲，还是共产党员"，这句话南老师讲出来，颇有点分量。南老师的大半生，都是站在同共产党的对立的那一边，他接收的信息大多是不利于共产党的东西，只是近年来才接触一些共产党员，大陆去看望他的人，大多是共产党员。南老师今天能讲出这样的话，可以看出他的过人的智慧和判断力；另一方面，"讲奉献、讲牺牲"也是南老师人格追求的重要组成部分。南老师的这句话也反映了大陆的实际情况，近些年来，中国取得了举世瞩目的成就，没有几千万共产党员的奉献牺牲精神，几乎是不可能的，只是有些人看不到这一点罢了。大陆这些年涌现的英雄模范人物，尽管他们来自各个不同岗位，不同行业，但他们一个共同点，就是"讲奉献、讲牺牲"。

当然，我们也不能不看到，大陆这些年来，共产党员的称号已不那么吃香了，特别是在一部分年轻人中间。原因当然很多，有我们党自身的问题，特别是在我们党内，贪污腐败现象相当严重，面相当广，层次相当高，败坏了我们党的威信，人人痛恨；中央对这个问题一直很重视，从健全法制、加强纪律和加强教育等各个方面着手，来端正党风，取得了显著成效，但恐怕还不尽如人意。如何对待贪污腐败现象，南老师的书里没有详细论述。南老师的书，讲的都是传统文化，现在"当官的"如果能多读南老师的书，多读传统文化方面的书，为官肯定会清廉。但传统文化好像没有完全解决廉政问题，历朝历代总有贪官。南老师经常说，历代帝王一般喜欢用"贪而能者"，而不用"廉而愚者"，绝对清廉的人往往是办不成事的。电视连续剧《宰相刘罗锅》风靡全国，许多人看了都提出这个问题：和珅那么坏，贪污那么多钱，乾隆皇帝难道一点都不知道？乾隆当然知道。南老师在书中讲了好几个帝王同奸臣、弄臣的故事，帝王明知道这个大臣坏，但对他还是宠信有加，一方面，帝王需要一个人陪他玩，帝王也是人嘛；另一方面，帝王不怕大臣贪污，到时候找个借口，把他满门抄斩，财产充公，还是归皇帝家的。在南老师的书中，有许多皇帝对付贪官的故事。在我看来，在封建社会，帝王家实际上是最大的贪污犯。现在，共产党要是拿帝王的那一套来对付贪污腐败，肯定是行不通的。就拿和珅来说，他最后被乾隆的儿子嘉庆治罪，财产充公；他那时候还不兴把金银财宝换成美元，存到外国银行去。现在，光看已经揭发出来的一些贪污犯的罪行，有的就把赃款转到境外去了，这些钱能不能追回来，还难说哩。看来，反贪廉政，是一个很长很艰巨的任务。

这段话有点说走题了，是从南老师的四句话里"共产主义的理想"说起的，南老师在大陆搞项目，都要用共产党员。我曾把南老师的这个意思讲给别人听，一位高级领导干部听了说，南老师这样做，未免太"一刀切"了。

有关南老师在大陆投资的详细情况，我将在后面再作专门介绍。南老师在美国住了不到三年的时间，他本来就没有想在那里久留，他日夜眷恋的还是东方的那片故土，那个祖国，他总是要回去的。

> 七十年来春梦尘，
> 四恩未报客心惊。
> 云山家国愁千结，
> 未转金轮愧此身。

南老师的这首诗，写于一九八七年中，这时，他在美国已经住了两年多，身在异乡，心向故国。"四恩未报客心惊"，"四恩"是佛门用语，佛家所谓报四恩，就是一个人要随时想着报"国恩、师恩、父母恩和众生恩"。南老师想到自己已经七十岁了，还没有报答四恩，而家国远隔，愁情千结。"未转金轮"也是佛门术语，佛学里有"金轮圣王"

和"银轮圣王"等说法，统称"转轮圣王"，是指那些能够转动历史车轮的人。南老师在年轻时候立下的志愿，要么不做，要做就做推动历史车轮的"转轮圣王"。现在，自己已经到了古稀之年，"未转金轮"，南老师对自己的一生感到惭愧。不过，在他这个年龄，他还是念念不忘报答"四恩"。在什么地方、用什么方式来报答"四恩"，南老师已经有些想法了，于是，有了离开美国的下一步行动。

　　一九八八年初，南老师到了香港。这段时间，恐怕是南老师一生中又一个鼎盛时期，是他为国家、为民族、为众生做事最多的时期。在这里，接触的人更多了，涉及的事情更广泛了，但主题也更明确了——为了中华民族的繁荣昌盛。尽管也曾经有过"九七"的困扰，尽管有人劝说南老师移居他国，南老师最后没有动心，他还是稳坐钓鱼台，做他想要做的事情。关于这个时期南老师所做的事情，两岸三地的媒体只有一些零星的报道，有些报道也不尽准确，甚至有不实讹传的地方，我将在后面详细叙述。

第四章
一家十口四方分

关于南老师的家世，我在本书开头作过简单的介绍，在这一章里，我再介绍一点南老师处理家庭问题、对待父母妻儿的态度，从中也可以看到南老师平凡又独特的人生理念。

忠孝不两全

南老师从小接受旧式教育，对孝道精神自然奉为人伦至要，古人有言，"百善孝为先"。但是，由于历史和社会的原因，他这个南家独子，十七岁就离开父母，外出闯荡，一去几十年，关山阻隔，音讯杳然；不能在父母身旁克尽孝道，是南老师一辈子揪心的事。特别是每年自己生日的那一天，更是愁情千结，思绪万千。

南老师从来不为自己过生日，从来不让学生为他祝寿、庆贺他的生日。他把生日称作"母难日"。他说，一个人，不应该大肆庆贺自己的生日，因为这一天，正是母亲受难的纪念日，母亲经受了多大的痛苦才把我们生下来，所以，我们不应该把这一天拿来庆贺。他的学生们当然记着老师的生日，到了这一天，总会想出各种理由，到老师这里聚会一次，表面上高高兴兴、热热闹闹，但南老师心里并不愉快。最近的一次，我要去看他，并没有留意正是他的生日；南老师在电话里对我说，你过几天再来，很多人要来为我做寿，我自己要躲起来两三天，"避寿"去，等那些人都走了你再来。

南老师不庆贺自己的生日，但不等于不纪念自己的生日，他是以自己独特的方式来纪念。我们从他的诗集中可以看到，几乎每年生日，他总会焚香默祷，遥祝双亲平安。他内心里有一种非常深厚的负疚感，不能侍候双亲，不能报答父母的养育之恩。几乎每年的生日，他都有纪念母难日的诗作。下面这首诗写于一九五三年：

堕地匆匆卅六年，
四恩未报事如天。
栖皇遁世谋常拙，
离乱苟全难息肩。
道力徒增衰鬓改，
情怀犹为世缘颠。
苍茫四顾苍生泪，
何日人归浮海船。
——癸巳母难日

一九七七年，南老师在生日那天，又写了一首诗《丁巳母难日阅报知大陆旱灾》：

思亲飞梦到家山，
手自焚香泪自潸。
化作慈云功德水，
春雷普护透重关。

那时候，海峡两岸往来还不通畅，南老师从报上看到大陆旱灾的消息，又是自己的生日，他写诗寄托思念母亲、思念家乡的情怀，不仅仅祷祝自己的母亲家人平安，而是祝愿把自己的一片虔诚，化作慈云甘露，普护大陆广大同胞。

南老师的母亲一生坎坷，到了晚年总算过上比较安定的日子，这时，南老师已在香港住下来了，经济上对家人有所接济，互通音信也方便多了。他的母亲很想见儿子一面，但自己到海外去已经不可能了，年岁太大了，她希望儿子能快点回来，整天念叨他。后来，听家人讲了儿子在外面的情况，慢慢地，她也打消了这个念头。临终前，孙子小舜问她，要不要叫爸爸回来一趟，见上一面，老太太摇了摇头。问她还有什么放心不下的，她说，只牵挂最小的孙子。最小的孙子是指南老师的第二位夫人所生的国熙，老太太没有见过面。一个越洋电话，国熙几天之内赶到，一进家门，就跪在了祖母的床前，抱头痛哭。老太太反过来抚慰他：孩子，不要哭了，见到你，我就可以安心了。我只有两件事放心不下，你一定要答应我。国熙哭着说：奶奶，你讲吧！老太太说：第一件事，你爸爸现在一个人在外面，没有人照顾，你一定要照顾好你爸爸。第二件事，你们兄弟不是一个娘胎里出来的，但都是南家的后代，你们一定要一条心。国熙哭着答应：奶奶，放心吧，我会听你的话的。国熙走后，大约十来天，老太太无疾而终，安详长逝，享寿一百岁（虚岁），那是一九九〇年冬天。

南老师听到老母亲去世的消息后，急着回乡奔丧，一切都安排好了，但临时又改变了主意，南老师还是留半步，没有跨过罗湖桥；他的几个学生李传洪、李素美、尹衍梁等人，代表南老师赶到温州，帮忙操持丧事。南老师在海峡两岸享有盛名，多少人敬仰他、感谢他、崇拜他，但他家乡的亲戚朋友恐怕不能理解他，也不会谅解他，别的不说，身为独子，为什么母亲临终时都不回来见一面？为什么连母亲的葬礼都不来参加？我拿"自古忠孝不两全"的话同南老师的几位亲属讲，但都没有得到肯定。

这里还要交代一下南老师父亲的故事。他的父亲南仰周，在地方上算是一名"乡绅"。解放初期，还在"土地改革运动"之前，南仰周就被人民政府抓起来，判了个死刑，都已通知家属准备去收尸了，但在执行枪决的前一天，突然改判无期徒刑。大约于一九五七年，病死在杭州附近的一座监狱里。家里只得到一纸通知,没有能力也没有胆量去料理后事。三十多年之后,南家同整个国家一样,出现了巨大的变化,想到要去领回遗骨。孙子舜铨、小舜颇费周折,寻到当年爷爷逝世的地方,管理人员早已换了好几茬了,爷爷埋在什么地方上哪儿找?他们去了三次,经人指点,最后在一个乱葬岗上找到了祖父的遗骸,在当地火化后,带回故乡。

等南老师知道父亲被捕和病逝的消息,已经是过了很久很久的时间。一九七八年,南老师接到次子小舜的家书。这是离开家乡差不多三十年,南老师收到的第一封家书,恍如隔世,其酸甜苦辣的滋味,非局外人能够体会。从这封家书中,他第一次知道父亲的情况。他写了一首诗:

　　一世人如两世人,
　　全家十口四方分。
　　卅年多少冤魂泪,
　　况有哀鸿隔岸闻。

"卅年多少冤魂泪,况有哀鸿隔岸闻",在南老师的整部诗集里,只有这两句是对他父亲的哀悼。而且,他父亲的经历的许多细节,南老师到现在恐怕都没有搞清楚。对父亲的不幸遭遇,南老师自然是悲痛的,对父亲的案子"未能昭雪"有所遗憾,但他很少同别人提起。我到他那里去了那么多次,听他讲那么多故事,但他对父亲的这档子事只字不提,有关他父亲的情况我都是从他家乡亲友那儿听来的,南老师没有对此事耿耿于怀。我想,这大概是他古书读得太多了,同常人的想法不一样。他说,历史上每当改朝换代的时候,总是要死很多人的,总会产生许多"冤魂";我不能找共产党找毛泽东算这笔账,毛泽东没有下命令抓我的父亲,现在共产党的各级领导人也都没有责任。在南老师同大陆高层领导和家乡父母官建立了良好的关系后，他也从来没有提他父亲的事。他有一位朋友，一九四九年去了台湾，留在大陆的亲属受到牵连，蒙受冤屈；两岸关系松动后，他的这位朋友回过家乡一趟，回来后，对家人的遭遇怎么也不能释怀。南老师就劝他，这样的事早已过去了，是历史造成的，不要去想它就好了。

上面这首诗里的"全家十口四方分"一句，这里的全家十口，实际上是两个家，十口人。一九四八年，南老师离开大陆的时候，家乡乐清还有父母亲、结发的妻子和两个儿子。收到这封信的时候，南老师的父亲已去世二十几年，所以，老家这个家还有四个人。到台湾后，南老师又建立了一个家庭，养有二女二子，一共六人。这样加起来，是十口人。但台湾出生的长女可孟和幼子国熙，当时分别在美国的加州和东部，所以说十口人分散在四方。

结发妻子是"观音菩萨"

漂泊平生负孝慈，
劳君艰苦费撑持。
辜恩有愧难为报，
松柏春阴应较迟。

这首诗写于一九八一年端午节前，在给他原配夫人的回信中。他的原配夫人王翠凤，实际上也是他的姨表姐，比他大两岁。他们的母亲是亲姐妹，在南老师还只有十来岁的时候，就给他们订下这门亲事，所谓亲上加亲；拿现在来讲，不符合优生学的理论，也不符合婚姻法，不过当年，表兄妹结婚在温州并不少见；他们这桩婚姻生下来的两个儿子都很正常，很聪明，后来还生了一对双胞胎，可惜夭折了。南老师同他的这位原配夫人，虽然是青梅竹马，但婚后一起生活的时间却不长。南老师对她内心非常感谢，称她为"观音菩萨"。这首诗的头两句："漂泊平生负孝慈，劳君艰苦费撑持。"南老师自己十七岁离开家乡，当中只回来过两次，在外面漂泊了几十年，没有机会孝敬父母亲，全靠他的这位原配夫人，侍候公婆，抚养孩子。特别是在解放以后，南老师的父亲被捕后，整个家庭的重担都落在了王翠凤的身上。她跑到温州给人家当佣人，一个月的工钱只有五六块钱；两个孩子只有十几岁，也要出去做零工，挣钱养家。后来，王翠凤为了更好地照顾婆婆，回老家摆小摊，维持生计。除了谋生的艰难之外，更为严重的是，她的头上有一顶可怕的帽子——"反革命家属"，在历次运动中，都没有逃过劫难。要不是她那种中国女性特有的坚强毅力，她自己都很难活下来；要不是她独力撑持，她的孩子、她的家庭，不知会落到什么境地；要不是她的细心照料，她的婆婆根本不可能活到一百岁。等到云开雾散之后，我请她讲讲当年的经历，南老师小时候的事她谈了不少，但关于她自己受苦的事，却闭口不谈。

"辜恩有愧难为报，松柏春阴应较迟"，对这位原配夫人的恩德，南老师自觉难以报答。他们分离了几十年，等到重新相聚的时候，两人都已是七十多岁的白发老人了。南老师把她请到香港，他的门生对这位师母都很敬重，陪她游公园、逛商店、购物、宴请，过惯了恬淡的乡居生活，繁华的香港对她没有吸引力，签证是一个月，她只住了半个月就回去了，此后就再也没有去和南老师团聚。

视众生如子女，视子女如众生

一生志业在天心，

欲为人间平不平。
愧我老来仍落拓,
望渠年少早成名。
功勋富贵原余事,
济世利他重实行。
怜汝稚龄任远道,
强抛涕泪暗伤情。

这首诗是南老师在一九六九年写的,题目是《诫勉幼子国熙赴美留学》。他最小的儿子国熙,当时只有十二岁。事情的起因是这样的,一个美国人,跟南老师学了一年的《易经》,然后用英文写了一本关于《易经》的书,在美国一些大学里开课。这位美国人对南老师又敬重又感德,想把南国熙带到美国学习,就对南老师说:"促进中西文化交流的工作,我们年纪都太大了,应该把下一代培养起来。"南老师答应了他的要求。但看到孩子小小年龄,远离家人,南老师只能"强抛涕泪暗伤情"了。南老师谆谆告诫儿子:"功勋富贵原余事,济世利他重实行。"

南国熙去美国读书,每年放暑假都回台北,南老师要他练习毛笔字,读"四书五经";他在美国时,课余也读《三字经》、《千字文》。后来,他考入"西点军校",一九七八年毕业后,有一份相当不错的工作。一九九一年,南国熙辞去美国的工作,来到香港,也在做同大陆有关的贸易和投资的事情。他没有同南老师住在一起,已经独立生活了。他很忙,经常是美国、香港和大陆到处跑,但有机会就到南老师这里来,同别的学生一起听南老师的课。南国熙虽然从小接受美国的教育,但在立身处世方面,可以看到浓厚的中华传统文化的影响。他几次回老家,见到南老师的原配夫人,他叫她"大妈",都要跪下来行礼,对家乡的长辈同辈都很敬重和诚恳。他的同父异母的哥哥小舜非常感动，说国熙能做到这样，确实不容易。

古话说："皇帝爱长子，百姓爱幺儿。"南老师对这个幺儿是很喜欢的，但他对幺儿并没有特殊照顾。南国熙现在也经常到大陆做事，南老师没有让国熙插手自己的事，也没有利用自己的关系、自己的影响为国熙开路，国熙做什么，他一概不管。国熙在大陆做生意，有时候碰到麻烦需要疏通一下，他都不敢找父亲在大陆的朋友。国熙要来见他的爸爸，同别人一样，也得事先打电话联系；有时候，南老师客人多，或者人多了有所不便，国熙想来，南老师也不让他来。

南老师说过这样的话："真正的大孝子，不只孝顺自己的父母，还要能孝顺天下人的父母。所以，我常跟一般老年同学和青年同学说，你不要把自己的儿女看得那么重，天下的儿女都是你的儿女，天下的父母都是你的父母，为什么不能将自己的心量放大呢？如果将心量放大了，以天下的父母为自己的父母，以天下的儿女为自己的儿女，那该多好！""以天下的父母为自己的父母，以天下的儿女为自己的儿女"，南老师正是以这种精神来对待自己的父母和子女，甚至做到了常人认为不近人情的地步。例子很多很多。南老师的事情很多，很多事要有人做，他身边有好几位学生帮他做事，但南老师没有一个子女在身边。在南老师看来，如果他把自己的事交给子女去做，就容易公私不分；那样做对子女也不好，他希望自己的孩子能自立，不要依靠老子。他的三儿子一鹏，现今事业有成，他深有感慨地说：名人的儿子不好当，你的行为必须百分之百的正确，百分之九十九都不行，你有百分之一的过错，就会成为别人攻讦的口实。

一次，南老师的一个女儿和两个外孙女，从美国加州来看南老师，他们难得见一次面；但见了面之后，南老师只同他们寒暄了几句，就同别的客人聊起来了，把自己的女儿和外孙冷落在一边。我在边上建议，南老师何不带他们出去玩玩，楼下不远处就有一个小公园，我可以拿照相机给照几张相,但南老师没有理会。吃晚饭时,南老师的孩子也没有坐上正桌,自己几个人在另外一张小桌上吃。我事后同几位客人讲,真有点不好意思,都是我们这些客人,都没有什么正经的事,却妨碍了南老师同亲人团聚叙家常的机会。

第五章
亦儒非儒

前面比较简单地介绍了南老师前半生的经历，如果要全面详细地记录他一生的事功，那就要写一本厚厚的传记了。从他一生的经历中，我们能不能引出一些带结论性的评语呢？很难很难，我在这里只是试着提供一点自己的看法。

先不说南老师，先讲一下另外一个人——傅大士。

傅大士是南北朝时的人，禅宗大师，被认为是同禅宗初祖达摩大师和志公大师一起，开创中国禅宗的原始宗风。傅大士又称善慧大士，大士是佛学里"菩萨"一词的别称。公元四九七年（齐建武四年）生于浙江东阳郡义乌县双林乡。禅宗初祖达摩到中国时，他已二十三岁。本名翕，又说名弘，十六岁娶刘妙光为妻，生二子。

当时，一位从印度来的高僧名叫达摩（与禅宗初祖达摩同音，是否是同一个人，无法考证），也住在嵩山，一般人叫他嵩山陀。有一天，嵩山陀来和傅大士说："我与你过去在毗婆尸佛（释迦牟尼佛前六佛之首，就是过去劫中的第一尊佛）前面同有誓愿。现在兜率天宫中，还存有你我的衣钵，你到哪一天才回头啊？"大士听后，瞪目不知所对。

后来，傅大士顿悟前缘，便发大乘愿行，不走避世出家的路线。他对嵩头陀说："炉鞴之所多钝铁，良医之门多病人。度生为急，何思彼乐乎。"

傅大士以后就走济世救人的路线。在双林寺，夫妻二人白天耕作，夜里修行佛事。妻子甚至出外打工，给人家当佣人，以微薄的收入来接济穷人。碰到大荒年，傅大士甚至卖了自己的妻子，得了五万块钱赈济饥民。一个月后，人家还是把他老婆还给他。

傅大士认为，行化一方，法不广被，必须感动人主，才能普及。他就通过他的弟子奉书梁武帝，条陈上中下善，希望梁武帝能够接受。梁武帝崇尚佛学，多次召见傅大士，向他请益。有一天，傅大士上朝拜见梁武帝，身上穿着僧衣，头戴道冠，脚穿儒鞋。梁武帝问他：你是僧吗？傅大士以手指指自己头上的道冠。梁武帝再问他：你是道吗？傅大士以手指指自己脚上的儒鞋。梁武帝又问他：那么你是儒吗？傅大士以手指指自己身上的衲衣。傅大士融儒释道为一体，表示中国禅是以"儒行为基，道学为首，佛法为中心"的精神。

上面简单介绍了傅大士的情况，我不准备把南老师同傅大士作全面的比较，我只想取其一点，就是傅大士见梁武帝时那一身打扮——头戴道冠、身穿衲衣、脚蹬儒鞋，把它安在南老师身上，我认为是比较贴切的。南老师究竟是怎么样一个人？拿傅大士来作比方——亦儒，亦释，亦道，或者，我情愿说，非儒，非释，非道。

大陆有人同我探讨，问南老师有没有一个思想体系，南老师的学术思想有没有一个发展过程，这些问题我都回答不出来。说南老师是国学大师，一代大儒，对不对？对的。说南老师是禅宗大师，对不对？我想也没错。说南老师是道家人物，当代大隐，有没有问题？当然没有问题。但是，把这些单个的头衔安在南老师身上，我总觉得不十分确切，而且也不能全面概括。确实，南老师对儒、释、道三门学问都非常精通，他对儒家、佛家、道家也非常推崇。他说："对这三家，我经常比喻：儒家像粮食店，绝不能打，否则，打倒了儒家，我们就没有饭吃——没有精神粮食；佛家是百货店，像大都市的百货公司，各式各样的日用品俱备，随时可以去逛逛，有钱就选一些回来，没有钱则观光一番，无人阻拦，但里面所有，都是人生必需的东西，也是不可缺少的；道家则是药店，如果不生病，一生也可以不必去理会它，要是一生病，就非主动找上门不可。"这些话是写在他的著作里的，可以看出南老师对儒、释、道推崇的一面，有人当面把南老师比作儒、释、道大师,南老师并不认同,他笑笑说:什么儒、释、道?都是乱讲的。他并讲出了一段对儒、释、道颇为尖锐又有点刻薄的评价。他说:"儒家嘛,人品好,胆子小;道家嘛,人品好,敢捣乱;至于佛家嘛,则是人品好,什么都不干。"根据南老师的这个评价,你能够把他归入儒、释、道中的哪一家吗?

因此,我说南老师精通儒、释、道三家,推崇儒、释、道,但他在一生的行谊中,并不拘泥于哪一家,而是把这三家学问的精华,消化了,吸收了,然后运用自如。所以,我说南老师是亦儒、亦释、亦道,又是非儒、非释、非道。当然,南老师的学问还不仅仅只限于精通这三家,他对传统文化中的其他各家,都作过研究,都很精通,这方面的情况,我在下面还要说到。

当代大儒

自从汉武帝"罢黜百家,独尊儒术"之后,一直到孙中山先生领导辛亥革命,推翻清朝统治,在两千年的漫长历史中,以孔孟为代表的儒家思想成了统治阶级的思想,成了中国文化的主流,这一点,一般人大概不会有不同的看法。到了"五四运动"时,当时一个最响亮的口号是"打倒孔家店",儒家陷入了历史上从未经历过的境遇。后来,在二十年代,出现了"新儒学",其代表人物梁漱溟、熊十力,被称作"新儒家"。三四十年代,"新儒家"的著名人物则有冯友兰、贺麟等人;五十年代有唐君毅、钱穆、牟宗三等人,他们在学术上功力深厚,造诣超群,但也没有形成什么大的气候,其影响力只是限于学术界而已。到了八十年代,杜维明、成中英、刘述先等人,被称作"新儒家"的第三代传人,他们在海外著书立说,扩大了"新儒学"的影响;而且,当时正值亚洲"四小龙"经济腾飞,"新儒学"一时之间为人津津乐道，成为一个颇有影响的思潮，但终究时代不同了，"新儒学"没有也不可能像历史上的儒家那样受到重视。

我们再来看看蒋介石统治大陆二十二年，也是继承和运用儒家的那套理论，满口的仁义道德、"礼义廉耻"，但整个国民党统治集团腐败不堪，有谁会相信他推行的那套儒家理论？孔孟之道自然不能挽救蒋家王朝最后覆灭的命运，就连蒋介石的忠实信徒，他的文胆陈布雷，被认为具有一代儒风，最后，看到国民党内部腐败不堪，民心丧尽，在极度痛苦失望的情况下，吞安眠药结束了自己的生命，真是做到了理学家们标榜的"临危一死报君王"了。

新中国成立以后，在相当长的一个时期里，阶级斗争"天天讲，月月讲，年年讲"。儒家思想，孔孟之道，作为历代封建统治的思想工具，被扫进历史的垃圾堆里，是符合当时的历史逻辑的。这种情况到了"文化大革命"时，更是达到了登峰造极、荒谬绝伦的地步。刘少奇的一本《论共产党员的修养》，教育造就了无数的优秀共产党员，他们的崇高品质为世人所公认。刘少奇在这本小册子里，只不过吸收了中华传统文化特别是孔孟之道中的优秀精华，古为今用而已，想不到在"文化大革命"中，这本书成了刘少奇的一大罪状，《论共产党员的修养》被批得体无完肤，成了"黑修养"、"大毒草"，真是可悲可叹！

七十年代初期，江青"四人帮"搞什么"批林批孔运动"，从《论语》里找出一句话两句话，写成几千字上万字的文章，圣人成了小丑，强盗变成造反派，把十亿人唬得一愣一愣的，却原来，他们"批孔"的目的只是为了"批周公"——扳倒周恩来。

我们在改革开放以后，如何对待儒家学说，如何对待孔孟之道，如何对待传统文化，在学术界引起了一阵一阵的讨论。搞四个现代化，还要不要传统文化？儒家的理论今天还有没有用？有人说，儒家理论是好东西，看一看亚洲"四小龙"，特别是韩国和新加坡，他们那里不是经济上去了，精神文明也搞得不错，受到世人瞩目。持不同观点的人认为，儒家思想没有开创精神，因循守旧，是实现四个现代化的阻力。真是公说公有理，婆说婆有理。不过，这种讨论基本上仅仅局限于学术界而已，对普通老百姓来说，并没有产生太大的影响。值得欣慰的是，传统文化方面的书籍的出版出现了前所未有的繁荣局面，"四书五经"这些尘封了几十年的老古董，通通被搬了出来，一些大学的校园里也出现了一波又一波的传统文化热。

与此同时，西方国家的某些学者，把中国的儒家理论抬举得很高，从中国的传统文化特别是儒家理论中，寻找解决当今世界不能解决的难题。而在另一方面，某些西方的理论家则把以儒家为代表的东方文明视为西方文化的敌人。美籍巴勒斯坦人亨廷顿抛出"文明冲突论"，说什么在二十一世纪，"儒教文明与伊斯兰教文明联合起来对抗基督教文明"。亨廷顿的理论实际上是为西方的"中国威胁论"张目，已经遭到亚洲和世界许多有识之士的驳斥。我无意对此作更多的评论，只想说一点，西方特别是美国的一些所谓的"中国通"们，实际上是一点也不通的。在中国，孔子的牌位虽然被冠以"大成至圣先师"供起来，也有人顶礼膜拜，但几千年来，虽然有过"儒教"这个名称，但从来也没有发展成一个真正的宗教。关于儒家理论的发展与现状，讨论起来，可以写一本大书，我讲这些话的目的只是想引出南老师"亦儒非儒"的探讨。

南老师生于"五四运动"的前一年。"五四运动"以"打倒孔家店"为号召，席卷全国，当然，这个浪潮也波及东南小城温州。但南老师的家乡乐清是一个小县城，"五四运动"到这里只能算是余波了。所以，到南老师五六岁开始接受启蒙教育的时候，家乡还只有一所洋学堂。南老师没有去上洋学堂，他的父亲请了一位老学究给他启蒙，走几千年来的老路子，读"四书五经"。教学的办法自然也是几千年来的老办法——死记硬背。南老师在童年和少年时期，从儒学入门，又花上十来年的工夫，加上他天资聪慧，老师教的都能记住。这个时期学到的东西，他一辈子都忘不了，他一辈子对儒家学说，特别是孔孟之道坚信不疑，推崇备至。这可以从他的著作和平时的言谈中得到印证。

推崇孔孟，异议朱熹

南老师推崇儒家，他经常强调，要以儒家的老祖宗孔子和孟子的学说为依归，而不要为后世的大儒们的解释所疑惑。因为，孔孟的学说，经过两千多年的演变，已不是原来孔孟的意思了。一部《论语》，后世注释的多达三千多种，实际上，注释者都加入了自己的思想。尤其是宋朝的朱熹的《论语集注》，更是加进了朱熹的哲学思想，经过明朝朱家皇帝的钦定，以朱熹为代表的宋明理学成了儒学的主流和正统，影响了宋元明清几百年。对此，南老师始终不与苟同，尽管他对朱熹的学问人品未作任何贬责。

在《论语别裁》里，他说：“宋儒的理学家，专门讲心性之学，他们所讲的孔孟心性之学，实际上是从哪里来的呢？一半是佛家来的，一半是拿道家的东西，换汤不换药地转到儒家来的。所以，我不大同意宋儒。对于宋儒的理学，我也曾花了很大的工夫去研究，发现了这一点，就不同意他们。一个人借了张家的东西用，没有关系，可以告诉老李，这是向张家借来的，一点不为过。可是借了张家的东西，冒为己有充面子，还转过头来骂张家，就没道理了。宋儒们借了佛道两家的学问，来解释儒家的心性之学，一方面又批驳佛道。其结果不止如此而已，从宋儒一直下来，历代的这一派理学，弄到后来使孔孟学说被人打倒，受人批评，宋儒真要负百分之百的责任。以后经过宋、元、明、清四朝，都在宋儒的理学范围中转圈圈，是不是阐扬孔子的真义，很难下一定论。有一本《四朝学案》，是讲宋元明清几百年来儒家心性之学的。尤其到了明朝末年，理学非常盛行，所以清朝入关的时候，很多人对明儒的理学非常愤慨，认为明儒提倡理学的结果是：'平时静坐谈心性，临危一死报君王。'指责理学对国家天下一点都没有用。平常讲道德，讲学问，正襟危坐谈心性，到了国家有大难的时候——'临危一死报君王'，一死了之，如此而已。不过话说回来，能够做到'临危一死报君王，已经很不容易了，但对于真正儒家的为政之道而言，未免太离谱了。"

正因为南老师推崇儒家特别是孔孟之道，他一生以孔孟的理想为自己的理想，以儒家奉扬的帝王之道、为政之道来衡量现实政治。他认为，儒家的大同思想是古今中外政治的最高理想，当今世界的各种主义、各种宗教所要达到的理想、目标，都超不出儒家的大同思想。"国泰民安"，儒家只用了四个字，就把几千年来明皇圣君治国的最高理想都包括进去了；而几千年来，真正能做到"国泰民安"的朝代真是太少了，能做到在二三十年的时间里，天下太平，老百姓安居乐业，那就是了不起的成就了。

要实现大同世界的理想，孔孟宣扬帝王要施行仁政，对老百姓要进行道德的教化。南老师正是以这个思路来探索他所处的时代的现实政治。"忧国忧民"——几千年来儒家的圣贤大德们普遍具有的优秀品质，我们现代人称为"忧患意识"——可以说是南老师一生的心路历程的主线。他是一个乐观豁达的人，但我可以说他是有很多苦恼、很多忧虑的人。值得他高兴、值得他开心的事并不多，偶尔有一件事可以使他开心，也不过只有几分钟；他是经常处于忧虑苦恼的状况。使他苦恼的，使他忧虑的，都不是他自己的事，他把自己的事看得很轻，包括生命、财产、名誉、地位、家庭、儿女，这些在现实社会中，一般人都摆脱不了的纠缠，在南老师的心中只占很小很小的位置，他以超乎常人的手法、态度来处理这一切，因此，在这些方面，已经没有什么可以令他苦恼和忧虑的事了；他所忧虑和苦恼的是国家民族的成败兴衰，是伴随着经济发展、人民生活富足而带来的文化的衰落和道德的沉沦。这往往使他痛心疾首、忧虑万分。

南老师在《论语别裁》里有这样一段话，他说："全世界人类文化思想，正陷落在瘫痪状态，空虚贫乏。讲好点是物质文明在发达；讲难听点是物质的欲望在扩张，蒙蔽了人类的智慧……因此我们对于自己文化的复兴，要做承先启后融贯中西的工作，这是刻不容缓的重大使命。从事文化工作的人，要晓得自己这神圣而艰巨的责任。是谁给的责任？是自己要自己挑的，挑起继往开来的重任，才能搞思想。如果以现实的环境来看，搞思想的人常是穷苦一生，默默无闻。但每个历史的演变，都受这种潦倒一生的人的思想的影响。在他本人死后，领导了世界人类。以个人的现实生活来讲，搞思想、搞文化的穷苦一生对他有什么用？可他精神生命的价值就是如此伟大和长远！这就看个人的认识，自己选择要走什么路。"

南老师这种心情，完全不同于历史上改朝换代时出现的那种遗老心态，对什么都看不顺眼，对什么都失去信心；相反，看到这些社会上存在的问题，南老师要用个人的力量，以他独特的方式，来挽救社会，教化大众。谁叫他这样做？没有。谁给他权力让他这样做？没有。这是他自己选择的道路，一条艰难而又寂寞的路。他一辈子处于无权的地位，但他一辈子在忧国忧民之中度过。除了到台湾的早期，为了养家糊口，他要手执教鞭、煮字疗饥，谋道也谋食；但综观南老师的一生，可以说他保持了儒家倡扬的"君子谋道不谋食"和"君子忧道不忧贫"。

一九八八年，南老师移居香港以后，实际上过着半隐居的生活，这是他不得不这样做的，因为慕名求见的人太多了，而香港寸土寸金，他的居所面积不大，如果敞开大门，真的门槛要给踩烂了。但七八年来，他还是会见过无数的人，两岸三地的各方面、各阶层的人。在他的客厅里、饭桌上，经常可以看到共产党的高级干部和国民党的高官，还有美国人、法国人、德国人，相聚一堂，谈笑自若，在两岸关系还处于对立的情况下，这是在任何其他地方很难见到的景象。

大陆来找他的人很多，有政府部门的高级干部，有军队的将军，名牌大学的校长，高干子弟，文人学者，各式各样的人都成了南老师的座上客，而且，这些人不管身份多高，都恭恭敬敬地叫他南老师。这些人，大致可分为几类：一类人是有正事要谈。南老师在内地有很多项目，有投资项目，有文化教育方面的项目，经常有人来谈这些项目进展的情况。一般说来，南老师在大陆搞的项目立项比较快，资金到位比较快，在执行中也不会出现什么大的问题。南老师办事喜欢快，不喜欢拖泥带水。唯一的例外是"金温铁路"这个项目，花了他很多时间和精力。

还有一些人，登门求见是希望南老师助一臂之力。南老师在大陆许多所大学设立奖学金，他都没有要求宣传。南老师不同于常人的做法，凡是他拿钱出来资助文化教育事业，一不要荣誉，二不要回报，三不要宣传，他把这作为自己应尽的义务。虽然没有宣传，但在短短几年里，南老师"乐善好施"的名声不胫而走，已传遍大江南北。这几年，南老师的"招待所"门庭若市，大陆名牌大学的校长、院长来过的不在少数，他们在同南老师的交谈闲聊中，有时候，三言两语就产生了一个项目，南老师都很热情，有时当即答应掏钱。一位名牌大学哲学系主任，说起现在佛教界文化理论水平不高，想办一个佛学培训班。南老师一听，好啊，这是好事，你们去办，钱由我来出。一下子就是十万美元。又一位大学校长来聊天，说起现在的秘书文化水平都不很高，一纸公文都写不好。南老师一听，秘书工作很重要，要好好培养，你们去办，经费由我来筹划。又是几十万人民币。一九九一年苏联解体之后，一位大学校长同南老师谈起，苏联有很多科学家失业了，我们引进来，可能会起作用。南老师一听，又是叫好，这事你们赶紧去办，我出钱。南老师一句话，又是几十万；这位校长后来收到钱后，托人给南老师捎了个口信："请转告南老师，钱收到了，我们会好好用的。"几十万块钱，换回来一句话，南老师不在乎，因为，他在往外拿钱的时候，本来就没有指望有什么回报。

至于钱拿出去之后，事情到底办得怎么样了，南老师一般也不再过问。根据他几十年的人生经验，他心里很清楚，办任何事情都需要钱，没有钱肯定办不成事；但有了钱也不一定就能把事情办好，有时候，钱还可能起反作用。所以，南老师常常讲，出钱做好事，第一次，人家感恩戴德；第二次，对方把它看作是应该的；第三次就要挨骂了。这是南老师的经验之谈，也许是现实社会里的普遍现象，他在大陆资助的某些项目，就有被人误解为别有用心，甚至还被骂为骗子的。

但是，南老师还是那么热心，对有求于他的人，他总是不愿意让人家失望。那年，上海举办"东亚运动会"，发动各方面筹集资金。上海市一位领导干部到香港，找到南老师：老师，我这次是为募捐来的，任务是一千万。对现代体育活动，南老师本来并不热心，他自己从来没有玩过，过去在台湾，现在对大陆，他也从来没有赞助、支持过体育项目；北京申办奥运会，海外许多人热情支持、慷慨赞助，而南老师则无动于衷。但这次上海这位领导干部来找他，他没有驳他的面子，南老师对他说：你放心好了，先在我这里住下来，不够数我来解决。南老师拿起电话：某某老板，上海办运动会，还缺点钱，你拿五百万怎么样？对方说没有问题。南老师再拨一个电话，还是那句话，又是五百万。两个电话，一千万元就落实了。后来，这位领导干部自己从别的地方筹到了钱，南老师说，那么，下回再说吧。

七八年来，南老师花在内地文教事业的钱已经有几千万。效果怎么样？很难说。有些人拿了钱后，究竟花到哪儿去了，也没有向南老师报告一下；有些信息反馈回来，也不大令人高兴。比如，规模较大的"光华基金"，可以说，南老师一番苦心，但效果并不见得很好。事情的起因是这样的，大陆教育部门的负责人来看南老师，谈起大陆的"出国热"，许多年轻人都想出国留学。南老师听了就说，高级人才为什么一定要到外国培养，为什么不在国内培养？我们一定要在国内培养高级人才。于是，后来就有了"光华基金"这个项目，专门奖励博士生、硕士生，二十多所大学，每人每年八百元，受益的人有上千，一年三百来万人民币。南老师任董事长。但这个钱不是南老师出的，是他的一个学生出的。这个项目已经搞了好几年，开始时，南老师还把它当作一回事，后来听说，有些学生一次拿到八百块钱，同学们一起哄，到饭馆请客，一下子就花去四百元。南老师听了直摇头，大陆的事总是这样，办不好的啊！所以，这两年来，南老师对大陆要求资助的已不再那么大方，不再有求必应了。他说："为什么都来向我要钱？我都望八之年了，是个说走就走的人。大陆那么多的个体户，几百万几千万的身家，为什么不向他们去要钱？你们有本事，登高一呼，钱不就来了吗！"

为了应付这种事情，南老师花了不少时间和精力。有自己登门的，有写信的，有直截了当的，有拐弯抹角的；什么人都有，什么事情都有。反正都把南老师当作"大施主"、"大能人"、"大菩萨"，什么钱都能要到，什么事都能办成。有些人写了书，出版不了，就写信给南老师请他帮助出版；有些人在大陆出了书，还想拿到台湾出版，也来找南老师。大陆一个有点名气的文化单位，搞了个发展计划，打着弘扬传统文化的旗帜，给南老师写了一封信，并附上一个精致的聘书，聘请南老师当名誉院长，下面的话就是要钱。这个单位本来同南老师没有联系，甚至都不认识，不知从什么地方知道了南老师的地址，就写信发聘书。南老师把信和聘书拿给我看，无奈地说："怎么办呢？答应也不好，不答应也不好。"还有一次，又收到一所地方大学寄来的"名誉教授"的聘书，我正好要回北京，南老师就叫我把这个聘书带回，到这个地方跑一趟，把聘书退还给学校，并作些解释。我心里想，专程跑一趟至少要花我一个星期的时间，似乎没有必要，就说，我带回去寄给他们。南老师看我显得有点勉强，就说，算了算了，不要理它了。这样的事太多了，我在南老师那里看到很多大陆寄来的聘书，南老师实在应付不过来，只好一笑了之，信也不回。对大陆送上门的这些"名誉院长"、"名誉教授"之类的头衔，南老师从来不放在心上，也一概不接受。他说，早年，那么多外国的大学要送给我"名誉教授"的头衔，我一个也没有要，要这种虚名有什么用。

大陆有一所二流大学，想进入"二一一工程"——国家教委搞的一个项目，在二十一世纪办一百所高质量的大学，这所大学自己估计在边缘上，使点劲可能就进去了，于是，公关工作做到了南老师那里，请南老师给国家教委负责人写封信，推荐这所大学；如果能给更高一级的领导人写信，那就更好了。南老师不知道背景和详细情况，以为这是件好事，重视教育嘛，就满口答应下来。后来，周围的"参谋"们一琢磨，这封信不能写，因为"二一一工程"的评选，是一个很复杂的事，大陆有一套评选标准和评选办法，不是哪一个人说一句话就行的；南老师如果写信，不管对方是谁，都会使对方为难，也可能引起对方的误会，你南某人管闲事也管得太宽了；退一步讲，这样做对那所学校也不会有什么帮助。南老师一听，啊？是这样的，那就不写了。

某地有一位年轻人，经常到南老师那里走动，讲点新闻，拉点项目。有一次，这位年轻人说，他那个地方新任的领导人，是从外地调进的，初来乍到，人生地不熟，工作起来不那么得心应手，他出了一个主意，希望劳南老师的大驾，到他那里去一趟，会一会那位新来的领导人，给他撑撑场面。对这种要求，南老师总是不忍心驳人家的面子，只是要他跑一趟，南老师觉得有点难办，他想了个折衷的办法，约好两人在澳门见一次面。这件事后来一拖，没有做，我想是那位领导人本来并没有这个意思，是这位年轻人自作主张，瞎出点子，用这种办法当然不合适。

像上面讲的这种事情多得不胜枚举，找他求他的人确实太多了，两岸三地,甚至远在欧美的人。从芝麻绿豆大的小事,到天下国家大事,都来求南老师,大的如投资一个几亿美元的项目,或成立一个跨两岸三地的协会,小的如是否举家移民、上什么大学、找对象定婚期、给小孩起名字等等,都来向南老师咨询或请求帮忙;只要能帮上忙,南老师总是很乐意去做。其实,南老师本身既无钱又无权,求他帮忙的事,有做成功的,也有许多做不成功的。但是,在外人的眼里,特别是在那些对他了解还不太多的人的眼里,南老师成了呼风唤雨、有求必灵的神仙菩萨了。

南老师的座上客中,大多数人,既无求于南老师,南老师也没有什么事需要他去做,这些人喜欢到南老师那里去,完全是慕名而来,怀着一种崇敬的心情,到南老师这儿坐一坐,听南老师谈古论今,觉得也是一种享受。台湾来的,大陆来的,他们因公或因私路过香港,一定会打电话求见。香港当地也有这样的人。我去了多次,结识了不少这样的人,开始时觉得纳闷,这些人天天跑这儿来,自己的家都不管了?后来,时间长了,仔细想想,这些人倒是蛮可爱的,是南老师的魅力把他们凝聚在一起;另一方面,他们虽然帮不了什么忙,不能为南老师做成什么事,但如果没有这些人,南老师那里就不热闹了,就不好玩了。

有一次,我在香港南老师那里,牙痛了好几天,南老师给我药吃也吃不好,就叫我去看医生。经南老师一位学生的安排,我到中环一个私人诊所去看牙,原来是牙坏了,需要补牙。候诊室里摆了很多书,供候诊病人翻阅的,南老师好几本书也放在那儿,是诊所里另外一位医生摆放的,他对佛学有兴趣,特别是对南老师的书更是赞不绝口。我去看了两次,补了一颗牙,诊所寄来的账单是两千五百元港币,南老师为我付了账,我一直很心疼,补一个牙,在北京只要二十多块钱,还是公费医疗,而香港的医生却要收一百倍的钱。南老师的支票开出去没几天,那位喜欢佛学的医生登门,把那张支票送回来,说只要能亲近老师，便是最大的心愿，看牙的钱一定不能收。南老师不同意，看病收钱是应该的，两件事不能混在一起。那位医生坚持把钱退回来。南老师看他确是一片诚意，就把这笔钱划到他的"文教基金会"的账上了。这位医生后来成了南老师那里的常客。像这位医生这样的人，因各种因缘而结识南老师，又成了南老师的学生，多了去了。

香港是一个不夜城，声色犬马，各种娱乐场所生意兴隆，自有不少人流连其中，乐不知返。但也有不少人从来不涉足这种地方，也没有更好的去处，一旦发现南老师这块宝地，就把它视为沙漠里的绿洲，除了听南老师谈话可以增加知识外，还可以结识不少各方面的人，真是一个很好的社交场所，而且不用花钱。所以南老师不愿意公开他的地址，如果公开了，真的要招架不住了。

不是学者，而是"行者"

南老师出版了那么多的书，许多人都把南老师看成是一个"学者"，而南老师从来不承认自己是一个"学者"，他在好几本书的前言里都声明过，比如他在《论语别裁》的前言里，说自己的这本书只是"书生知见，游戏文章"，"不入学术预流"等等。开始时，我以为他的这些话只是自谦之词。在稍为深入了解后，我就不再把他当作一般意义上的"学者"了，我情愿说南老师是一个"行者"。他并不是关起门来做学问，而是把他早年读过的书，学到的学问，掌握其精髓，都装进了自己的脑子里；无论是当年在台湾教书，或现在同人家闲聊，把自己脑子里的那些东西往外拿，真的是"出口成章"。南老师曾经说过："把古人的学说消化以后，再吐出来，就是你自己的学问。有些人做学问，对古人的东西没有吃进去，即使吃进去，也消化不了，然后东拉西扯，拼凑一番，这方法是不能采用的。"

南老师有一般学者的一面——著书立说、教书育人；但更可贵的是，一般学者不做或没有能力做的，南老师做了，那就是他身体力行，为国家，为民族，为众生，做有益的事。"读《论语》是要懂得如何做人做事，并不是为了应付考试。"这样的话，南老师不知讲了多少次。所以，这一点，他同一般的学者是有很大的区别的。

另外一点，在日常生活中，在普通的人际关系中，南老师保持了儒家的优秀传统，在进退应对之间，在甚至是很小的事情上，南老师处处体现出儒者的风度，展示了儒者的高尚品德。这方面的例子，如果讲起来，真是太多太多了，专门写一本书都有材料；可以说，南老师一举手，一投足，都会使人肃然起敬，想学也不一定学得会。而我们大陆几十年下来，一代人，两代人，在这些方面太不够注意了。前些年，才提出"五讲四美"，提倡"文明语言"、"礼貌待客"，收到一些成效，但总不尽如人意。而南老师做起来，一切都很自然，又是常人做不到的。南老师说，他小时候接受的教育，是从"洒扫应对"开始的，实际上是从文明礼貌开始的。这使南老师一辈子受用不尽。南老师可以说是日理万机，做那么多的事情，但他在礼节礼貌上，在人际关系的细小处，从来没有忽视过。来了客人，不管年长年幼，不管地位身份，他总要站起来迎接；客人走时，他一定要送出门外，在电梯口告别。对大陆初次来香港看他的人，临走时，他都会叫一个学生把客人送到大门外，叫好出租车，他才会放心。好几个人见到了南老师后同我说：南老师真了不起，一点架子也没有，临别时非要送我到电梯口。说这话的人颇有点受宠若惊的感觉，我说，这是南老师习惯的做法，他对谁都这样。

我自己的童年时代，生活在老式的家庭，"坐有坐相，站有站相"，这些都是长辈经常耳提面命的内容；参加工作后，学过外事工作的礼节礼貌；在国外工作期间，也涉足过西方的"上流社会"，自己觉得还是懂得一点礼节礼貌的。但每次去看南老师，在他那个环境里，我就像林黛玉初进荣国府，处处小心谨慎，"不敢多说一句话，不敢多走一步路"；客人来了，主动让座；客人多了，吃饭时主动不上主桌。就这样，离南老师的标准还差得很远，好几次，南老师都提醒甚至批评我，哪句话说得不恰当，要注意对客人如何如何。

南老师对朋友有事相求，不管办得到办不到，总会给人家一个答复。朋友当中，经济有困难的，身体有病的，或者家庭个人生活中出了麻烦的，他都挂念在心，总是想办法帮人一把。有些事情看起来是很小的事情，南老师都不会放过。我第一次去看南老师，回到北京，刚进家门，就接到南老师从香港打来的电话："性乾，我没有事，只是问问，你一路上顺利吗？"我说很顺利，他就放下了电话。处处为别人着想，处处挂念着别人，从这种很细小的地方，看出南老师的道德风范，怎么评价都不会过分的。

赚钱容易花钱难

南老师自己的生活是很恬淡的，不要说早年生活艰苦的时候，就是后来，他可以大把大把地扔钱，花很多钱在文教事业上，而他自己仍然过着淡泊朴素的生活。这方面，南老师继承了古代儒家的优良传统，当然，佛家、道家在个人生活上也是提倡淡泊朴素的。南老师很推崇诸葛亮的《诫子书》，南老师认为："《诫子书》充分表达了诸葛亮的儒家思想的修养，后人讲养性修身的道理，老实说，都没有跳出诸葛亮的手掌心。"《诫子书》是一篇短文，其中两句"非澹泊无以明志，非宁静无以致远"，流传千古，脍炙人口。淡泊明志，宁静致远，南老师一生的修身养性，也没有离开这两句话。

南老师没有什么嗜好，除了抽烟之外；香烟抽了几十年，总也戒不掉。学生们希望老师健康长寿，劝南老师戒烟，南老师都没有听。

他现在认准一种牌子的香烟,人家送他的高档香烟,他转手就送给别人。南老师一天抽一包多香烟,很少得呼吸道的毛病,他说,他抽烟不是吸进去,而是进到嘴里就吐出来了。但不管怎样,抽烟总是一种不好的习惯。

南老师很讲究礼节,但不讲究排场,他对排场这些东西很讨厌。他经常引用旧社会上海滩闻人杜月笙的一些话,他说:你不管杜月笙这个人怎么样,但杜月笙有些话讲得还是很有道理的。杜月笙说过:"我一辈子被三碗面吃死了。哪三碗面?体面,场面,情面。"南老师说,何止杜月笙,世上多少人一辈子都摆脱不了这"三碗面"的纠缠。所以,南老师自己尽量平实处世,不讲排场。老朋友、新朋友来看他,他都是同样对待。南老师几乎不参加外面的应酬,请他也不去。过去在台北时是这样,现在到了香港还是这样。香港这些年的应酬多得不得了,大陆各部门、各省市,甚至许多小县城,动不动就到香港来"招商引资",在高级饭店里大摆排场,千方百计拉几个名人来壮声势,花了不少钱,拿回去几张投资"意向书",大吹特吹引进多少多少外资。南老师是名人,有时也会收到这种请柬,但南老师对这种做法有意见,海外媒介和许多有识之士也有看法。南老师说:那个"意向书"是完全可以不算数的,我可以给你签个一百亿、一千亿,那有什么用;都这样到香港来引资,把香港的海水全都变成港币,也不够你们引的。所以,凡是这种应酬,南老师一概不参加。

他不到外面应酬,也不到馆子请客;来客人需要招待的,就在他的招待所里谈话吃饭。所谓招待所,只是一套公寓房,在香港的半山上,算是高级住宅区。四房一厅的公寓,除了一间由南老师的一个助手长年居住,另外三间当作客房,供海峡两岸或外国来的比较亲近的客人临时留宿,我每次去看南老师都住在这里。客厅和餐厅连着,相当大,也相当雅致,一色的红木家具,西边的长柜上摆着许多佛像和艺术品,东边墙上挂着一幅国画《钟馗》,一进门就有一种古色古香、宁静谧然的味道，但没有丝毫奢华的感觉。

南老师下午下了班就到这里来，客厅里一坐，打开电视机看新闻，佣人已把茶沏好送上来；随从弟子和客人陆续来到。南老师是主角，他的位置斜对着门，谁进门，他都能先看得到。如果是熟人，南老师打个招呼继续看电视；来了客人，南老师就站起来迎接寒暄。每天在这个客厅里，南老师同学生、朋友、客人谈天说地，商量事情，到七点半，大家一起在这里吃晚饭。不管客人是哪儿来的，不管客人的身份地位，都是一样的招待，一样的饭菜。有时候，一桌坐不下，就再开一桌。真个是"来的都是客，招待十六方"。这个做法从台北一直沿袭到香港，被广泛传诵为南老师的"人民公社"。一年三百六十五天，没有星期天，没有节假日，天天如此。

大陆见过南老师的人，回来后都津津乐道：南老师真是有功夫，一天只吃一顿饭，而且只吃两小碗白薯稀饭。实际上，这是南老师多年来养成的习惯。每天的饭桌上，几乎固定的是六菜一汤，家常便饭，有时候来了稀客，就吩咐厨房加一两个菜。白薯稀饭是专门为南老师做的，他喜欢；白薯是台湾阳明山产的，台北有人不断地捎来。菜稍微吃一点，他也没有什么特别的爱好。这些年，托开放之赐，家乡经常有人或专程拜访，或顺道经过，带一点家乡的特产送给南老师，像"鱼生"、"黄泥螺"、"盘菜"等。这些东西，在外地的温州人都是永生难忘的，在外地想吃也买不到。记得小时候，这些是最普通的下饭菜，连穷人家都吃得起，就像北京人吃咸菜一样。现在，我回温州去，没有觉得这些东西有什么好吃的。而南老师在饭桌上，只要有家乡来的特产，他总是吃得津津有味。有些客人喜欢喝酒，或者有什么事值得庆贺，南老师就会叫学生拿出酒来，茅台、XO，他那里什么好酒都有，都是人家送的。南老师自己不喝酒，他一辈子都不喝酒。碰到这种时候，他也拿一个小酒杯，倒进茶，以茶代酒，同别人干杯，制造一种欢乐的气氛；同时也使喜欢喝酒的客人，不会因为主人不喝酒而感到不自在。

南老师在生活上不求奢华，不讲排场；但天天有那么多客人来吃饭，在香港那种地方，看起来也是够排场的了。有一次，雇了一个厨师，二十多岁，香港人，在饭馆里干过。他一看南老师受到那么多人的敬仰，天天宾客盈门，买菜的时候，专门挑贵的东西买，山珍海味，样样俱全。结果，做出来，被南老师说了一通。后来，这个厨师改做家常菜，也学几手台湾菜和南老师的家乡菜，反而受到南老师的赞扬。

在穿的方面，南老师也不讲究；他现在有条件讲究，只要他愿意。他一年到头穿一身老式长袍，圆口平底鞋；大热天，换上老式对襟短褂。只有在特殊场合，他才换上西装皮鞋。他第一次回来时，我去飞机场迎接，一下飞机，只见他穿一身黑色三件头西装，大热天，裹得严严实实的。他后来告诉我，这身西装已有二十六年的历史，这次是第三次穿；实在不愿意穿西装，但出门没有办法，如果还穿中装，人家会觉得古怪，就容易曝光。反过来，在某种意义上，南老师在穿的方面又很讲究，他讲究的不是牌子，不是衣服的价钱，而是讲究穿着舒服，讲究有益于身体健康。比如，衣服领子要宽松，布料透气性能要好，特别是非常注意保暖。他的办公室和住处都有空调，办公室的中央空调有时候开得很冷。南老师为自己准备了一件皮背心，觉得冷气太冷了，就把皮背心披上。他说，我也不怕人家说不好看，空调这种现代化的东西，其实不是好东西，"空调病"在发达国家里已是一个严重的问题，所以，自己一定要注意。

南老师把大把大把的钱花在文教事业上，花在别人身上，他没有为自己置什么产业。他给我讲故事，说自己大把花钱的习惯是从小养成的，他是独子，妈妈的私房钱可以大把大把拿来花，爸爸店里的钱锁在抽屉里，他可以打开旁边抽屉，把小手伸进去，大把大把偷出来花。南老师记性很好，但他说自己一辈子有两样东西总也记不住，一个是时间，一个是钱，自己有多少钱，花掉多少钱，从来不记。

金钱财富都是身外之物，这句话很多人都会讲，但真正把金钱看成是身外之物的人也并不很多。南老师并不是那种自恃清高的人，也不是那种没有吃到葡萄就说葡萄是酸的人；南老师并没有视金钱如粪土，相反，他认为金钱是很有用的，没有钱就办不成事；他对当今社会那种"钱能通神"、"金钱开路"的情况，都非常了解。他对朋友，或者他委托别人办事，在钱上是非常细致的，替别人考虑得非常周到，他一定不会让别人吃亏，一定不会让别人白跑腿。他知道有的朋友经济不宽裕，就会找一个由头，给他一笔钱，叫他去办一件事；事情办成办不成，都没有关系，南老师是通过这种办法接济别人。我就亲眼见到，南老师的一个朋友，从美国经香港去大陆办事，南老师托他顺便去看几个人，那位朋友回来向南老师报告，临走时，南老师拿钱送给那位朋友，其实那位朋友经济并不很困难，他也一再推辞不收，南老师还是硬塞给人家，说："穷家富路，拿着吧！"南老师常说，人情债最难还。他不愿意自己欠人家的人情债，别人给他送礼，他都加倍回赠；别人帮他做了一点事，他就会想出各种办法给以回报。这几年，南老师邀请了大陆好多人去香港，其中有些人同南老师本来没有什么交情，只是为南老师或他的学生办了一点事，南老师就花钱请他去香港玩一趟。南老师的这种做法，从他这方面来说，是一种慈悲的心怀，是一种大家的风范；但从另外一方面来看，效果不见得就很好，有人就拿南老师当"冤大头"。有些情况，南老师也知道，但他不在乎，不计较，自己该怎么做还是怎么做。我曾经向他提出过，开销那么大，有些钱可以省下来，比如红包，不一定送得那么多。他当然不会听我的，这是他一辈子养成的习惯，永远改不了。

南老师在大陆的一个大项目，聘用了两个人，工作很努力，成绩也不错，南老师非常感激，认为他们为了帮助自己而失掉了别的机会，所以，南老师想方设法要报答他们，甚至考虑他们一辈子的生活。

大陆改革开放后，伴随而来的是一股"一切向钱看"的现象，因此而出现了许多社会问题,有人痛心疾首,大呼:"都是老钱害的。"其实,古今中外,没有一个人可以离开钱,金钱本身并非罪恶,关键是你自己如何对待;对金钱的观念,实际上是一个人的人生观、价值观、世界观的集中反映。除了前面讲的"钱是有用的"这句话之外,南老师还有好多关于钱的名言。比如,南老师说,"在一般人的心里,钱永远缺一块,房永远缺一间。"意思是说,一般人在金钱面前,总是没有知足的时候。这在佛学里,就犯了"贪嗔痴"的贪的毛病。有了一万块钱,总想有一万一;有了十万块钱,还想有十一万;有了一百万,还拼命往一百零一万奔。一辈子就是为钱在拼命,一辈子总是在苦恼中度过,临老要走的时候,才发现自己是两手空空。

还有一句话是南老师经常说的:"赚钱容易花钱难。""赚钱容易"这句话,对大陆的工薪阶层和绝大多数农民而言,当然不适用;但在台湾、香港那种商品经济发达的社会里,可以说并不夸张,南老师的学生,有的炒股票、炒黄金,有的投资房地产,一转手赚个几百万、几千万的,并不稀奇。"花钱难"是南老师自己的经验,加上他看了那么多有钱人的所作所为,得出了这句至理名言。

慎独自律

还有一点应该提一提的是,在南老师身上体现的千古以来儒家提倡的精神,那就是"慎独"、"自律"的精神。南老师对自己的要求极为严格,甚至到了不近情的地步。

南老师很爱护他的子女,但他鼓励子女自立,不能依靠父亲,他更不会为子女谋取私利。公私分开,南老师做起来是很认真、很严格的。他在家乡温州投资修建"金温铁路",成立了合资公司。合资公司待遇比较高,是一个"肥缺",很多人都想挤进去。南老师在家乡有儿子，有孙子，还有一大帮亲戚，有的人也动过念头，想进到铁路公司里去。只要南老师一句话，这是易如反掌的事。但是，南老师没有介绍一个亲戚进去。南老师这样做，外界并不了解；了解内情的人，包括他的亲友，不见得理解，有的甚至还有怨言。好在这种怨言没有传到南老师的耳朵里，南老师照样我行我素。南老师说，我帮忙修这条铁路，本来就不为私利，而是为民造福，如果把儿孙亲戚介绍进去，别人就可以说你有私心。公私分开，是南老师一贯的做法，也是千古以来，儒家提倡的品德。我们现在人人都在谈反腐败，人人痛恨以权谋私；然而，现在有不少干部，有的还是久经考验的老干部，利用自己手中的权力，为自己，为儿子，甚至为自己的孙子，谋取非法的利益；有的人，退休了，下了台，还不甘心，以"发挥余热"之名，行"发挥余威"之实，有人甚至走上犯罪的道路。这些曾经立志"全心全意为人民服务"的人，站在南老师这位"儒者"面前，他们怎能不无地自容呢？

这几年，我读完了南老师的所有著作，也读了别的传统文化方面的书籍，对个人来讲，完全是一种补课的性质，因为过去读得太少了。根据我在国外十年的经历体会，放眼当今社会的种种丑恶现象，有时，我觉得我们全社会，应该给我们的传统文化以应有的重视。时代不同了，两千多年前的孔子、孟子、老子，或者印度的释迦牟尼，他们的理论，他们的学说，解决不了当今的社会难题；几千年来，他们当年提出的理想也从来没有实现过。但是，几千年来，不少志士仁人，他们精通了儒、释、道的学问，身体力行，虽然没有实现一个"大同世界"、"华胥国"，但他们的道德力量堪为当世甚至后世的楷模。我们共产党人，自认为我们是接受了全人类的一切优秀遗产，那么，我们自然没有理由不去继承包含在儒、释、道里面的优秀传统。当然，究竟如何继承传统文化中的优秀遗产，哪些才是优秀遗产，也就是毛泽东同志提出的"取其精华，去其糟粕"，但究竟什么是精华，什么是糟粕，对某一部作品究竟应该如何评价，讨论起来，可能会有不同的意见。但不管怎样，让我们的年轻人，也不仅是年轻人，包括有一定的社会地位、担任一定责任的人，减少一点无谓的应酬，挤出一点时间，读一点孔子、老子的书，学一点几千年历史上的圣贤先哲的言行，或许对端正党风，对净化社会环境，多少能起一点作用。

从来不想当官

我上面讲的都是关于南老师推崇儒家、继承儒家的优秀传统的事，但根据这些就说南老师是"儒家"或"新儒家"，我想并不十分确切，"儒"字还不能完全概括南老师一生的行谊，也不能概括他的全部思想和全部精神；特别是，南老师有许多言行，他的追求，他的行事方式，大有区别于儒家的地方；南老师那句讥评儒家的话"人品好，胆子小"，把它安在南老师的头上，就未必合适。

儒家从孔子开始，就是要把学到的知识，奉献给人君，奉献给帝王，把这个视为人生的最高目标，所以就有"学而优则仕"的说法。如果没有机遇，一辈子不能进入仕途，潦倒一生，家里人包括老婆都看不起，只能发发牢骚，悲叹怀才不遇。儒家，或者说受儒家影响的中国知识分子，似乎是没有野心的。中国古代知识分子，他一生最大的理想野心就是能当一个宰相，正如宋人范仲淹的那句名言："不为良相，便为良医。"儒家的理想就是遇到一位"明君"，遇到一位好皇帝，他可以把自己学到的学问贡献给皇帝，辅佐皇帝治国安邦；从来没有一个儒家人物要推翻王朝，自己来安邦治国。

说到这里，回想起我在美国工作时的一个很深的感触，那就是，"野心"这个字在美国完全是正面的，ambition这个字翻译成中文，可以是"野心"，也可以是"雄心"，但从美国人的嘴里说出来，一般都是褒义的。我刚到美国不久,有一个美国人问我:你在美国有什么ambition?问得我不知所对,因为我把这个字理解为"野心"了,人怎么能有野心呢?即使有什么雄心,也会把它埋在心底里,而不会轻易在别人面前抖露出来。可是,美国人就不一样,他们从小接受的教育就是要有野心,或者说雄心,反正在英文里"雄心"和"野心"是一个单词。有没有野心,或者有没有雄心,成为衡量一个人素质的标准之一。美国有一句话,问男孩子长大了要做什么,十个有九个会回答:当美国总统。我问过好多美国人,这句话是真是假,都说是这样的。一位同龄美国朋友告诉我,他小时候或淘气或成绩不好,就会受到父亲的训斥:你这样下去怎么能当美国总统!我采访过一位百万富翁,也向他提出这个问题,他说,是这样的,当不了总统,当个总裁也好。在英文里,"总统"和"总裁"又是同一个单词。正因为他们从小接受这样的教育,美国大多数人都是雄心勃勃,为实现自己的目标而不断打拼,使社会充满竞争,充满活力。当然,这种心理状态也会产生副作用,在人生的道路上,一旦目标不能实现,在奋斗的过程中受到挫折,往往经受不住,精神崩溃,所以,美国患精神病的人比较多。

这是一段插话,引申开来就太罗嗦了。主要是想说明儒家的思想,几千年来,读书人读书的目的就是做官,后来甚至有这样的话——"学成文武艺,货与帝王家。"这是历代读书人或者说历来的儒家的理想和追求。但是,南老师不是这样的,所以我说,不能把南老师归到儒家里去。他一辈子没有走进仕途,一辈子没有做官,甚至没有想到要做官。要做就自己做皇帝,他甚至对做皇帝都不屑一顾,他要做"转轮圣王",这是佛学里讲的,做能够推动历史车轮的"圣王"。

南老师经常说,过去的读书人是"学成文武艺,货与帝王家",在现代商业社会,读书人则是"学会数理化,卖给资本家"。但南老师自己,既没有把自己"货与帝王家",也没有把自己"卖给资本家"。早年,人家拉他进入官场,他没有干。后来,在台湾,在蒋家父子当权的时候，他有机会踏进仕途，但他没有动过心。所以，在这一点上，我说，南老师不像一个儒家人物，而更像一个道家人物。

另外，我不愿意把南老师归入儒者或儒家之列，是因为在一般人的眼中，"儒者"或"儒家"，就是那些一辈子皓首穷经，钻在故纸堆里，成功的，或著作等身，或拥有功名富贵，不成功的，穷酸一辈子，成了"迂夫子"。南老师不是这样的人，他不是一个死读书、读死书的人，他不是一个一般意义上做学问的人。他读书的目的在于教化，而且，他是把早年读过的书拿来用，用于教化。他尤其看不起宋明理学，那种"平时静坐谈心性，临危一死报君王"。上面说的，南老师没有把自己卖给君王，所以，他用不着"以死报君王"。你把国家社会搞乱了，你没有本事收拾，又不采纳我的意见，那是你自己的事，大不了我一走了之。南老师一九八五年离开台湾时的心情大概就是这样的。因为，在七十年代初期，中华人民共和国恢复了联合国的合法地位，台湾被逐出联合国；接着中美建交，中日建交。这不仅对蒋家政权是一个沉重的打击，对台湾平民百姓的心理也是非常巨大的压力。一时间，人人丧魂失魄，六神无主。有条件的人纷纷移居海外，但南老师没有走。个中原因当然很复杂，不是三言两语能够讲清楚，但有一条，南老师有强烈的爱国心。他要移居国外，完全可以做得到，外国政府会把"绿卡"送上门来，但他不想去。他爱自己的国家，在台湾生活了几十年，他爱台湾这片土地。但是，到了一九八五年，台湾已开始走上富裕的社会，到了所谓"金钱没脚"的地步，在这种情况下，南老师为什么突然翩然而去呢？我想，其中一个很重要的理由是，南老师像孔夫子一样，希望当权在位的人能推行"王道仁政"，能弘扬中华民族的传统文化，但是，他的理想没有实现，也没有希望能实现；相反，他的那种忧国忧民之心、指点江山的气概引起了台湾最高当局的猜忌。如果再待下去，他有可能成为"牺牲品"、"替罪羊"了，南老师只有一走了之。

第六章
是佛非佛

不太了解南老师的人，看到南老师著了那么多有关佛学和禅宗方面的书，而且，他又有"宗教家"、"禅宗大师"的头衔，就以为他是一位出家的高僧。及至见到了南老师，才发现南老师原来也是一位"俗人"。

南老师精通禅宗，一辈子都在弘扬佛法，行菩萨道，但他一辈子没有踏进空门。当年在台湾，以及后来"隐居"香港，他总是以菩萨的心肠，做济世利民的事。数不清的人，因受他的指点，或得到过他的"布施"，而改变了自己的人生道路；这些人都把南老师当成菩萨，虔诚追随，甚至顶礼膜拜。不少人从台北专程飞来香港，只是为了见南老师一面，被挡驾之后，还苦苦请求，哪怕从门缝里瞄一眼就走。我亲眼见到，南老师几位学生来拜访时，一进门，就跪下来，向南老师礼拜。一位加拿大华人，事业有成后开始学禅学佛，慕名专程到香港拜见南老师，希望得到南老师的指点。这个人进门后，就要跪下来拜，南老师马上双手拉住他，不让他拜，说："你不要这么讲礼了，我这里已经不搞这一套了，早就革命化了。"一个人一定要拜，一个人不让，两个人在那里拉扯了半天，还是那位客人劲儿大，摆脱了南老师，扑通就跪在地上；南老师反应特快，也马上跪下去，两个人在那里对着拜。这种情况，在我们这些在大陆长大，受几十年教育的人的眼里，简直是不可思议的事；若非亲眼所见，说什么也不会相信。但他们做出来是那么自然，那么出于真心；这些人不是在寺庙里求神拜佛的文盲老太婆，而都是拥有硕士博士学位的高级知识分子。从这种小地方，可以看出南老师在禅宗方面的功力，以及他的禅宗的言行教化所产生的影响。

禅宗在中国文化、甚至在世界文化中，都占有重要的地位。梁武帝时代，印度禅宗第二十八代祖师达摩大师东渡来中国，在嵩山少林寺面壁九年，把禅宗法门传给二祖慧可（神光）以后，便是中国初有禅宗的开始，或者说形成了有中国特色的佛教或佛学。尽管后世禅宗门派林立，但在达摩以后的一千多年的时间里，禅宗成了中国传统文化的一个重要组成部分，对中国的政治、文化、社会都产生了巨大的影响；到了现代，禅宗甚至传播到全世界，在国外，特别是在西方世界，出现了一波又一波的"禅宗热"。

我在这本书里，无意也无力来探讨禅宗，因为这是一个太大又太复杂的问题。关于南老师如何修持禅道，又如何实行禅道，我也没有能力进行深入的研究和作出全面的回答，因为，这个题目也太大太复杂了。所以，我在这里只准备简单介绍南老师的佛缘、佛心和他的佛法。

温州佛门香火盛

谈到南老师的佛缘，我先讲一点南老师家乡的情况。在宗教信仰方面，温州可以说是佛教的一统天下。我自己的童年和青少年时代是在温州度过的，我当年的所见所闻可以拿来作为旁证，当然不是科学的研讨。

儿时的印象，温州好像没有清真寺，至少我从来没有看到过，没有听说过。回民有一些，但占人口的比例很小。温州地区出产牛，制革业很发达，一直到今天还是如此。但当年，吃牛肉的人并不多，信佛的人绝对不吃牛肉，甚至不许把牛肉拿进家门。记得我在十三四岁之前，没有吃过牛肉，因为我的祖母信佛；直到我祖母去世以后，我们家才尝到牛肉的味道。

信基督教、天主教的人稍为多一点，但也不很多。一百多年前，温州开放为通商口岸，也有洋人来过，外国传教士把基督教、天主教带到温州来，建立了基督教堂、天主教堂，但他们的影响不是很大，信洋教的人，在我的印象里，往往被另眼相看。

在各种宗教中，只有佛教的影响至深至巨。一般的家庭，特别是有老人的家庭，差不多都信奉佛教。家家都有佛像佛龛，富有一点的家庭，房子稍为大一点，还会专门辟出一室或一厅，作为佛堂，供奉着如来佛、弥勒佛或观音菩萨。现在回想起来，像我这种年龄的人，除了家庭和学校之外，在文化方面，接触最多、影响最深的，恐怕就算佛教了。

温州寺庙很多，一些大的寺庙我都去过。"内有嘉福天宁，外有护国太平"，就是说，城里有"嘉福寺"、"天宁寺"，城外有"护国寺"、"太平寺"。温州地区凡是有点名气的山，总会有一座大庙，有的香火很盛，有的也败落了。

老百姓的日常生活也受佛教的影响。许多家庭每月的初一、十五，还有碰到释迦牟尼、观音菩萨的诞辰，庙里香烟缭绕，人山人海；信佛的家庭都要吃素，好在只有一天，孩子们也不会嚷着非要吃鱼吃肉；加上素食中的"霉百页"、"臭冬瓜"这些东西，偶尔吃一次，也挺清口，并不难吃。

在"文化大革命"期间，江青有一次在接见"红卫兵"的时候，曾经破口大骂温州是资本主义复辟的典型，她讲的一个理由是，解放都十几年了，温州还有那么多的和尚、尼姑。温州是不是资本主义复辟，且不去讨论它，但从江青的话里说明了佛教在温州的影响。当然，我前面讲的事情，还是属于低层次的佛教活动，属于宗教性的，而且带有迷信色彩。实际上，在历史上，温州在佛学或者说禅宗的发展方面，也有过光辉的一页，就是前面说过的温州出过一位禅宗大师——永嘉禅师。

与佛有缘

前面这段文字,介绍温州的佛教的情况,现在我回过头来讲南老师的佛缘。南老师的童年和少年时代是在温州度过的。温州当年佛教文化的氛围是很浓的;南老师后来能成为"禅宗大师",不说是必然的,至少可以说是有基础的。

南老师的家,算不上是虔诚的佛教的家庭,同当年温州的大多数家庭一样,逢年过节,少不了应有的宗教仪式。他家门口挂了一个木牌,上写"僧道无缘",那是为了对付上门化缘的和尚、尼姑和道士;实际上,南家同僧同道都是有缘的。他的父亲尤其喜欢同道士来往,常常请他们来家中谈论修道炼气;附近有一座道观,叫"杨八洞",是他父亲经常去的地方,有时候一去两三个月,害得母亲到处找才把他找回来。他母亲本来不很信佛,自从在城隍庙求子如愿之后,慢慢也参加一些佛事活动,给庙里捐香火钱,也交了一两个尼姑朋友。

南老师真正同佛结缘,还是在抗战时期在四川的那段时间。那时,南老师还是个二十来岁的小青年,心怀远大的志向,或者说有很多幻想,凡是有名气的人,他都要去拜访,都要去求学。对他影响最大的自然是他的恩师袁焕仙,我在前面已经谈到过;而峨眉山的三年闭关,使南老师走上了学佛学禅的不归路。抗战胜利后,他又远走康藏,参访密宗上师,使他佛学的底子更加坚实。在当代学禅学密的禅师里,有南老师这种经历的人是不多见的。在去台湾之前,他又在庐山天池寺清修,因为那里条件实在太艰苦了,比峨眉山大坪寺还艰苦,一座庙,只有他一个人,吃的喝的,都要自己一个人解决,实在坚持不下去了,才提前下山。

南老师到台湾后,第一次经商失败后,就没有在经商这条路上走下去,也没有向政界谋求发展,而是开始弘扬佛法,很快就打开了知名度。这大概同台湾那个时代、那个环境有关系。南老师在去台湾之前，说他已经得道也好，说他佛学有了很深的根底也好，他的这一套学问，到了台湾，英雄有了用武之地，拿现在俗气的话讲，就是有了市场。

佛教在台湾，本来没有深厚的基础。日本人统治台湾五十年，推行奴化教育；抗战开始以后，日本人甚至干预台湾人的宗教信仰，强迫老百姓烧掉他们供奉的菩萨、妈祖、关帝爷的像，强制他们供奉日本的天照大神（日本开国女神）的像。南老师初到台湾的时候，学佛信佛的人也有，但一部像样的佛经都找不到。南老师自己带去的书中，有很多佛教经典，他就开始筹资印行这些经典。今天，随着经济的繁荣，台湾的寺庙越盖越多，佛教的影响也越来越大。现在有人在撰写台湾佛教发展史，据说给南老师记上一笔。台湾佛教界的知名人物，同南老师都有过来往，都得到过南老师的支持和帮助。但南老师同他们走的不是一条路，南老师不是走宗教的路子，他不搞宗教迷信活动，他没有为自己建立一个道场，没有去拿善男信女的钱来盖庙子修寺院。南老师走的是禅宗的路子，他不遗余力弘扬佛学，并没有为自己的"教主"地位营建地盘。他离开台湾十几年，那儿没有一个他的道场，但他当年教化所及，其影响仍然可以感觉得到。

从开头几章介绍的南老师生平经历来看，他一生的业绩，在佛学和禅宗方面最为突出，无论是自己的修持，还是后来的弘道教化，在佛学和禅宗方面，他都花了很大的时间和精力。对传统文化中的各种学问，他最推崇佛学。他自己的第一本著作《禅海蠡测》就是关于禅宗的，后来，陆续出版了三十几部专著，有关佛学和禅宗的就占了一半多。他的这些著作，过去在台湾，现在在大陆，都有很大的影响。他的成百成千的学生，绝大多数都是因为学佛而拜入门下的；他的许多弟子把南老师奉为"活菩萨"、"通天教主"，有人推崇他为"大宗教家"。所以，从一定意义上讲，把南老师看成是一个佛家，或者如有人说的，南老师是"把佛学现代化了"的佛家，应该是说得过去的。但我仔细琢磨,"佛家"这顶帽子安在南老师的头上,似乎也不很恰当。

不吃素　不出家

南老师在他一生的大部分时间里,都在弘扬佛学,传播佛法,他接引了很多人走上学禅学佛的道路,但他并不把自己归入佛教界,他也不搞宗教迷信活动;他同宗教界人士有来往,人家求到他,他也会帮忙,但他始终同宗教界保持一定的距离。

他的住处专门设立了一个小佛堂,自己经常顶礼膜拜;他的招待所客厅里摆了好几尊佛像,有别人赠送的,也有他自己搜集的,摆放在那里,增添一点气氛,但并非刻意装饰。他以尊敬的心情对待佛像,有时把它作为一种艺术品来欣赏。在家里,他每天都要在佛像前焚香,但他并不像那些信佛的老太太盲目地崇拜。因为,在他弘扬的禅宗理论里,佛是无相的,一着相,就不是佛了。禅宗里讲"以心传法,不着文字",所以,我现在用笔墨来描述南老师的禅行禅道,感到十分困难。南老师一个朋友叫张无诤,学禅很有心得,他说过一句话:"天下有三事,皆妙入精微,而其道相当。三者谓何?曰:禅师妙用,兵家奇计,诗人灵感也。"南老师的禅学境界,许多情况,同"兵家奇计"、"诗人灵感"一样,"妙入精微",只能意会,不能言传。我一落文字,就已经不是真正的南老师了。我这里所提供的只是一些表面的、肤浅的现象,给禅外读者一点参考而已。

南老师对宗教,对宗教家,有一种尊敬的心情,但也有不少的批评和自己的见解。南老师认为,西方的宗教,信就得救,不信就不救,那是自私的、错误的。南老师说:"我们中国人的宗教,多是外来的,佛教是印度过来的,天主教、基督教也是外来的,我们中国人自古至今对于任何宗教都不反对,也只有中华民族才如此的雍容大度。"南老师认为：将来，"所有宗教的外衣都必须脱掉，所有宗教的大门都必须打开，而且，各宗教要联合起来共同服务，追求人生、宇宙的真谛。"南老师弘扬佛法，不是在搞宗教迷信，而是在教化，教导他的学生首先要做好一个人，然后去做济世利他的事业。南老师对他的学生说："学佛不要迷信。佛者是行师道，教化一切众生。教主是我们尊崇他的，佛的本身无所谓这些，千万不要因此而搞成封闭式的宗教。现在宗教都有排外性。我们皈依佛是皈依正知见的佛，不是结党营私，像搞政治派系一样。"

南老师同大陆接触多了以后，大陆佛教界有人想推南老师出来，为佛门多做一点事。全国佛教界一位德高望重的人士，曾专程去看望南老师，两人谈得很投契。但当这位佛门大德提出，希望借助南老师的力量，搞一个项目，来振兴中国的佛教事业时，南老师对此却不热心。还有一位佛教界知名人士，想推南老师出来，当中国佛教界的"马丁·路德"，为振兴中国的佛教而努力。他讲的理由听起来好像很充分，他对南老师说，有资格当"马丁·路德"的人必须具备三个条件：有世出世间的学问，没有经真修实证过来不行；有修持但没有世出世间的学问也不行；你是又有学问又经过修持实证，而且更有一层是别人所缺少的，你还是一个陶朱公。陶朱公就是有钱。南老师听了一笑，对客人说：你真想把我推到火炉上去烤呢！我既无修持又无学问，而且还是一个假陶朱，哪有真材实料。南老师立即引用了一首诗来自嘲：

> 炉火焙香静自焚，
> 维摩一室断声闻。
> 到门宾刺如红叶，
> 过手家财是白云。
> 食少只堪分鹤料，
> 心空无碍入鸥群。

尽将书籍零星卖，

遮眼唯留梵英文。

从这首诗里可以看出，南老师的淡泊名利，已经到了常人难以理解的境界。别人想推他出来当中国佛教界的"马丁·路德"，他当然不干；而且，这又牵涉到宗教，他更没有兴趣。

对世界上的几大宗教，比较起来，南老师更推崇佛教。对基督教、天主教和伊斯兰教，南老师都有研究，同教会的人也有来往，有的还成了朋友。南老师认为，比起其他宗教来，佛教心怀博大，排他性比较小，佛教要普度众生。

南老师信佛，但他不搞宗教那一套，对海峡两岸佛教界存在的问题，他有自己的看法。他的客人中，经常有海峡两岸的和尚尼姑，或向他请益，或向他化缘，有些是慕名而来，有些是长期追随的学生。南老师总是劝诫他们，当和尚尼姑很不容易，不要只是念佛吃素，更重要的是做事，做社会工作，做慈善工作，这样才有意义。他这个想法曾经向大陆有关部门负责人提过，建议有关部门重视佛教界的工作，在某些方面做些整顿，使佛教界在社会工作和慈善工作方面多出力，补充政府部门工作的不足。南老师很反对佛门里僧俗大众那些形式的迷信的做法，有时还讲一些对佛门似乎很不敬的挖苦的话。比如，他经常讲，许多人去庙里拜佛，拿一串香蕉，叩几个头，求菩萨佛祖保佑，保佑自己升官发财，保佑全家身体健康、平安无事，保佑儿子考上大学，好事都想占全了；然后，拜完了，还把香蕉拿回去给孩子吃。南老师说，哪有这样便宜的事，要我当菩萨佛祖，我也不会答应。

南老师学佛信佛，但他不进入佛门，其中一个原因，恐怕是南老师不愿意受佛教里的清规戒律的约束，南老师说："纯粹的宗教，那种拘束是令人不好受的。"我们知道，佛门的清规戒律是非常严厉的，男人出家要守二百五十条戒律，女人出家更严厉，戒律有三百七十条；

这种佛门戒律，大乘佛教同小乘佛教有所不同，一般说来，"不杀"、"不盗"、"不淫"等是最基本的，还有两三百个"不"字，来规范出家人的言行。南老师自己不能接受这些清规戒律，他也不赞同学佛非要守这些清规戒律；南老师一生的经历，养成了他豪放不羁的性格，他不入佛门，给自己保留了一片自由的天地。

我无法拿佛门戒律来一条条检验南老师的言行，那样做也没有什么意义；但我可以从南老师日常生活中的一些例子，来说明南老师学佛信佛，但他绝非佛教中人。比如，佛教里很注意"口业"，就是非常注意语言的纯洁，等于我们平时说的"不讲大话"、"不讲空话"、"讲话不带脏字"等等。这实际上是一个很重要的问题，就个人而言，这是个修身养性、道德情操的问题；就全社会而言，则是"精神文明建设"的一个部分。自古以来，我们的传统文化中，对这个问题十分重视；平时常说一个人有没有教养，大都是看他讲什么话，怎么讲话。一个人一开口就脏话连篇，肯定被认为是没有教养的人。记得我上小学的时候，学校里的规定很严格，谁要是说一句脏话，包括骂一声"他妈的"，被同学中的"纠察"听见，报告给老师，老师就会在这个学生嘴边用红笔画一个圆圈，在学校里走来走去，大家都看得见，只能在放学回家之后，才允许洗掉。

我们现在搞精神文明建设，开始注意语言纯洁的问题，八十年代初期，北京市要求窗口行业在迎送顾客时必须讲的十一字的敬语："您、您好、请、谢谢、对不起、再见。"这么些年来，有的单位做得好一点，但从全社会来看，这简单的几句话，并没有做到人人会讲，人人愿意讲。近来，好几个部门发起，不说五十句"服务忌语"，声势颇为浩大，这是一件大好事，我们这个古老的文明古国，被称为礼仪之邦，在语言上进行规范，进行净化，确实很有必要，但真正做起来，恐怕也很难很难。

这个"不说忌语"的活动，在佛教里就是"戒口业"，或"戒恶口"，只是佛门比我们世俗社会，在这方面更严厉、更彻底罢了。佛门《大集经》列出了六十四种"恶口之业"，就是相当于我们现在说的"忌语"，它们是：粗语、软语、非时语、妄语、漏语、大语、高语、轻语、破语、不了语、散语、低语、仰语、错语、恶语、畏语、吃语、诤语、谄语、诳语、恼语、怯语、邪语、罪语、哑语、入语、烧语、地语、狱语、虚语、慢语、不爱语、说罪咎语、失语、别离语、两舌语、无义语、无双语、喜语、狂语、杀语、害语、系语、闲语、缚语、打语歌……注意，一共六十四种，不是六十四句话，这六十四种话都不能说，那得有多少句话不能说？说了就是犯戒。我不知道古往今来，有多少佛门中人能做得到，不要说一般的佛门信徒了；拿世俗社会情况来看，能不犯这个口业戒的，恐怕只有一种人，那就是哑巴。我现在有一些年轻朋友，为了赶时髦，也在学佛学禅，我总是对他们说，作为修身养性的方法，学学佛也不错，但不要指望得道成佛、神通俱足什么的，那是很难很难的，我没有说绝对不可能，因为我不知道。

　　我为什么这样讲，因为我看南老师，他被认为是得了道的人，如果我们拿上面的六十四种恶口之业来衡量南老师，那么，他肯定犯了好几条戒。南老师受传统文化的熏陶，在待人接物中，在同别人言谈或书信往来中，非常讲究礼仪，非常注意遣词用字，真个是文质彬彬，儒者风范。但他平时在闲聊时，往往是口无遮拦，他经常骂人，有时候骂得很难听；他喜欢讲笑话，什么"荤的"、"黄的"笑料，他一点也不避讳，包括有女士在场；听的人听得津津有味，有时候笑得人仰马翻。这哪像一个"宗教家"？佛门戒律怎么会允许这样讲话呢？所以我说南老师不入佛门，给自己留了一片自由的天地，他可以嬉笑怒骂，挥洒自如。不过，南老师骂人也好，讲笑话也好，都离不开一个目的，教他的学生怎么样做人。为什么那么多的人愿意听他的讲话，愿意接受他的教化，因为他不是摆起面孔教训人，而是在讲故事、讲笑话当中，点出了深刻的人生哲理。

再比如，南老师自己不吃素，对别人也是经常宣传，信佛学禅不一定非吃素不可，他的理论看来很有道理。佛教徒吃素，是因为佛门戒律"不杀生"。释迦牟尼主张"众生平等"，南老师说，释迦牟尼的"平等"思想比世界上的任何宗教、任何主义的主张都要广泛，都要彻底；"众生平等"是讲人类同一切有生命的东西都是平等的，所以，释迦牟尼提出不杀生，不吃肉食，他甚至喝水都要用纱布先过滤一下，把水中的小生命先滤掉。我国虔诚的佛教徒，把"不杀生"视为金科玉律，一辈子不开戒，不吃荤。大家都知道的鼎鼎大名的弘一法师，就是那位写"长亭外，古道边，芳草碧连天"的李叔同，他皈依佛门后，对佛门戒律包括不杀生，实行得非常严格。传说他到别人家里作客，人家端把藤椅让他坐，他要把藤椅先抖几下才坐下来，好使藤椅缝中的小生物跑掉。弘一法师"不杀生"做到如此地步，因此被传为佳话，现在能做到这样的人，大概是少之又少了。改革开放后，我国佛教界逐渐恢复了活动，同国外佛教界接触也多了起来。据说，一些年轻和尚，在了解了日本和尚可以讨老婆、可以吃肉，也想把这一套引进国内来；但佛教界有关部门还是坚持自己的老规矩，要当一个和尚，至少要做到三条：削发、独身、吃素。

南老师对"吃素"、"不杀生"有他自己的看法。他经常说，蔬菜、水果也是有生命的，你每天吃蔬菜、水果，也是在杀生。哪怕你什么也不吃，只要你还活着，就逃脱不了"杀生"的罪名。因为，你总得呼吸，而空气中浮游着无数的小生命，在你一呼一吸之间，不知道有多少小生命已经被你杀死了。因此，在南老师看来，既然"不杀生"是绝对做不到的事，也就用不着拘泥于非要吃素不可了。

他的这个观点经常讲，也收进他的佛学著作里。比如，在《金刚经说什么》这本书里，他说："真正的佛法没有定法。你说非要拜佛不可，西藏密宗非要吃荤不可，中国显教非要吃素不可，这都是定法，不是佛法。这个意思也就是说，不一定这个形式就叫佛教，那个形式也是佛教。"

南老师的学生中,有一些出家人,有的人还是认识了南老师之后出家的。但总的来说,南老师并不赞成出家。南老师信佛学佛,达到了一种常人达不到的境界。他学佛的出发点和结果,是以出世的精神,做入世的事业;因此,在他看来,出家只是一种形式,而且还不是一种最好的形式。他自己没有出家,就是考虑到,披上一身袈裟,反而不利于做入世的事业。有人学佛只是为了避世,为了摆脱红尘,在南老师看来,这不符合佛法的精神。南老师经常强调的是,学佛也好,学禅也好,首先必须学做人;然后,学佛学禅的最终目的,是济世利人,如果光为了自己,甚至只为了自己能长生不老,使自己有神通,那就从根本上违背了佛法。所以,南老师自己不出家,也经常劝别人不要出家。南老师身边有一个"机要秘书",年轻的时候,产生了出家的念头,家里人反对,她闹得要死要活,后来把她送到南老师这里,跟南老师学佛,打消了出家的念头,后来还结了婚。

南老师的这些佛学理论,他对佛门清规戒律的大胆讥评,以及他又结婚生子,又抽烟吃肉,台湾早就有人骂他是"野狐禅";有的佛门"教主"做得更绝,明令禁止自己的子弟和信众读南老师的佛学著作。南老师的这种作为,在大陆宗教界也得不到认同,针对南老师上面可以不吃素的那段话,就有人写文章,认为南老师"曲解佛法的实质","误人不浅"。对这种批评,南老师又是采取一贯的做法,不予理睬。

南老师信佛学佛,但他不同于一般的佛教家,更不用说一般意义上的佛门信徒;南老师学禅讲禅,但他也不同于一般的禅宗大师。所以,我说南老师是亦佛非佛。这里再说一句带结论性的话,南老师教学生学佛也好,学道也好,他一再强调,最重要的是先要学做人,最根本的也是学做人。因此,我不揣冒昧地说,南老师的"佛学"就是"人学",甚至可以说,南老师的全部学问,他每天在絮絮叨叨地谈论的,他的全部著作的精髓,就是这一种学问——"人学",怎么样做人,做一个怎么样的人。在南老师的著作中,有"为王之道"、"为臣之道",还有怎做一个大老板，甚至怎么做一个穷光蛋。南老师对他的学生，不管地位的高低，不管职业的差别，不管年龄的大小，总是谆谆教导他们，怎么去做一个对社会、对大众、对国家、对民族有利、有用、有益的人。在这方面，我以为，南老师的思想，同毛泽东在《纪念白求恩》和《为人民服务》这些文章中讲的道理是相通的，毛泽东讲的"毫不利己，专门利人"，"完全、彻底地为人民服务"，能做到这样，在佛法里就是"菩萨道"了。至于学佛打坐，那只是一种方法，一种形式，而不是目的。南老师说佛家"人品好，什么都不干"，我从南老师身边以及社会上看到，确有一些人，学佛很执著，但什么事情都不干，什么都不想干。南老师的所有著作，不管是讲儒家的、佛家的或者是关于道家的，通通都离不开"人学"这个中心命题。可惜许多人，包括一些自认为是南老师"学生"的人，还没有抓住这个根本，结果只能舍本逐末，总也不得要领。这种情况，南老师当然看在眼里，他不会不知道，但那也是没有办法的事，"师父领进门，修行靠个人"，每一个人的人生道路都是自己走的，南老师不可能使他的学生个个都成为圣贤，人人都成为菩萨。南老师能够做的，就是他不承认自己有任何一个真正的学生。

这里再讲几句题外话。我经常收到一些读者的来信和电话，他们知道我同南老师有联系，要同我讨论佛学，或者要我帮忙向南老师引见，希望得到他的指点。特别是一些年轻人，他们说自己对佛学很感兴趣，有的甚至说自己想出家，但苦于没有名师指点，现在突然发现了南老师的书，一定要拜师，亲聆教诲。对这些读者的要求，我都没有给以满足，因为我知道南老师的脾气。他经常讲，有些人可以读他的书，不一定要见其人，见了面，也不过如此。他对自己的评价也是这样，他说：喜欢看我的书很好，非要来看我，我有什么好看的，我只是一个凡人；至于要学佛，自己好好修持就行了，真正修到有"济世利人"的精神，就可以做"观音菩萨"了。所以，南老师总是劝学佛的人，自己用功修持，"佛在心中莫远求"。

第七章
推崇道家又非道家

关于道家，我们现代人一般来说是比较陌生的。虽然在北京也有一个有名的道观——白云观，在影视剧中也能看到道士的形象，但对道家的起源、道家的理论、历史上的道家人物以及道家的流派等等，一般人了解得很少，我也只是看了几本书以后，了解一点皮毛而已，所以，我在写这一章时，也觉得比较难下笔。

关于道家，南老师在他的著作里，几乎都有涉猎，无论是谈到儒家还是佛家，南老师都会拿道家作比较。关于道家的专著，南老师也有好几本。一本是《中国道教发展史略述》，还有《禅宗与道家》、《道家、密宗与东方神秘学》，这三本书对中国道家的发展沿革，作了很详细的论述，对一般读者来说，读了这三本书，就可以了解中国道家的大概了。还有一本《老子他说》，也可以归入有关道家的著作，因为老子是中国道家的开山鼻祖，而且，在这本书里，南老师提到了历史上许多道家人物，讲了很多故事，比前面的几本书可读性更强。

在上面几本书里，南老师把道家包括后来的道教的方方面面的问题，讲得非常清楚、非常详尽，细读之后，对道家和道教，就可以有比较全面的了解。道家的开山鼻祖，公认的是黄帝和老子，所谓"黄老之学"。而真正有文字流传下来的，最早的当推老子和庄子，所谓"老庄之学"。《老子》和《庄子》两本书，成了道家最古老的经典，后世被称为《道德经》和《南华经》，加上列子的《冲虚经》，被称为道家三经。老子同孔子是同时代的人，有一次，孔子见过老子后对他的弟子说："鸟，吾知其能飞；鱼，吾知其能游；兽，吾知其能走。……至于龙，吾不能知其乘风云而上天。吾今日见老子，其犹龙邪！"孔子把老子比作龙，可见他把老子推崇得很高。在那个时候，还不分儒家道家，所谓儒道同源，都是继承了中国上古的传统文化。到了汉朝，汉武帝"独尊儒术，罢黜百家"，儒家一步登天，开始成为将近两千年的统治思想，或者说，成了历代帝王统治的思想。而道家则走向民间，虽然在唐朝曾经被奉为国教，但在整个历史上，道家没有那么好的运气，没有像儒家那样受到推崇。许多道家人物在历史上作出过重大贡献，因为是道家，连正史都只是一笔带过。道家在汉朝以后，就形成各种流派，有走隐士路线的，有走方伎医卜路线的，甚至绵延千百年的民间黑社会，也有道家思想的渊源。

对道家，南老师是非常推崇的，他把儒家比作"粮食店"，把佛家比作"百货店"，而把道家比作"药店"，人生了病非吃药不可，国家、社会出了问题，则非找道家不可。南老师说："道家思想包括了兵家、纵横家的思想，乃至天文、地理、医药等等，无所不包，所以，国家民族生病，非去这个药店不可。"根据南老师的观点，中国几千年的历史，每当拨乱反正的时候，都是道家人物，用道家的思想来完成大业的。南老师在他的著作里，谈到了历史上许多著名的道家人物，南老师对他们推崇备至，热情讴歌。如秦汉以前的伊尹、傅说、姜尚、鬼谷子、黄石公，秦汉以后的张良、司马德操、诸葛亮，南北朝以后的王猛、陶弘景，唐代的魏徵，宋代的陈抟，元代的刘秉忠，明代的刘基、周颠，清代的范文程等等。而对儒家人物，除了孔子、孟子、曾子这些儒家的开山鼻祖外，对后世的儒家人物，南老师则是有褒有贬，甚至贬多于褒。当然，有些历史人物，很难说他就是儒家或者就是道家，比如，诸葛亮、曾国藩等。对清朝一代中兴名臣曾国藩，南老师非常推崇。曾国藩可以说精通儒、释、道的学问，甚至天文、地理、医卜等杂家的学问也很精通。南老师推崇曾国藩，在他的著作中多次谈到曾国藩，也都是从道家思想这方面去阐述的。所以我说，在南老师身上，可以看到历史上著名道家人物的影子。

南老师推崇道家和道家人物,主要是推崇哪些方面呢?依我看,主要有以下几个方面。一个是道家的"天人合一"的思想,用在社会人生方面,儒家要做"中流砥柱","明知不可而为之","强行入世,冀图挽救世道人心";道家则强调"因势利导"、"顺其自然"、"处之于无形"。一个是道家强调文化的作用,强调精神文明的作用,这方面,在《庄子》里表现得最为明显。一个是道家那种只讲付出、不求回报的精神,成功不必求其在我的精神。还有一个是道家的"功成、名遂、身退"的思想。

南老师推崇历史上道家人物的思想和功绩,在他的身上,可以看到道家思想的影响。很多人见了一次南老师,或看了他的照片,讲出来的第一印象是"这个人道骨仙风",用"道骨仙风"来形容南老师,这当然是不错的,特别在当今社会,具有"道骨仙风"的人已很少很少了。不过,我觉得,"道骨仙风"只是外表的形象,顶多再加上那种特有的气质;而南老师内在的道家思想和精神,并没有被一般人所了解和理解。如果拿现在社会上的"常规"同南老师打交道,事情往往不会那么顺当;我也是在接触多了之后,才逐渐了解一些南老师为人处世的思路和规律。大陆现在有很多部门、很多人,同南老师有来往,有些人同南老师有合作的关系,我常常告诉他们,你们在同南老师打交道时,最好要读他的几本书。南老师现在每天都在讲话,讲很多的话,我可以这么说,他现在讲的话,百分之八十在他的著作中都可以找得到。要了解南老师,最好的办法是读他书。读了他的书,在同他合作的时候,"磨合"的过程就要快得多。当然道家的思想极为丰富,清朝大学者纪晓岚用八个字来赞扬——"综罗百代,广博精微"。我把南老师对道家思想的推崇,归纳于上述几点,显然是简单化了;只是限于篇幅和限于自己的学识浅薄,也只能如此了。

文化最重要

南老师说:"科学文明发达以后,给人类带来生活便利,但并没有给人类带来幸福。科学文明的发达,工商业的发展,给人类的的确确带来了便利,人的欲望提高了,但精神上增加了痛苦。这个时代究竟是在进步了,还是在退步,很难讲。"南老师的这个观点,在他的好几本著作里都出现过,有时候他甚至说:物质文明越发达,精神文明越堕落。或者说:一个人越富有,道德上就越堕落。

南老师认为,现在全世界面临一个大问题,是精神的堕落,思想的堕落,文化的没落,因此,需要重建文化。只有靠文化,靠精神,靠道德,才能挽救社会,挽救世界。这是南老师思想里一个很重要的观点,他现在把自己的主要精力放在文化方面,做挽救世道人心的事情。放眼全世界,这个问题至今还没有一个令人满意的答案,就是物质文明不断发展,而社会问题越来越多;在西方,特别是在美国,那里的物质文明确实非常发达,而道德的堕落也是令人触目惊心。西方的政治家们,专家学者们,也都在探讨这个问题,但也拿不出什么灵丹妙药来。至于西方的民主、法治,被许多人认同推崇,认为是治理国家、解决社会问题的灵丹妙药,而在南老师看来,西方的民主是少数人的民主,是资本家的民主。至于法治,南老师也有他自己的看法。南老师认为,法律是人订的,也是靠人去执行,最终还是落实在人上,所以,南老师认为实际上还是人治。我们现在提出物质文明、精神文明两手一起抓,是解决这个问题的比较好的口号,比较好的方针,但究竟怎样两手一起抓,也还在不断地探讨;究竟能抓出个什么结果,也还要时间的考验。

南老师的这些观点,基本上是从道家那儿来的,特别是从庄子那儿来的。他的有些提法，我觉得不很严谨，不容易被普遍接受，甚至会引起非议。我同南老师探讨过这些问题，但南老师对文化的重要性是非常执著的。一九九二年，金温铁道公司成立的时候，南老师写了一个贺电，他把草稿传真给我，因为我比较了解大陆的情况，他叫我先看一看，提出修改意见。我知道我没有修改南老师文章的资格，但我一辈子记住大学里一位老师的话："任何人的文章都是可以修改的。"我于是敢在南老师的那份传真里，鸡蛋里挑骨头，在两三个地方作了点小小的改动。传真发回去，南老师说改得好。那时，我同南老师还没有见过面，这句话是南老师客气，是对我的鼓励。我改动的地方，其中有一句，南老师写的是"贫穷可悲，富有更可怕。贫穷使人没有活下去的勇气，富有更容易使人堕落造孽。"我觉得"富有更容易使人堕落造孽"这句话讲得严重了一点，不大能令人信服。从整个社会的发展趋势来说，是要走向富有的，这也是大家在苦苦追求的；何况，"富有更容易使人堕落造孽"同管子的"仓廪实而知礼节，衣食足而知荣辱"正好相反。另外，看看南老师身边的学生，很多人是百万富翁，千万富翁，甚至亿万富翁，这些人跟南老师学禅学佛，虽然没有成仙成佛，没有达到圣贤的境界，但他们并没有因为富有而精神上都堕落了。因此，我在这句话中间加了一个限制词，改成"富有如失去理想，更容易使人堕落造孽"。南老师把我改动的地方保留了下来。

一九九四年，我去见南老师，帮他记录整理《庄子》。《庄子》这部书比较厚，分内篇、外篇和杂篇，共有三十一篇，不像《老子》只有五千字；而一般认为，《庄子》很深奥，很难读。但《庄子》这部书，在中国几千年的历史中，影响是很大的。甚至在世界文化里，也有很大的影响。日本著名理论物理学家、诺贝尔奖获得者汤川秀树，在他的自传《创造力和直觉》一书中，叙述了他在研究基本粒子的过程中，受到《庄子》的启发和影响。

南老师过去讲过《庄子》，讲稿也都已经整理出来，南老师也是不满意，所以要再讲。我在他那里的时间短，南老师只挑了四篇——《胠箧》、《盗跖》、《让王》和《天下》。对《庄子》一书的真伪，历来有很多争论，特别是外篇和杂篇，多认为是后世的假托。南老师不去做考证的事，他认为即使是假托之作，也反映了古代道家的思想。从总体上，南老师对《庄子》非常推崇，他认为，要懂得"帝王之学"、"权力之学"，就非读《庄子》不可，历代的帝王、奸臣，像曹操，包括曾国藩，都是熟读《庄子》、精通《庄子》的；而上面选的四篇，便集中阐述了权力之学的内涵。庄子当年讲过的话，有很多成了流传千古的名言，比如"窃钩者诛，窃国者诸侯"，"大乱之本，必生于尧舜之间，其末存乎千世之后"，"绝圣弃知，大盗乃止"等等。庄子非常强调的一个论点，是文明越是发达，社会就越乱，老百姓的痛苦就越多。庄子的这些话，针对春秋战国时的社会乱象，指出当时社会的弊病，起到震聋发聩的作用，成为流传千古的名言。但是，拿庄子两千多年前讲过的话，来衡量当今的现实社会，并希望用它来解决现实社会问题，是否能够达到目的就很难说了。

尽管我不能完全接受，或者说不能完全理解南老师关于精神文明的思想，但我对南老师为弘扬传统文化所做的一切，只能钦佩，只能敬仰。我认为，传统文化不可能解决当今世界、当今社会的所有问题；但也不能把中国现代的落伍的原因归之于传统文化的包袱。何况，我们当今社会，不是精神文明讲多了，传统文化讲多了，而是远远不够的问题。即使在"物质文明、精神文明两手抓，两手都要硬"的口号提出之后，实际上往往是一手硬一手软。在这种情况下，南老师的弘扬传统文化的理想，我以为是有很大的积极意义的，尽管我认为他的理想很难实现，但他所作的努力不会白费，南老师在大陆做的那么多的事情，对国家社会的繁荣安定，对人才的培养，肯定会起到有益的作用。

大陆讲精神文明建设，南老师讲弘扬传统文化，都是一篇大文章，真正落实起来，要做的事情很多很多。南老师没有那么多的精力，也没有那么雄厚的经济实力；有关文化的事他不可能都去做，他只能有选择地做。大陆文化界不少人找过他，希望南老师支持某个项目，往往因为对南老师不了解而得不到他的支持。南老师在大陆做的文化方面的事情，根据我的了解，他是有所为有所不为的，这是人之常情，也可以说是普遍规律，南老师的理想再大，也不可能什么事情都去做。大致说，南老师对弘扬传统文化方面的事，对培养人才的事，比较热心，他在许多大学里搞的项目，都是这些方面的。有些事南老师不感兴趣，求他他也不轻易答应。一种情况是当局应该做的，或者已经有人在做的，南老师一般不做。海外有的亿万富翁，出大钱给学校盖大楼，南老师对这种事不太热心。他的一个学生，出大钱给一所大学盖高级教员宿舍，南老师知道后不以为然，他说，盖教员宿舍是政府做的事情，用不着我们来做。像"希望工程"这件事，南老师认为是好事，但他自己的兴趣也不大，因为已经有人在做了，而且做得也不错；后来，一位参与其事的同乡找上门来，南老师才捐了五万美元，表示一点意思。南老师的观点，这种事有人在做，很好，用不着我来做；大陆有钱的人很多，应该向他们募捐，登高一呼，钱就来了。还有，文化方面有的事，只讲虚的，没有实际意义，南老师也不感兴趣。这样那样的协会，口气很大，实际上有的只是讲空话，还不说有的是招摇撞骗的，给南老师送来"名誉会长"之类的证书，南老师理也懒得理。

　　南老师重视中华传统文化，但他并不排斥西方文化，对西方的文化，他也注意研究；也重视大陆引进西方的先进科学技术，所以，对一些国际文化交流项目，南老师也给予支持。南老师自己的理想，还包括把中华传统文化推到世界去，他说，西方文化，特别是美国文化，进到中国来，影响中国的年轻人；中国的文化为什么不能走出去，为什么不能去影响西方人。关于这方面的工作，实际上大陆一直有人在做，大陆有很多部门很多单位在做对外宣传、对外文化交流的工作，详细的情况南老师并不十分了解。南老师是打算自己以民间的身份，去做这方面的事情。

在这方面，南老师过去做过不少事，他在台湾的时候，就有西方的留学生跟他学习中国的传统文化，有的学生学成归国，就在大学里从事中国文化的研究和教学；南老师到香港，他教过的西方学生还同他保持了很好的关系，经常专程来拜见南老师，向他请益。一些著名学者也慕名拜访南老师。如美国麻省理工学院的彼得·圣吉，这人在美国和西方的名气不小，被认为是"国际级"的名人。彼得·圣吉的专著《第五项修炼》曾轰动西方管理界，他被誉为现代"管理大师"。他在书中提出以五项修身原则，即自我超越，改善定见，建立共同愿景，团队学习，前瞻未来并兼顾全局的系统思考，以此为基石，来建立一种身心健康的组织。在这样的组织中，人们坦诚交谈，反省求真，学习如何共同学习、挑战极限，并具备不断提升实现共同理想与愿望的能力。彼得·圣吉在大学时代，曾接触日本禅宗大师铃木大拙并经过修持，他的管理理论，实际上吸收了东方文化的精华，他修炼的课程所用的名称就叫"地、水、火、风、空"，显然是从东方文化中借鉴去的。这位国际级的大师来到南老师面前，彬彬有礼，虚心地向南老师请教，如何进一步提升自己。南老师同他谈了两个多小时，在禅宗方面给予指点，并向他推荐《大学》、《中庸》和《管子》三本书，告诉他，这几本书不但是个人内在修养及立身处世的宝典，而且还包含了最高的管理哲学和政治哲学。彼得·圣吉回去后深有感慨，说这次向南老师请益的时间虽短，然而，内心的感受与启发，是他这一生中难得的经验。他在给南老师的信中说，在美国，虽然经常同许多好友和杰出人物切磋学习，现在却发现自己生命中缺少一位真正的老师。

南老师一生执著于弘扬中华传统文化，还要把中华传统文化传播到全世界，因为他认准了这个道理，从释迦牟尼到现在，解决人类的问题不是靠政治，不是靠军事，也不是靠经济，而是靠文化。南老师通过他的学生，通过同来访者的交谈，为把中国的传统文化推向世界，做了不少事情；但总的看来，他还没有"主动出击"，多数情况是人家找上门来的。南老师发愿要做这方面的事情，我是期望他取得成功的。

谋略要以道德为基础

谋略之学，道家之所长，儒家之所忌。不能说只有道家才懂谋略，但历史上的许多道家人物，都是精通谋略，在复杂困难的情况下，出奇制胜，建功立业。一部《三国演义》，充满了谋略的例子，流传千古，脍炙人口。

关于谋略，南老师在他的许多著作里都有阐述，比较多的谈这个问题，则是《历史的经验》、《老子他说》和两本关于《易经》的书，在这些书中，南老师列举了许多道家人物的谋略故事，特别是对唐代的李泌和郭子仪，南老师对他们非常推崇。

一般人对谋略学、谋略家都很有兴趣，但究竟什么是谋略，恐怕都说不大清楚。《辞海》的解释很简单，谋略就是"计谋策略"。历史上或现实社会中，总是有一部分人，孜孜以求，想学谋略，想取得能快速成功的一条便捷之路；以为只要能学到一种谋略，便能一夜成名，或一下子发财。这些年，有关历史上的谋略故事的书出得不少，一般都很畅销；结合现实生活的如《成功秘诀》、《致富秘诀》这一类书，也是谈谋略的书，尽管写这些书的人，他们自己未必已经取得成功，未必已经富起来。

台湾当年的情况也差不多，把预言、预测，甚至呼风唤雨、撒豆成兵都当作谋略。有感于此，南老师就主编了一套大书，叫《正统谋略学汇编初辑》，共有三十四卷五十本，内容是从古籍中选录的儒道两家的经典著作，第一本是《左传》，南老师认为，这是大谋略，正统的谋略。有几本书是孤本，是南老师的一个学生找来的。南老师编这部书，没有做任何注释，他只写了一篇前言，三百字。几年前，大陆有一个单位想把这套书译成白话，不过，这个工程太浩大了，至今还没有下文。

南老师读了那么多有关谋略的书，他自己又是写书又是编书，但我还是不愿意说南老师善用谋略，或者说他就是一个谋略家。南老师对谋略学是很慎重的，几千年的历史，能被南老师推崇为谋略家的，也没有几个人。他平时谈话中，更多的是讲道德，而比较少谈谋略。他说，要谈谋略，必须以儒家的道德为基础，以道家的清心寡欲的修身为基础，没有这个基础，光谈谋略就会用歪了。南老师一辈子做人处世，都以诚信为本，不用机谋权变。他在谈到天下国家大事的时候，偶尔也会提出一个"非常手段"，大概可以算作谋略吧。我有时候听到了，觉得很新鲜，不同凡响，但仔细想想，他那个"非常手段"也只是讲讲而已，很难付之行动。南老师一辈子没有在位，没有当权，没法试验他的谋略；他的主张也不见得都能传达到当权者的耳朵里，当然也无法被采纳。

小隐在山林　大隐于朝市

隐士，是中国传统文化中很有特色的一类人物，在古典小说中，这种人都带有神秘的色彩。一般说来，这些人大都属于道家人物，或者是具有道家思想的人物。从历史上有名的隐士人物来分析，他们之所以要归隐山林，大致有几种情况：一种是改朝换代，前朝有学之士不愿意为新王朝服务，就隐姓埋名，去过与世无争的生活；一种是有经天纬世之才，或者自认为有经天纬世之才，但一辈子怀才不遇，未得人主的赏识和重用，心灰意冷，寂然而去，与世无争；还有一种做出了一番事业后，"功成、名遂、身退"，在平凡、恬淡、默默无闻中了结自己的一生。

这种隐士的思想，在中国传统文化中影响深远，陶渊明的"采菊东篱下，悠然见南山"的归隐生活，为多少人称道，为多少人羡慕。甚至到了现代，归隐田园的理想也没有完全失去市场，只是可求不可得罢了。在我的朋辈中，有的人在人事纠纷、意见冲突的困扰下，常常会感叹：真想找一个地方隐居起来算了。但从历史上看，真正做到与世无争，真正做到隐姓埋名，又谈何容易。老子恐怕是历史上最大、最早的一个隐士，他死在什么地方现在都没法考证，但他在西渡流沙之前，毕竟留下了五千多字的《道德经》，名垂史册。

至于史书上提到的许多隐士，细究起来，他们并没有隐去，真正隐去的是那些历史上没有留名的人，世人谁也不知道他们的名字和业绩了。汉朝有名的道家人物严光（严子陵），同汉光武刘秀是少年时代的朋友，刘秀当了皇帝之后，想找这位当年的老同学，但严子陵不愿走进官场，却隐居在富春江，反穿皮袄，垂钓自乐。后来还是被刘秀找到，把他请到宫中，严子陵不改初衷，不愿当官，刘秀也没有办法，只得放他回去。严子陵隐居的地方在浙江富春江，我去游览过，山清水秀，环境优美，住在那里，真有一种飘飘欲仙的感觉。那里有一个严子陵钓台，留下了古今许多文人墨客的凭吊诗篇。南老师在书中引用过一首："一着羊裘不蔽身，虚名传诵到如今。当时若着蓑衣去，烟水茫茫何处寻。"这首诗是后人对隐士的求全苛责，讽刺挖苦他们以隐居为名，行沽名钓誉之实。这首诗写得是刻薄了一点，但我身临其境，不得不同意这位诗人的观点。现代交通那么发达，我们从杭州过去，坐汽车还用了好几个小时；在古代，严子陵要是真想在这个地方隐居下来，不反穿皮袄，皇帝有天大的本事，也绝对找不到他的，后世也不会有什么严子陵钓台了。

所以，历史上许多有名的隐士，其实他们并没有真心隐去，而是在等待时机，等待人主找上门来，然后，自己的一身本事就有用武之地了。所以古代有"终南捷径"的说法，还有"小隐在山林，大隐于朝市"的说法。

南老师在他的好几本著作里，对隐士的产生和他们在历史上的作用，作了精辟的分析，对历史上著名隐士的道德情操，表达了钦佩之意。南老师说："道家的人不求名，不求利，所以更觉亲切可爱。他们学问再高，功劳再大，最后还是隐掉了，修道去了，连自己的名字都不要了，有时还装疯卖傻，如神龙见首不见尾。"

南老师还在很小的时候，他的父亲曾对他说过，希望他长大了不要出来做事，就在家乡读读书，种种地，做一个隐士也不错。南老师没有听他父亲的话，他要出来闯荡江湖。如果他当年听了他父亲的话，真的走隐士的路线，今天也许就没有南怀瑾了；但那也不算什么隐士了，只是默默无闻的芸芸众生中的一员罢了。到了晚年，在他功成名就之后，南老师倒真的过起半隐居的生活，真有几分古代隐士的作风。正如他自己说的，"不求名，不求利，所以更觉得亲切可爱。"我说他是"半隐居"，是从他到了香港之后，基本上不在公众场合露面，也不公开讲学；同时，他把接待来访者的人数控制在最低限度，能不见的就不见。在香港这么个大码头，能做到这样已经很不容易了。有的人，有台湾的，有大陆的，到了香港，给南老师的公司打电话，想拜访南老师，但往往被公司的人挡驾，就认为南老师架子大。说他架子大，有点冤枉人，见过南老师的人都说他没有架子。只是那些被挡驾的人不了解南老师的心情，南老师说："我是一个没权没势的老头子，你们没有事找我做什么？有事找我，我也帮不上忙。"虽然每天宾客盈门，但被挡驾的人可能更多更多。

我说南老师是"半隐居"，还有一个理由是，他还在做事，还在为国家、为民族做事，并没有隐姓埋名。而这种半隐居的生活，却给了他更大的空间，更多的自由度，使他能够考虑做自己喜欢做的事情。

在我写这本书的时候，把南老师的主要著作又翻阅了一遍，发现南老师身上道家的味道很浓，我不说他是个道家人物，但在许多方面，可以找到道家人物的影子。南老师现在过着半隐居的生活，经常流露出归隐田园的想法；如果他完全隐居起来，也是可以理解的。在半隐居的情况下，南老师利用自己的知名度，自己的号召力，自己的智慧，在做人所不能做、人所不愿做的事情。所以，我说南老师不是那种回归田园的"小隐"，而是身居闹市的"大隐"。

但真正想做一个"隐士"，在现代社会，也是一件很难做到的事。尽管南老师不公开自己的地址，尽管有他的秘书为他挡驾，时常还是有他不愿意见的人找上门来。我第一次住在南老师那里，有一天接到一个电话，是大陆一位有点名气的人，路过香港，想来拜访南老师。我听说他同南老师有过联系，就自作主张，告诉他晚上来吃饭好了，反正这里是"人民公社"。事后我向南老师报告，他说，这个人我见过一次，不想再见了。我马上检讨，不知道南老师的门不是随便进的。南老师见我很尴尬，就说，既然你已经同意他来，就让他来吧。

海外有一位非常有名的老报人，一大把年纪了，还经常在报刊上写文章，有时候，还喜欢添油加醋。他到处打听南老师的下落，给南老师写了好几封信，转到南老师手里，要求见南老师一面，南老师不予理会，信都没有回。说起来也算是老朋友了，但南老师不喜欢这位老朋友乱写乱吹的作风；如果一见面，说上几句话，他回去在报上可能写上一大篇，招来许多是非，这是南老师不愿意干的事情。南老师第一次秘密来上海的时候，身上还带着一封这位老先生刚刚寄来的信。临走时，南老师想起来，何不在上海给他写封回信。南老师向我要了带有上海地址的信封信纸，拿起笔来，很快写好了，一张信纸都写不满。把信装进信封以后，南老师又犹豫了，问我，这封信要不要发。他把信拿给我看，很简单："先生历来数函，皆因我经常旅行在外，行止不定,及今方得展读。唯今自巴黎东返,转道上海,明日又须远行巴拉圭,归期未卜,特此奉闻。"最后又附上一句,因为你是我的老朋友,我才把我的行踪告诉你,请你不要照老习惯,又把这封信拿来当新闻材料。我看了忍不住哈哈大笑,什么巴黎巴拉圭,通通是没有的事,老师既不是从巴黎来,也不是到巴拉圭去,无非是告诉对方,我不愿意见你。后来我再一想,这位老朋友既然是喜欢添油加醋的人,那么,老师这封信不回也罢,免得他节外生枝。南老师听我一讲,说:对啊对啊,所以我要同你商量;听你的,这封信不回了。说着,他把写好的信交给我,又上楼从打好的行李里翻出那位朋友的来信,交给我,叫我一起留着当资料。南老师经常说自己是"跑江湖的",是"江湖骗子",从上面这个小例子也可以看到,他有时候行事是独特的、不规范的,说他有点"江湖气",也无伤大雅。

大陆有很多人问过我,南老师一个教书出身的,他怎么会有那么多的钱。我说,我不知道南老师究竟有多少钱,这是个人秘密,我从来没有问过他;但我可以肯定地说,南老师没有多少钱,凭他的那些著作的版税收入,用来应酬开销买书送人都不够。但是,南老师是"身无分文,富可敌国"。这句话不是我说的,是一个算命先生说的。早年,南老师的一个朋友把南老师的"八字"拿去,给一个很有名的算命先生。这个算命先生一看南老师的"八字",认为这个人的命不得了,很有点"王气"和"霸气",但是很可惜,这个人不是真正的帝王,而是个假皇帝,很可能是个戏子,演帝王的演员。因为这个算命先生不知道是给谁算命,也没有告诉他南老师的名字。他根据南老师的"八字"推断出南老师一生的命运,两句话:"身无分文,富可敌国;手无金印,权倾天下"。算命看相这些东西,我是不相信的,我从来没有让别人算过命看过相,南老师那里经常有两岸三地的"命相家"来往,有时很是热闹,碰到这种情况,我都靠边站着,不去凑这个热闹。但是,对这位算命先生给南老师算的这个命,我倒觉得蛮有意思。

"身无分文，富可敌国"，用在南老师身上非常贴切。南老师一生的大部分时间里，特别是年轻的时候，都是"身无分文"，"穷光蛋"一个，但在他需要用钱的时候，就会有钱用。到了晚年，南老师才有了比较固定的收入，不用为柴米油盐发愁，但也远远不够他事业的开销。在这种情况下，南老师没有为钱所困，他想做一件事情，首先不是考虑有没有钱，他不为钱发愁，钱总是会筹集到的。南老师说，天下那么多的钱，都可以拿来用，就看你的智慧够不够了。南老师的这个说法，同诸葛亮的"草船借箭"有点类似，是智慧和谋略的体现。南老师可以讲出这样的话，能做成这样的事；我们常人想学也没办法学。天下的钱，别人的钱，南老师可以拿来用，因为南老师是有道之人，他把钱拿来用于天下，用于别人。说南老师"富可敌国"有点夸张，但南老师这些年在大陆投资，设立奖学金，资助文教事业，已经花掉人民币一两亿了。这些钱都不是他自己的，都是别人送上门来让他去花的。我在他身边就亲眼看到，有的送钱给他的人，并不是追随多年的学生，而只是读了他的书，了解了南老师的为人，就写信给他，汇来十万二十万台币，请南老师用于大陆的文化事业。有的人，初次见面，就给南老师送上一张几十万港币的支票，当作见面礼，南老师一般都不收。有时候，人家把钱寄来，南老师就把钱退回去，告诉对方，我现在还有钱花，等我需要的时候，再向你要。如果没有南老师那样的威望，没有南老师的那种道德境界做基础，也想学南老师的做法，去拿天下的钱，去拿别人的钱，那就非成为小偷、骗子、盗贼不可了。

我前面说过，不能把南老师归入纯粹的"学者"之列，从南老师的这些言行中看到，当今社会，有哪一个学者能做到南老师这样？

第八章
"中南海"搭起新舞台

一九八八年初,南老师从美国来到香港,住在中环的半山上,开始了他人生的又一个阶段。南老师对别人开玩笑说,我这里是"中南海"——中国,南方,"海外"。可以这么说,对南老师来讲,这个时候,香港是一个最理想的地方。香港是一个自由的地方,又是一个商业社会,只要有钱,什么事都能办成。南老师没有多少钱,但追随他的学生有钱。南老师要办一个公司,没有报告审批的繁文缛节,花几十万美金,买下一家现成的公司,就开始运作了。香港还是交通要道,从台北过来,坐飞机只要一个多钟头,南老师在台湾的学生来看他,非常方便。香港又是大陆同外部世界联系的重要通道,随着大陆逐渐开放,南老师大陆的亲朋好友来往也很方便。就是在这个"中南海"里,南老师开始做他想要做的事情。

不忘家乡,不忘老友

　　对家乡的感情以及由此产生的作法,南老师又表现出与众不同的地方。离开家乡半个世纪,而且家乡还有家属亲友,大家都盼望南老师回去看看,但南老师不为所动,南老师没有急于返乡的计划。一九九四年正月初二,南老师到了厦门,在南普陀寺主持禅七,禅七完了,南老师立即返回香港;厦门同温州只有几百里路,南老师也不趁机回去一趟。

　　很多人问过我,南老师为什么迟迟不回来,为什么迟迟不回家乡看看,我说,这是个简单的问题,但我回答不出来。我们不能以常人的眼光来看待南老师，南老师不是常人。古代俗话有，"金榜题名，洞房花烛，衣锦还乡"，这三件事被看作人生的最大盛事、最大乐事。"衣锦还乡"，南老师虽然没有当大官、发大财，但凭他现在的知名度，凭他帮助家乡修建铁路，如果他现在回到家乡，也可以说是"衣锦还乡"、"荣归故里"了。即使不考虑这个因素，回去看看也是人之常情。但南老师没有按常规办事，他没有急着回家乡。原因可能很复杂，我只能根据南老师平时的片言只语，作一点分析。

南老师对生他养他的家乡有感情，几十年来，梦萦魂绕，时时牵挂在心。但他不是那种乡土观念很重的人。这大概同他一生在外奔波的经历有关，到了哪里，就把哪里当成自己的家。他交往的朋友，也不搞小圈子，对同乡也是一视同仁，没有什么特别的亲近感。特别是对飞黄腾达的同乡，他决不会去巴结，甚至还有意保持一定的距离。最明显的例子是陈诚，陈诚是浙江青田人，同南老师可以说是同乡；而且他们两人还有一种特殊的关系——同门，曾受教于同一个老师，尽管陈诚年纪比他大许多。解放前，陈诚在国民党政府里当到军政部长、参谋总长，到台湾后，陈诚担任过"省主席"、"副总统"，是温州那一带官当得最大的人。但南老师从来没有去拉这个"同乡加同门"的关系。一九四八年，陈诚兼任"东北行营主任"，他指挥的国民党军队不是共产党的对手，丢城失地，日子很不好过。陈诚借口胃病，回到南京，也丢了"参谋总长"和"东北行营主任"两顶乌纱，国民党里人人皆骂可杀。但陈诚深受蒋介石的信任，他还是宋美龄的干女婿，所以打了败仗也没有受到严厉的处罚。陈诚来到上海"养病"。这时，南老师也在上海，有人给南老师捎话，叫他去看看陈诚，说陈诚将来肯定还有再起的一天。南老师说，他会不会再起，同我没有关系。南老师没有去。陈诚后来在台湾，"一人之下，万人之上"，南老师也从来不去找他。更绝的是，陈诚临终前，托人捎口信想见一见南老师，南老师都没有答应。早年在成都，后来到台湾，南老师交了几个同乡朋友，也都是君子之交，他不把自己扎在同乡的小圈子里。在台湾，现在在香港，都有"温州同乡会"的组织，经常举办活动，南老师都不参加。

家乡的人、省里的人去看他，带一点家乡特产，说几句家乡话，谈一些家乡发展的情况，南老师就很高兴，有一种亲近感；离开家乡已经六十年，家乡话还没有忘，偶尔几个家乡人在一起，就用家乡话聊天，如果在座的有外地人，南老师一定要说普通话。在他那个客厅里，有讲各种方言的人，广东话、闽南话、上海话、温州话，有时候，几个同乡人碰在一起，用家乡话聊个没完，南老师很讨厌，就会提醒说：讲普通话嘛，好让大家都听听。南老师热爱家乡，关心家乡，但他并不把自己局限于家乡这个小范围。一次，杭州的一所学校来人，希望南老师支持一个项目，开口就是"南老师，你是浙江人"，意思是应该为家乡为浙江多做一些事。南老师马上给以纠正，说："你不要搞错了，我是中国人。"他考虑的不仅是造福乡里的事，那样的目光有点狭隘了，他考虑的是如何为国家为民族的繁荣，为百姓的安居乐业，做好事，做善事。

他身为温州人，对温州人本身的性格弱点，有深刻的剖析，这在前面谈到永嘉禅师时已经提到。这些年，他虽然身在海外，从媒介上也了解到温州人的种种作为，一方面，是那种改革的精神，开拓的精神，敢为天下先的精神，使小小的温州名扬天下；另一方面，伴随着经济的发展，也出现了各种各样的社会问题。南老师对家乡出现的这种局面，可以说是又爱又恨。他见了家乡的父母官，总是强调精神文明建设的重要，甚至曾经提议，由他出资，在家乡搞"社会主义教育运动"。他的这个提议后来没有落实，不了了之。

南老师思念家乡，又很关心家乡的建设，但他没有急着回去看看，他的内心有一种复杂的感情，我以常人的心态很难揣摩出一个究竟；他在给一位朋友的信中，引用了清朝一个诗人的两句诗："纵使到家仍是客，迢迢乡路为谁归？"家乡对于他这个游子来说，不过是他人生路程中的一站，他即使回去，也只是一个客人，他现在还没有一个理由非要急着回去不可。回不回家乡，在他看来，都是一样的，他不回去，照样可以为家乡做他想做的事。

家乡的人同南老师联系上之后，向南老师提出要求，希望帮忙做这做那，南老师出资做了几个项目，设立了一个农业基金，一个医学基金，最大的一个项目是投资从温州到金华的铁路，我在下面将专门来讲。但有一件事，南老师没有答应，就是修建他的故居。在乐清翁垟地团，南老师出生的那所房子，家乡的领导干部想把它建成一个故居纪念馆，南老师怎么也不同意。后来达成一个折衷的方案是，由南老师出钱，对他的故居进行扩建，建成后送给当地政府，作为当地老年、儿童活动中心。南老师的想法是，自己少小离乡，未能供养双亲，今天建了这座"老幼文康活动中心"，是"以仰事父母之心，转而以养世间父母；且兼以蓄世间后代子孙。等身著作还天地，拱手园林让后贤，以此而报生于此土、长于此土之德"。这本来是一件好事，南老师不要修建自己的故居，不要为自己树碑立传，而是从多年积蓄的版税中，拿出五百万元巨款，在那个偏僻的乡村，盖一座美轮美奂的老幼活动中心，把自己对父母的那份孝心奉献给家乡父老。结果，在修建的过程中，却惹出许多是非麻烦，使南老师很是灰心丧气。活动中心建成后，举行了隆重的赠送仪式，我去参加了；南老师自己没有来，派了他在大陆的代理人王伟国作代表，省市领导人在会上高度赞扬了南老师爱国爱乡的精神。南老师发来一个简短的书面赠言，表达了他建这个活动中心的初衷，并很有感慨地说："人如无贪，天下太平。人如无嗔，天下安宁。愿天常生好人，愿人常做好事。"

南老师移居香港后，同当年的老朋友联系更多了，并且结交了许多新朋友。对朋友，南老师不仅尽到礼貌、责任，更难得的是一片至诚。《论语》里把"与朋友交而不信乎"，作为经常自我反省的一个重要方面，对朋友要讲信用，要诚恳。南老师对朋友的关怀，可以说是无微不至，甚至连朋友自己没有想到的事，南老师都给别人考虑得很仔细。南老师有一位老朋友，年龄比较大，南老师经常有些事同他合作。南老师叫我去看这位老朋友，我每次去拜访之后，都通过电话向南老师报告，但三次当中，有两次都是去医院探访，不是什么大毛病，只是腿行动不便，在医院里做牵引理疗。我向南老师报告后，南老师说，这怎么行，他的担子那么重，怎么可以三天两头躺在医院里，得想办法把他的毛病治好。南老师懂医道，他分析，这位老朋友的病可能不在腿上，而在脊椎上，脊椎错位而引起腿的毛病。正好，南老师手下有一位学生，是治疗脊椎错位的专家，祖传的本领，在香港小有名气，治好过不少人的沉疴痼疾，病人都得排队就诊。而这位医生已移居加拿大，台湾、法国都有很多病人在等着他。但南老师为了那位老朋友的身体，一个电话把他的这位学生召来，派他到大陆去为那位老朋友治病。

这位医生治病的时候，我也在场，好像有点与众不同的地方；我自己平时懒得去医院，对别人吹牛不知医院的门是朝哪儿开的，在这里碰到这么一位高明的医生，也沾光请他替我查一查，治一治。效果怎么样还不知道，但听这位医生的话很有道理，我们这些做文字工作、案头工作的人，看书写字，往往不注意坐的姿势，时间长了，造成脊椎错位，而出现各种各样的毛病，非常普遍。见到了这位医生之后，我就时刻注意自己的坐姿，甚至从此改掉了跷二郎腿的习惯。

回过头来说那位老同志，治了一两次，感觉见好。当然，他年事已高，加上又是老毛病，所谓积重难返，不可能在两天之内完全治好。他内心里对南老师是非常感激的，不要说花了多少钱，那是小事；而是南老师把老朋友的病，看得比自己的事还重要，那么认真地来办，这种行事方式，当今世上确实少见。

南老师抗战时期在四川生活了十来年，他在那里有许多朋友。

四十年后，他逐渐同这些老朋友联系上；有的朋友已经作古了，南老师就想办法找到他们的后代。对这些老朋友或后辈，南老师都给以资助，帮他们解决部分生活上的困难。甚至对好几位老朋友的丧葬事宜，他也很操心。曹操有一句名言，"宁愿我负天下人，而不能让天下人负我。"南老师同朋友交，同曹操正好相反，南老师的原则是：宁愿天下人负我，我绝对不能负任何人。说起来，这种故事也是很多的。他离开台湾那么多年了，对台湾的老朋友经常挂念在心。近年来，他开始在大陆做事后，拜托过不少人帮忙做事，他总是记着人家的好处。这两年，陆续有几位老朋友得重病故去，南老师每次都会伤心好几天，冥思苦想，为老朋友撰写挽联；他还考虑老朋友的家属生活有没有困难，曾经主动资助过几位朋友的家属。有一次，南老师以颇带几分伤感的语调对我说：对几位老朋友总算做了交代，心里就没有牵挂了。

南老师对朋友以诚相待，但有些"朋友"的所作所为，实在不够朋友；南老师身边的人，看在眼里，往往愤愤不平，甚至表露出埋怨心理。但南老师不予理睬，还是我行我素。在广泛的人际关系中，南老师并不是糊涂而好坏不分、轻易上当，也不是装糊涂而游戏人生，只是因为他对人太宽容了，太慈悲了，往往一次一次受骗上当。有一个朋友，向南老师借钱，数目不算小，说好很快就会还，但到时候又不还。这样一次两次三次，南老师都把钱借给他。后来这个人又来借钱，周围的人说，这个人是骗子，不要理他；而南老师还是把钱借给他，并说：我知道他借钱不会还，但他找到我，说明他有难处，就再帮他一次吧！

南老师的交友之道，还有一个原则，不同朋友合伙做生意，朋友就是朋友，合伙做生意，就牵涉到利益问题，处理不好，朋友就会反目成仇。历史上很有名的"管鲍之交"，讲管仲和鲍叔牙两个好朋友之间的事，但这种朋友关系，千古以来所见不多，所以会传为美谈；一般的朋友一起做生意，往往为分利不均而伤了感情。因此，南老师不主张朋友合伙做生意。他刚到台湾时开的义利行是一个例外，后来，他就没再做生意了。到香港后，他着手在大陆投资，有些项目做得挺顺利，对大陆的投资环境和各种政策法规也逐步熟悉了，同大陆各方面的关系都不错；有些朋友知道这个情况后，就想搭伙，投入资金，同南老师一起做，但南老师都没有答应。

金温铁路的"催生者"

金温铁路，从金华到温州的铁路。这条铁路，纸上谈兵几十年，就是修不起来。早在本世纪初，孙中山先生起草的《建国方略》里，就打算修这条铁路。温州是个富庶的地方，气候温和，又靠近海边，一百多年前就开放为通商口岸，但就是发展不起来，一个重要的原因是交通不方便。

记得五十年代，我到上海上大学的时候，坐的是老旧的柴油汽车，一大清早从温州出发，在山路上颠簸了十多个小时，才到了金华，再从金华换坐火车到上海。温州到金华的那段公路，那时候还不是高等级公路，遇到刮台风和山洪暴发，汽车就不能走。记得有一年暑假回家，到了金华就被挡在那里了，汽车不开，把我们几个穷学生扔在金华两三天，狼狈不堪。那时候自然想到，如果火车直通温州该多好啊！

是啊，温州有一条铁路该多好啊！实际上，浙江南部和西部的十几个县市，一千五百万人，无时无刻不在梦想金温铁路早日建成通车。交通不方便，阻碍一个地区的经济、社会、文化的发展，这是不言而喻的，现在不是有这样的一句话吗，"要想富，先修路"；而在另一方面，由于交通不发达，长期的闭塞，也影响了这个地区人民的素质和性格。南老师说，我们浙东人，性格上有一个很大的弱点，就是刚愎自用，夜郎自大。拜改革开放之赐，温州的交通有了较大的发展。现在，除了公路外，温州还有直通上海的客轮，温州地方集资，修建了飞机场，进进出出方便多了。但是，温州还是缺一条铁路，金温铁路。没有铁路，温州地区物产运不出去，影响了经济的发展。

这条铁路，解放前不要去说它了；建国以后，也曾经几起几落，勘测设计都弄好了，曾经三次上了马又下马，总是修不起来。其实，这条铁路才二百五十一公里，算不上一项了不起的大工程，据报载，一九九四年，我国一年建成的铁路就有两千多公里。但是，金温铁路就是排不上日程，一直到八十年代末期，还没有开工修建的打算。我不是给金温铁路写历史，其中的原因也无法完全搞清楚，只知道这个梦想迟迟不能实现。因此，在这条铁路终于正式开工的时候，浙江省的各级领导把南老师称作"金温铁路的催生者"。

一九八八年，南老师刚刚在香港落脚，温州市的领导人就去香港拜访他。在众多话题中，也免不了谈到这条铁路的事。家乡的父母官希望南老师出来，促成这条铁路早日开工，意思是要南老师从海外引进资金，修建这条铁路。南老师对许多项目答应得都很干脆，铁路的事，一开始，南老师并未立即答应。南老师在台湾做过很多事情，都是文教、慈善和佛教方面的项目，从来没有涉足经济建设领域。另外，这条铁路，对国家来讲，不算一个大项目，对私人来讲，却是一笔很大的投资。再说，投资铁路，肯定是赔钱的事。

南老师终于答应了，他顶不住温州市领导一次一次登门游说、动员、请求，他要出面修建这条铁路，以报答乡梓。一九九〇年，浙江省领导人，温州市领导人，在香港南老师的寓所，同南老师的香港联盈兴业有限公司签下了协议，合资修建金温铁路，修好以后，双方共同管理。这条铁路，只是一条地方铁路，本没有什么特别之处，这条铁路的投资也不算特别大，预算大约九亿元，但在我国铁路建设方面，金温铁路意义非同一般，它是头一条与香港合资修建和共同管理的铁路，消息传开，立即引起海内外舆论的重视。

南老师这一签，叫做自讨苦吃，给自己此后几年的生活带来一连串的烦恼。这个项目开初本不是南老师自己主动揽来的，但他一旦答应后，就要把它办好。怎么叫办好？南老师绞尽脑汁，日夜操心。根据南老师后来多次谈话，我体会，南老师对这条铁路寄予很大的希望，他有几个非常执著的理念。

第一，要让这条铁路成为当地老百姓自己的铁路。这条铁路使当地一千五百万人受益，老百姓当然是这条铁路的主人。南老师主张，铁路应该实行股份制，发行股票，让当地老百姓入股，但这种股票不是为了让人去炒，去赚钱。

第二，这条铁路一定要高质量，不是要追求豪华，而是在技术上要先进，环境要优美，包括车站的设计、铁路两旁种什么树，南老师都有他的设想。

第三，铁路建成后，管理应该是一流的，铁路面对的是数以万计的乘客，管理不好，服务不好，就要影响声誉。因此，在开始修建的时候，就要着手培养管理人才；铁路公司的工作人员，工资待遇要高，否则招不到人才，留不住人才。

经过反复的酝酿协商，合资的"金温铁道公司"于一九九二年十一月十八日在温州挂牌开业，南老师担任董事长兼总经理。开业典礼在温州的瓯昌饭店举行，我有幸躬逢其盛，与会的有浙江省的领导人，温州市和铁路沿线市县的领导人；南老师自己没有来，派来他的好几位学生作代表，并发来一份热情洋溢的贺信。他在贺信中，一一列举了浙江省和温州市有关领导的名字，把"金温铁路催生者"的荣誉头衔奉还给他们，说他们才是真正的"催生者"。南老师再次说明了自己参与修筑这条铁路的目的，他说：修这一条铁路，是为了子孙后代造福的社会公益事业，并非为了投资赚钱；如果乘机炒地皮，抢利益，不顾公义，只顾私利，那就变成为人民造孽，不是公益的事了。

南老师说:"在我个人的理想与希望来说,修一条地方干道的铁路,不过只是一件人生义所当为的事而已,我们真正要做的事是要为子孙后代修一条人走的道路,那是大家要做的大事业。"这个观点,南老师后来经常讲,他在大陆搞投资,建项目,那都不是他的真正的理想与希望,有人求他,他就做了,有时甚至说是玩玩;他真正要做的是为子孙后代修一条人走的道路。究竟是一条什么路呢?很多人理解不了,或者不能完全同意。南老师引用宋儒张横渠的四句话,来为他的理想做注解,那就是:"为天地立心,为生民立命,为先圣继绝学,为万世开太平。"为了这个理想,南老师开始在大陆做很多的事情,金温铁路只是一个开头。

一个月后,就是一九九二年十二月十八日,金温铁路全线分段动工。南老师又派了好几位学生去参加开工典礼。南老师虽然没有去,但他的心却同沿线千百万老百姓在一起。典礼结束后传回的消息,使南老师兴奋不已。典礼虽然是官方组织的,但当地许多老百姓,扶老携幼,长途跋涉,把典礼现场挤得人山人海,连七八十岁的老人,都像过节似的,为盼到这一天而眉开眼笑。我当时正好在南老师身边,南老师对我说:"这些生动的事例都应该记下来,你要是在现场就好了。"当地老百姓对这条铁路的企盼和热情参与的信息,在开工之前,已经陆续传到南老师那里。沿线许多老百姓主动让出土地房子,主动平整路基,在大陆修路史上可能是少见的。有些地方,国家要修铁路,有人乘机设置障碍,讨价还价,严重影响了工程的进展。而在金温铁路沿线,不仅没有出现这种情况,相反,老百姓那种主人翁的态度,那种无私奉献的精神,在当今社会确实少见。南老师对这些情况很重视,希望把它收集整理出来,等到铁路修好了,一部修路史也可以成书了。我告诉他,当地会有人做这件事的。但南老师不放心,他知道我脱不开身,就叫我推荐人。我想起一个人,我的朋友,在温州新闻界工作,也算是个资深报人;南老师一听,就说好,叫我马上打电话,请他到铁道公司来工作。南老师不大了解,大陆一个人对工作的调动是很慎重的,对方说要考虑考虑。南老师叫我再打电话,说得详细点,说得恳切点;我照办了,但对方只表示感谢,没有答应。这件事没有办成,但可以看出南老师求才若渴,看出南老师对铁路的关心。

关于铁路开工典礼的事,还有一段小小的佳话。十二月十八日,这个日子是南老师选的。这种开工、开业或别的隆重庆典,事先很慎重,要看皇历,选择好日子,这在台湾、香港,是习惯的做法;这几年,大陆一些地方也这么做,开业典礼总要选在"六"或"八"的日子。看皇历,选日子,这一套,南老师是很内行的。但我看那天的皇历,南老师选的日子,并不是"黄道吉日"。懂得此道的人说,南老师选的时辰好,只有功力很深的人才敢这样做。我听了半信半疑。后来,据参加典礼的人回来说,那天早晨一起来,天气就很糟糕,刮大风,下大雨,他们一路上都在担心。但典礼开始前不久,忽然风停雨止,太阳高挂,典礼顺利进行。等到典礼结束,又下起了大雨。于是,南老师"有神通"又多了一个"实例"。

铁路顺利开工,南老师更忙乎了,操心的事更多了。当然,有些事南老师不用去操心,比如,技术方面的事,他不懂,他完全相信大陆的力量。这条铁路全长只有二百多公里,因为经过的地方多是丘陵山地,建设的难度却相当大,据说仅次于成昆铁路。全线要开通隧道六十六条,共长三十一公里;要架一百二十三座桥梁,共长十四公里,还有涵洞九百七十个,工程难度不小。对此,南老师并不担心,大陆的技术力量既然能建成成昆铁路,那么,金温铁路也应该没有问题。南老师的一位学生,对大陆的技术不放心,自己出钱,从台湾请了三位铁路专家,到金温铁路沿线考察了一趟,回来要向南老师报告,我正好又在南老师身边。南老师听都不想听,出于礼貌,应付了几句了事。事后,南老师说,台湾有多少铁路?大陆有多少?在修铁路方面,台湾怎么好同大陆比?

南老师经常操心的事，一是人才，一是资金。

关于人才，这是个普遍存在的问题，加上修铁路本身是个苦差事，工程时间长，现场条件差，没有吃苦耐劳的精神，没有自我牺牲的精神，还真担当不了这个重任。南老师是董事长兼总经理，但他不在现场，而是坐镇香港指挥，麻烦就来了。南老师自己派不出人，他的学生里，有这方面的人才，但都有自己的一份事业。铁道公司的高级管理人员，只好在大陆物色。有的人选，南老师不满意，只好换人。有的人选，南老师满意了，但同当地干部的协调碰到困难。总之，这个项目的人员组成，有省里的，有市里的，还有代表合资方的，"磨合"工作要花很多时间和精力；亏了从中央到地方，对这个合资项目非常重视、非常支持，选派了得力干部，使工程能顺利进行。

资金问题也是要南老师操心的事。开始时，南老师并不担心资金来源，他用兵家的"运用之妙，存乎一心"的大智大勇，敢于签下协议，就认为资金不成问题，总会有办法的。开始协商时规定，金温铁路总投资为九亿元人民币，外方，就是南老师负责筹集一亿两千万美元，占总投资的百分之八十。最后签订协议时，把投资比例改为外方占百分之五十一，当地自筹百分之四十九。开初，南老师对资金很有把握，因为当时他正在谋求海外一笔巨款，用来修这条铁路绰绰有余。后来，这笔款不能落实，南老师另想办法。这时，一位台湾巨商，也是南老师的学生，自告奋勇，他愿意承担南老师承诺的全部资金，也几次到铁路现场视察过。但等协议起草完毕就要签字的时候，这位老兄突然变卦，撒手不干了。这件事不说对南老师是个打击，至少也使南老师陷于被动。对这位学生，南老师自然是很生气，他们之间的师生感情，因此而长期不能弥合。好在南老师的学生多，这个不干了，马上有人出来干。长期追随南老师的李素美、李传洪姐弟，在香港有一个公司，在关键时刻站出来，支持南老师，使协议得以按时签订。

铁路开工不久，南老师就把一千多万美元打进内地。但建设资金还有很大的缺口，南老师又为筹集资金忙碌。好在这是我国目前第一条合资铁路，名声在外，国际上的一些大财团，也愿意贷款。南老师同几家银行接触、谈判，双方条件逐渐接近，利息也可以接受，但最后还是不了了之。个中原因很复杂，不是几句话能说清楚。南老师在香港，根据国际惯例办事，但他不了解大陆的做法，他在外面谈的，拿到大陆，落实起来就有困难，所以，他在外面的应酬谈判，忙乎了半天，都是白费工夫。怪谁也没有用，南老师干着急也没有用。这种事，在合资项目中，大概是屡见不鲜的。最后，由中央政府介入，资金问题总算得以解决。

经过几番周折，南老师的注册资本的比例降为百分之二十五，投入资金合人民币一亿多；以整个铁路建设的费用，再加上各地为配套工程筹集的资金，南老师投入的资金占的比例就很小了。在丽水段开通的时候，我有幸沿这条铁路走了一趟，为当地的领导和群众为这条铁路所做出的努力深深感动；同时，也感受到，他们推崇南老师为"金温铁路的催生者"，完全是出自内心的感激，这个比喻确实很恰当。没有南老师，这条铁路早晚会建成；但没有南老师，这条铁路不知道什么时候才能建成。

在修路的过程中，双方为了同一个目标，共同努力；但在合作过程中，也发生过不少摩擦，有时甚至是争吵。因为是第一条合资的铁路，双方都没有经验，有些事是难免的，有些事也值得总结，这都不是我的职责范围，不去多说。我只根据自己的经验，谈两点题外话。

七十年代，我在非洲的坦桑尼亚工作了五年，正好是"坦赞铁路"修建高潮到建成的时期。现在的年轻人，大概都不知道"坦赞铁路"是怎么回事，可是在当年，它是誉满全球的一项大工程。

"坦赞铁路"，从坦桑尼亚的首都达累斯萨拉姆为起点，到赞比亚的首都卢萨卡附近的姆林巴，被非洲人民称作"乌呼鲁"大铁路，"乌呼鲁"在斯瓦希里语中是自由的意思，这条铁路被称作"自由大铁路"。因为，六十年代后，非洲国家纷纷摆脱殖民统治而独立，只剩下南部非洲还有几个殖民地。赞比亚是个内陆国家，它的西面是安哥拉，东面是莫桑比克，都是葡萄牙的殖民地；它的南面是南罗得西亚，原英国殖民地，后来成立了由南非支持的白人少数政权，黑人正在进行独立斗争。赞比亚坚决支持南部非洲几个国家人民的争取独立的事业，被称为前线国家。但它没有出海口，东西两面都处在敌对势力的封锁之中，唯一的办法是修一条坦赞铁路，从东面的坦桑尼亚开通一个出海口。

修坦赞铁路，是一个很大的工程。铁路全长一千八百六十公里，比我们的京广铁路稍稍短一点，是金温铁路的七八倍。而且，这条铁路经过的地方环境非常恶劣，好多地方都是没有开发的热带原始森林，工程难度难以想象。坦桑尼亚政府曾经请过西方国家帮忙，一些国家包括世界银行都派出专家去考察过，但写出来的可行性报告都认为是不可行的。西方专家的主要论点有两条，一是工程难度太大，几乎是不可能修成这条铁路；另外一点是不合算，投资进去，肯定收不回成本，这样的事，西方资本主义国家当然不干。更何况，他们才不会为了支持非洲反殖民主义斗争而来修建这条铁路。在百般无奈之下，当时的坦桑尼亚总统尼雷尔和赞比亚总统卡翁达，转而向中国求援。只有中国政府，才有那样的气概，才有那样的无私的国际主义精神，答应帮助修建这条铁路。传说在论证阶段，国内有的专家，有的部门负责人，也对我们修建这条铁路持异议，但最后，毛泽东一锤定音。他说，我们在国内修了那么多铁路，为什么不能在非洲修一条铁路？

于是，中、坦、赞三国政府签订协议，中国政府以长期无息贷款帮助修建坦赞铁路。从一九六八年五月开始勘测设计，到一九七六年七月建成正式通车，在八年的时间里，大约五万人次的中国工程技术人员和修路大军，不远万里，来到非洲，历尽千辛万苦，硬是把西方专家认为不可能的事，变成了现实。在整个修路过程中，中国工人写下了惊天地、泣鬼神的业绩，可惜，当时的舆论在"四人帮"的控制下，没有留下与这条铁路相应的历史记录。

中国政府援建坦赞铁路，开始完全出于国际主义的立场，出于对非洲民族解放斗争的支持，是真正的无私援助。但这个项目所产生的影响，远远出乎人们的预料。中国在国际上，特别是在非洲大陆，可以说声望大增，真可以说到了如日中天的地步。非洲国家一个接着一个同中国建交，使西方国家孤立中国的企图越来越失去市场；到了一九七一年十月二十四日，联合国大会通过决议，恢复中华人民共和国的合法席位。关于要不要派代表团参加当年的联合国大会的问题上，有关部门有点犹豫，毛泽东主席听了汇报后说：要去，为什么不去？马上就组团去。这是非洲黑人兄弟把我们抬进去的，不去就脱离群众了。

坦赞铁路在建设中，以及建成后，虽然处处体现了合作的精神，可以称为国际合作的楷模，但也发生过不少麻烦的事。主要的麻烦来自这个项目牵涉两方三国，社会制度不同，行为方式不同，同一条铁路线上，坦、赞两国工人的待遇不同，给管理带来许许多多的问题。在我离开那里的时候，听说有关专家在总结经验时，就提到，今后在承担跨国项目时，一定要慎重。

从金温铁路，谈到了坦赞铁路，尽管工程规模相差很大，但我觉得在某些方面有共同之处。投资铁路，是一项赔钱的事，国际上很少有人把资金投在铁路上，没有无私的精神，不会去做这种事。

南老师投资金温铁路，他没有想到自己要从中得到什么好处。南老师经常说，修铁路，那只是玩玩而已，并不是我真心想做的事。一个玩玩，说起来很轻松，但做起来，南老师还是寄托了他的信念。他不仅要把这条路修好，而且，要在修路过程中，体现传统道德的精神。金温铁道公司成立前，请南老师为公司写匾牌。南老师认认真真写了寄去。温州做好了铜牌，很漂亮，照了相寄给南老师看。南老师写的是繁体字，仔细一看，发现铁字当中多了一横。南老师马上发了一个传真，这个铜牌不能用，重新做一个，这笔费用由他自己出。并声明，以后凡是因他的失误造成的损失，都由他承担费用。铁路动工不久，正赶上过春节，但许多工人为了抢进度，放弃了春节的休息和同家人团聚的机会，仍然在工地上干活。南老师听到这个消息，很受感动，马上打电话给现场指挥，要给坚持工作的工人发红包，这笔钱由他自己出。

大陆现在有人提出，在下海经商中，要做一个"儒商"，有人干脆以"儒商"为标榜。但究竟怎么样才能算是一个"儒商"？怎么才能做一个"儒商"？恐怕也没有一个标准的答案。大致说来，是要处理好"利"与"义"的关系，不要见利忘义，不要赚不义之财。这个理想当然很好，但真正做到能有几人？但是，如果把"儒商"的帽子安在南老师的头上，我觉得倒是挺合适，前面讲的南老师的做法，不正是现代"儒商"们标榜的吗？但南老师自己大概不会接受这份荣誉，因为他不会承认自己是商人，实际上南老师也不是一个商人。

南老师投资铁路本身不为赚钱，不为名誉；现在，铁路沿线很多人知道"南怀瑾"这个名字，可谓出钱买了个名气，但也不全是好的名声。有人以世俗的眼光，来看南老师投资铁路的事，往往引出许多误解，有的话说得还很难听。比如，合资协议时，答应批给铁道公司一千五百亩土地，都是在铁路沿线的好地方。有人就说，条件这么优厚，不要合资，我们自己干都可以。甚至说南老师投资就是为了赚钱。这些话传到南老师耳朵里，他当然不会高兴，但南老师并不太介意。他常说，做好事也不容易，被人误解是经常的事。要说赚钱，他把那一千多万美元放在香港，投资房地产，炒黄金炒股票，早就赚到大钱了。再说，那一千五百亩地，真要倒腾起来，确实可以赚到大钱。但是，南老师没有这样做，他没有拿到一寸土地，他甚至劝说他的学生，想搞赚钱的投资，到别的地方去做，不要到这条铁路沿线做，否则，就讲不清楚了。

不计名誉，不要回报

"不计名誉，不要回报"，这句话看起来似乎很平淡，但世上有几个人做得到，又有几个人理解得了？

我在美国工作的时候，听到美国人挂在嘴上的一句话，叫做"天下没有白吃的午餐"。意思是说，钱得靠自己去挣，没有人会平白无故送钱给你。把这句话反过来说，就是没有利的事情绝对不干。许多旅美华人给我传授经验，说如果有人白送钱给你，你就得小心；有的国内去的年轻人不懂个中道理，人家给钱或给别的好处，就收下来，结果落入特务部门或黑社会的圈套，最后不能自拔。我有一个朋友，是个老革命、老干部，他的儿子到美国留学，被特务部门看上了，资助他上大学；但一个二十来岁的年轻人，虽然算是高干子弟，在国内的时候，知道一点国家机密，但离开国内时间久了，特务机关从他身上榨不到多少油水，对他的照顾就不像开头的那样。这个年轻人想摆脱，却摆脱不了，最后死在纽约的地铁里，可能是自杀，也很有可能是被推下去的，杀人灭口。后来在他的住处发现，墙上写着打倒某特务机关这样几个字。

我写到这里，随手翻到当天的《参考消息》，上面登了美国《洛杉矶时报》的一篇文章，评论美国的外交政策，其中有一段说："美国在国际事务中从来没有受道德推动过，决定美国的议事日程的恰恰是私利，不管它是开明的私利，还是居心不良的私利。"这样的文章，在美国报刊上经常可以看到，美国的对外援助，美国许多机构给外国人提供的好处，都是为了本国的利益，而不是为了帮助别人，这一点，美国人自己心里都明白。

但我们来看看南老师给大陆的资助，可以说都是"白吃的午餐"，都是不要回报的。人家求到他,他认为这件事是好事,他就支持。如果是为名为利,南老师都用不着来做这些事情。可惜,南老师的这种处世的方式,并不是人人都能理解的,不要说一般同他打交道的人不了解,不理解,甚至连他亲近的人,包括他的亲友,有的人也不完全理解,说南老师尽做傻事,尽做只赔钱还不讨好的事;哪一天,他的钱被人骗光了,他的戏也就唱完了。

"名利本为浮世重,古今能有几人抛",没有名没有利的事不干,古今中外差不多都是一样的。古话说,"天下熙熙,皆为利来;天下攘攘,皆为利往。"就整个社会而言,真正能做到大公无私的人总是极少数,特别是在私有制的社会中更是如此。我们国家,一度社会风气很好,提倡雷锋精神,提倡无私奉献,许多人都很怀念那个时代。商品经济发达以后,功利主义抬头,无私奉献的行为甚至被讽刺为"傻帽",有人感叹世风日下,人心不古。其实,这也不是奇怪的事,一方面要发展经济、改善人民的生活,一方面要提倡无私奉献的精神,重整社会道德,这是一个长期艰巨的任务。对社会的大多数人来讲,要求他们都能做到不计名利、无私奉献,恐怕是陈义过高了。

南老师也是人,他当真没有一点功利思想?当真不要一点回报?不是的。他追求的是最大的功利。南老师推崇一句话,日本明治维新时的名宰相伊藤博文讲的:"计利当计天下利,留名要留万世名。"这两句话,也许可以反映出他一生的追求。他这几十年,好像不是为自己活着,而是为别人活着。他做的事情,大多都是别人求他的事情,他自己好像没有什么事情可做了。他自己没有一个归宿安身之地,但他也不着急,也不考虑,他年轻时就是这个态度:"到处不住到处住,处处无家处处家。"在香港,大陆很多人找他,要他帮忙,要他资助;有时候也够头大的,身边的人有时不免也嫌烦,大陆有一位领导也劝南老师,以后不要有求必应了。南老师说:好,好。第二天,有人找上门来,南老师又是痛痛快快地答应,兴致勃勃地筹划新的项目。

南老师慷慨解囊，资助大陆那么多文教项目，他都不让宣传；他不习惯出点钱就大肆宣传，这同佛法里普度众生的精神不符合。为了得到回报而去帮助别人，这在佛法里讲，起心动念就错了。南老师搞的项目，真心希望能把事情办好；他出的钱，如果真能起到好的作用，他就高兴了，可惜，能使他高兴的事并不多。

由我联系的一个项目，南老师比较满意。这个项目花钱不多，在一个名牌大学的一个学院，设立"奖教助学金"，还想了一个很好听的名字，叫"培养跨世纪人才奖教助学基金"，一年几万块钱，一部分奖励老师，一部分帮助家庭清寒的学生。大陆奖学金多得数不清，但这个"奖教助学金"的做法，在当时是少有的。当时，奖励学生的很多，但奖励教师的很少。助学而不是奖学，当时也不多。这是我的想法，学习好，是学生应该做到的事，奖励不奖励，都应该学得好；给好学生发奖学金，可能起到鼓舞激励的作用，但对许多家境较好的学生而言，这不过是锦上添花而已。我们更要做的是雪中送炭，帮助那些家庭确实清寒的学生，资助他一点钱，使他能安心地完成学业；否则，有的学生可能会中途辍学，或者去打工挣钱而使学业受到影响。

我是从一则报道上得到启示的，报道说，现在一些大学生消费水平很高，花钱大手大脚；但是，也有百分之十左右的大学生，大都是农村和贫困地区来的，家境十分清寒，有的学生甚至营养都不足。搞这个助学金的目的，是要帮助这一部分学生。我这个想法，南老师是很赞同的，因为，南老师自己年轻时，就有"英雄穷途一饭难"的深切体验；他这一辈子，也不知资助扶持了多少清寒学生。南老师写过这样一副联语："大业都从难里得，功名须自苦中来。"对清寒的学生，帮他一把，他很可能会成为国家社会的有用之才。这样的事，南老师当然非常乐意做。在起草协议的时候，说明这笔助学金是借给学生的，将来是要还的，当然，条件很宽，写明学生在毕业之后十年开始还，什么时候还清，没有写，一百年也行，等于是白给的；不过，写上要还，可能使受益的学生多一分责任感。学院领导还不放心，问这个钱将来还给谁，我说不要写，受益的学生中，如果有人将来有能力，他也有这个心，让他回报社会好了。

这个项目，从立项到实施，只有几天的时间。学院拿到钱后，都很高兴，他们也很认真地去办。奖教的部分，学院几位领导一分钱也不拿，都奖给了教职员工，而且在师生中进行评选，奖金拉开档次。学院把"奖教助学金"使用的情况报告南老师，并附了一封一位受益学生给南老师的信。南老师看了学生的信后，非常高兴；我正好在那里，南老师马上叫他的弟子念信，让在场的人都听听。那位学生在信中说，"这笔钱，不算太多，但对我来讲，也不少，我一定好好使用，把每分钱都用在学习上。"南老师说，这件事办得不错，想不到拿出很少的钱，有那么好的效果。第二年，南老师主动提高了这个"奖教助学金"的金额。我后来对学院的领导人说，你们办事很认真，南老师很满意；那位学生的信写得很好，很有感情，南老师看了很高兴。大陆很多人去见南老师，往往为带什么礼品伤脑筋，其实，南老师对礼品根本不在意；相反，真正把事情办好了，南老师就高兴。像那位学生的一封信，至少使南老师高兴了好几分钟。我对学院的领导人说，"秀才送礼纸半张"，用在南老师身上最合适不过了。你们要回报南老师，每年拿到钱后，写半张纸的信，让他高兴几分钟，这是最好的回报了。

这个项目进行了三年，这所学院要发展，要振兴，但缺经费。情况报告给南老师，南老师立即表示支持，说：只要我还活着，只要我没有穷得吃不上饭，我总会大力支持的。一个小项目变成了几百万的大项目，南老师图的什么？为名？为利？为回报？哪一条都沾不上。这个大项目协议初稿里，请南老师担任名誉董事长，南老师没有答应。协议草稿上还写上，出钱的董事，每年可以推荐一名学生进这所学院，南老师拿笔把这一条划掉了。他说：出了钱，就要得到好处，就要回报，这就不是在办教育了。

南老师的这种精神，在当今社会确实少见，往往不被人们理解。我读了南老师的书，又同南老师有过接触，受南老师的影响，也试着学一点南老师的精神行事，但往往是碰钉子，甚至，本来可以办成的事，反而办不成了。就说我帮南老师买房子的事，差不多谈成了，结果又吹了。好几个原因，其中有一个原因，是中介费的问题。中介人提出，他要多少钱，一笔很大的钱，南老师这边答应了。这个人又提出，我也可以从中拿到一些好处；我马上说，我一分钱也不拿，我为南老师办事，没有想到要拿钱。他说，总得表示表示；我说，你把事情办好了，就是给我的最好表示。我怎么说，他就是不信，后来干脆不理我了。北京这几年倒房地产发财的人不少，被称为"房虫子"，拿回扣虽然不合法，但已成了不成文的规矩，我说不要回扣，反而破坏了这个行业的规矩，结果把事情办砸了。

第九章
统一大业，梦魂萦绕

在二十世纪，共产党和国民党的长期斗争，可以说是中国近代历史上最重要的一页。一九四九年，毛泽东领导共产党人和千千万万人民群众，推翻了蒋介石国民党政权，建立了中华人民共和国。而蒋介石国民党则逃到孤岛台湾，拿他们的话叫撤退到台湾，叫嚷什么"一年准备、两年反攻、三年扫荡、五年成功"，企图有朝一日能反攻大陆，夺回失去的政权。从此，共产党和国民党，又开始了长达几十年的斗争，这边是"我们一定要解放台湾"，那边说一定要"反攻大陆"，唇枪舌剑，剑拔弩张，海峡两边的敌对状况一直没有消除。

但是，结束分裂、实现统一，始终是中华民族十几亿人的强烈愿望。几十年来，海峡两岸，包括旅居海外的许多志士仁人，都为此奔走呼号，不少人也希望在实现祖国的统一大业中，建立自己的功勋，可以名垂史册。于是，几十年来，"说客"、"密使"络绎于途，跃跃欲试者不乏其人。如果把解放后两岸秘密来往的情况写成书，那一定非常精彩，非常叫座。但是，这种事属于高级机密，知情者的范围很小很小，有的情况恐怕要等几十年后，才能公之于众；有的情况则可能深藏保险柜中，永远不会曝光。这里，我根据两岸已经发表的文章、专著，引用几则，作为南老师当"调人"的参考。

早在五十年代，海峡两岸就已开始探讨和平统一、实现国共两党第三次合作的可能性。一九五六年七月，在香港《星岛日报》担任记者的曹聚仁先生，在离开大陆六年之后，首次回到北京。曹聚仁一九〇〇年生于浙江浦江，二十多岁就在复旦、暨南等大学任教，同时为报刊撰稿，被认为是左翼作家。抗战期间，他当了中央通讯社战地记者；蒋经国在赣南推行新政时，创办了《正气日报》，请曹聚仁担任总编辑。由于他的特殊经历，同国共两党的一些领导人建立了很好的私人关系。曹聚仁这次到北京，很快就受到周恩来的接见。周恩来设宴招待曹聚仁，作陪的有陈毅、邵力子、张治中等人。席间，主客自然谈到台湾问题。周恩来说：国共有过两次合作的经验，为什么不可以有第三次呢？台湾是内政问题，爱国一家，双方可以合作建设；我们对台湾绝非招降，而是彼此商谈。只要政权统一，什么都可以坐下来商谈、共同安排的。周恩来的这番话，得到邵力子、张治中的赞同，邵力子对曹聚仁说：这工作，你要多费神。曹聚仁当即点头表示首肯，说：聚仁当竭绵薄。这次，曹聚仁离开北京前，还受到毛泽东的接见，毛泽东同他谈些什么，他没有告诉别人，只说话别时，毛泽东亲自送他上车，还为他关上车门。

从此之后，曹聚仁每年都要来北京几趟；台湾那边，蒋经国派一个姓王的与他联络。曹聚仁的这个角色，持续了差不多达十年之久，中间因为各种原因而有挫折，但最后蒋经国派船，把他从香港秘密接到台湾，同蒋介石会晤，眼看要大功告成。不久，大陆发生"文化大革命"，蒋家父子本来就心怀疑虑，这时，立刻改变主意，统一进程于是中断。曹聚仁于一九七二年在澳门病逝，享年七十二岁，根据他的遗愿，叶落归根，骨灰安葬在南京雨花台侧。

曹聚仁，作为一个爱国知识分子，为谋求祖国的统一大业，不辞劳苦，不计名利，走过了漫长坎坷的道路，最后"为山九仞，功亏一篑"。但曹聚仁的理想总有一天会实现的。他曾经说过："中国的统一，台湾回到祖国大家庭是必然结局，唯时间提前或延迟却取决于机遇。"古语说："谋事在人，成事在天。"曹聚仁最后没有成功，是机遇未到，他作出的努力，后人永远不会忘怀的。

差不多与曹聚仁首次回国的同时，两岸关系中还发生了一件事。据当事人程思远回忆：一九五四年，周恩来率中国代表团参加关于越南问题的日内瓦会议。周恩来在这次会议上的一个轰动之举，是发表了第一份改善中美关系的声明。远在美国的李宗仁从报上看到周恩来的声明后，深受鼓舞，立即给在香港的程思远写信，指出：美蒋矛盾重重，台湾前途难测；台湾问题如不解决，则不仅影响中美关系发展，并且阻碍祖国统一大业的完成。李宗仁要求程思远，为响应周恩来的声明，立即准备一份关于和平解决台湾问题的文件。程思远很快就起草了《关于台湾问题的建议》，寄给李宗仁，经修改补充，一九五五年八月，李宗仁的建议在美国发表，舆论轰动，世所瞩目。

在北京，中共中央得到情报，由于蒋介石在台湾炮制了吴国桢事件，又抓了陆军总司令孙立人，美国政府很不满意，对蒋的独裁专制很不放心。美国共和党中有一派人想利用李宗仁在台湾内部搞军事政变。显然，由美国人插手的这一阴谋，对两岸关系的发展将极为不利。中央最高当局紧急研究决定：争取李宗仁回大陆。整个部署由周恩来执行，首先邀请程思远回国观光。一九五六年四月二十九日，程思远抵达北京，这次北京之行，从个人来讲，改变了程思远一生的命运；从两岸关系来讲，就有十年之后的李宗仁的回归祖国。程思远来京，受到周恩来的高度重视和礼遇，这出乎他本人和别人的意料。周恩来同他谈论的话题非常广泛，最重要的当然是国共合作问题。周恩来说：我们欢迎李宗仁先生和所有在海外的国民党人士都回来看看，保证来去自由。

程思远的北京之行，引起了台湾国民党当局的关注，蒋介石知道程思远在北京见到了周恩来，谈了国共和谈问题。蒋介石就要派自己人到北京去一趟，了解情况。宋希濂的哥哥宋宜山被蒋介石圈定为北上人选，宋宜山找到程思远，说明来意。经过程思远的安排，宋宜山到了北京，见到了周恩来。宋回香港后，向蒋介石作了一个详尽的报告，据说，蒋对北京新提出的方针很感兴趣，后因发生"波匈事件"，就把这件事搁置起来了。

据大陆出版的《程思远传》透露，新中国成立后，中共最高当局同国民党人的接触,第一次是叶剑英元帅在广州同原国民党中国银行总裁张公权见面。第二次是周恩来找龙云的儿子龙绳武,希望他到海外做些有益于祖国统一的工作;后来,龙绳武去了台湾,在广播里骂中共,有负重托。程思远到北京,算是第三次。

差不多与曹聚仁同时,还有一个日本人也为"国共第三次合作"奔走过,这个人名叫穗积七郎,当时担任日本众议院外务委员会理事和社会党外交部长。那是一九五六年,他参加日本众参两院超党派议员团访问苏联路过北京,受到中国政府的接待。抵京的第二天晚上,周恩来举行欢迎宴会。席间,周恩来问穗积七郎对新中国的感想,穗积七郎坦率地回答:"毛主席和周总理完成了世界上最困难的事业,创造了伟大的社会主义国家,这个业绩令我赞叹不已。日本从战国时代到确立封建制度那一段历史,虽然不能与贵国相比,但那是经过织田信长到丰臣秀吉和德川家康三代人连续革命才完成的。我认为,贵国新民主主义的成功,是因为前有孙中山发动的辛亥革命,又经过国民党蒋介石总统以及毛泽东和阁下的连续革命。"穗积七郎原以为自己的这番话会受到周总理的批评,而周总理却对他说:"你的看法完全正确,你说得对。"这使穗积七郎很受鼓舞。

与穗积正好同时在北京的还有一位日本人,名叫久原房雄,同穗积的岳父一起来北京探讨中日建交的事情。通过他岳父,穗积认识了久原房雄。久原算是日本老一辈的政治家,他对穗积说:"我想向毛主席提出实现第三次国共合作的建议,然后向美国提出,亚洲的事务要由亚洲人来管,日本、中国、印度等东北及东南亚各国进行自主合作,你们年轻人以为如何?"穗积回答说:"当今,日本的消息只来源于美国,关于国际形势,中国政府可能比日本了解得更清楚。我想,你不妨问问毛主席的想法。"

第二天,穗积去了莫斯科,而久原等三人很快就见到了毛主席,这是毛主席会见第一批日本客人。毛主席同意久原关于实现第三次国共合作的建议。周恩来和有关人士研究的结果,认为穗积七郎以议员的身份不事声张地去台湾传达这个意向最合适。这样,穗积七郎肩负起了这个特殊的使命。

在北京期间,周总理对穗积同台湾方面接触提出忠告,周总理说,蒋介石手下的张群可信,他不是那种为一己私利而出卖国家和人民的人,但那个副总统陈诚却不可靠,他可能为了私利卖国卖民;陈诚似同日本的绪方武虎副首相密来暗往,需加提防。

穗积回到东京,立即向社会党委员长铃木茂三郎汇报了事情的来龙去脉,铃木同意穗积去执行这项任务,但担心他的安全,祝愿他平安并取得成功。

穗积到了台北,为了不惹人注目,在北投温泉区下榻,日本大使馆给他提供了汽车。第二天,由当时的总统府秘书长张群引见,见到了蒋介石。蒋介石劈头就问:"听说你最近访问了北京和莫斯科,中国的情况怎么样?"穗积把他同周恩来讲的那番话,就是中国这场革命是靠孙中山、蒋介石、毛泽东连续完成的,向蒋介石重复了一遍,蒋介石听了忙问:"你这么说后,毛、周说了什么?"穗积回答:"周恩来马上同我握手,并说,'你对历史的解释是对的'。"蒋介石听了后,站起身来,走向穗积,使劲地握住他的手,并说:"我也要对你的访问和解释表示感谢。"这是穗积七郎为海峡两岸的事第一次奔走,不久,他再次访台,递交了久原房雄起草的《关于第三次国共合作的条件》这份文件,并同蒋经国进行了会谈。后来,他又到北京向周总理作了汇报。穗积七郎的特殊使命没有完成,不是他的责任,海峡两岸出现了紧张局面,把秘密会谈搁置了起来。

从这些现在已经发表的资料看,早在五十年代,在两岸关系非常紧张对立的情况下,就已经有张公权、龙绳武、曹聚仁、程思远、宋宜山等人,在为祖国的统一大业奔走牵线,甚至还有日本人穗积七郎,不辞劳苦,从旁相助。后来,根据港台媒介披露的"信使"、"说客",

还有美籍华人陈香梅、杨力宇、沈诚，新加坡前总理李光耀等，他们利用自己特殊的身份，利用自己同两岸建立起的特殊关系，来往于北京和台北之间，为两岸沟通发挥他们特殊的作用，但也都没有实现突破性的进展。"谋事在人，成事在天"，拿两岸关系几十年的历史经验来看，这句话讲得一点也不错。

对国家的统一，南老师是怀着强烈的愿望，但他从来是局外人，所以，他本来并没有什么具体的计划。他来做这件事，可以说完全是被动的。

南老师刚在香港落脚，他的老朋友贾亦斌就找上门来，南老师跟他开玩笑："你的情报真灵啊。"贾亦斌在大陆的地位，他担任的职位，南老师不会不知道。分别了半个世纪的老朋友，突然从北京远道来拜访，南老师心里明白，叙旧只是个由头，肯定是来当说客，话题是国家的统一大业。南老师开始时并不太主动热心，但他的老毛病改不了，只要是利国利民的事，他总是当仁不让的。在以后的几年中，这件事成了南老师的头等大事，他日夜思念的操心的就是这件大事，希望祖国的统一尽快实现；但在表面上，南老师不动声色，天天在那里忙投资，忙文教事业，忙着教学生佛学禅宗，连他最亲近的学生都不明究竟，知道南老师在做什么大事，但不知道他在做什么。

这件事，可以说是南老师一辈子做的最重要的事情，也是最成功的，比起前面提到的几位，南老师做出了成绩，收到了成果，促进了两岸的交流。南老师花了几年的时间和精力，也花了不少钱，办了这件可以名留青史的大事，但南老师又是采取道家的一套——"功成、名遂、身退"，你们去谈吧，我不管了。

两岸统一是中国人民的理想，但两岸分离长达半个世纪，两岸的政治制度、意识形态和经济发展的水平，都存在很大的差异，再加上国际上复杂的因素，统一的进程可能需要相当长的时间，决不是一两次接触或谈判，就能实现统一的，更不是几个"密使"或"说客"跑几趟,就能解决问题。前面提到的几个人,都是出于好心,都作出了贡献,但可以说都没有成功。相比之下,南老师的这次行动,还收到了比较大的成果。南老师年轻时的理想,是要做一个推动历史车轮的"转轮圣王",在关系到国家前途命运的问题上,南老师伸出的手,实际上已经推动历史车轮向前进了。有关这一段故事,我不想多加评说,将来肯定会有人讲出来的,历史学家会对南老师的功绩,作出恰当的评价。

第十章
等身著作还天地

南老师离开大陆已经四十多年，没有回到他日夜思念、梦萦魂绕的故国家园。不过，人未到，声音先到。在大陆，数以万计的人已经知道南怀瑾这个名字，绝大多数的人是怀着崇敬、仰慕的心情来谈论南老师的，而且，都希望有机会能见一面，亲自听他谈古说今，找我联系的人就不少。这种情况的出现，主要是得益于南老师的书在大陆的出版发行。

记得我最早拿到南老师的书是一九八八年四月六日，那时，我还没有同南老师联系上，南老师的书也还没有在大陆出版发行。他的两位学生，陈世志和黄恩悌，受南老师的委托到北京来办事。他们找到我，送给我南老师的《孟子旁通》和《老子他说》两本书，并希望我帮忙联系在北京出版。我拿到书之后，立即读起来，越读越有兴趣，我妻子甚至和我抢着读。

但是，当时要把台湾的书拿到大陆来出版，可不是一件容易的事，这里面还有不少故事呢。

那时候，大陆出版界有明确的分工，港台作者的书，或者港台出版的书，不是每个出版社都可以出的，当然，盗版的就不好说了。有关部门规定，全国只有十家出版社有权同港台出版商签合同，出版港台社科类的书。北京有几家这样的出版社，我就拿了南老师的这两本书，一家一家跑，但都没有被看好。最后找到了国际文化出版公司，算是有点熟，我自己的一本书《可爱的美国佬》是在这家出版社出的。但他们对这两本书的销路也是信心不足，所以后来签合同的时候，南老师的学生作了让步，在印数不够成本的情况下可以不要版税。

南老师其他的书，在大陆出版的时候，也经历了一个逐步被认识被接受的过程，无论是读者还是出版界。

最早签合同的出版社是上海复旦大学出版社，准备出版《论语别裁》、《历史的经验》、《禅宗与道家》三本书。但是，出版社对这三书是否有销路、是否会赢利也没有把握，因为，《论语别裁》这部书分两册，定价相对来讲也比较高，读者是否愿意花那么多钱来买这部书，出版社的担心不是没有道理的。在谈合同的时候，南老师的学生李素美显得非常慷慨，愿意先投资近二十万元，帮助出版社把书印出来。

一九九○年九月，《论语别裁》、《历史的经验》、《禅宗与道家》在大陆问世。书一出来，就出现了畅销的势头，初版一万五千册在三个月之内销售一空，出版社立即再版加印，这三本书的印数早已超过十万册，这在学术著作类图书的出版方面算是很可观的。《论语别裁》曾经被上海、南京的几家大书店列为畅销书。据上海《文汇报》报道，复旦大学校园出现传统文化热，学生的书架上放着《菜根谭》、《论语别裁》等书，可见，南老师的书刚一进入大陆，立即受到读者的欢迎。复旦大学出版社后来又陆续推出南老师的《静坐修道与长生不老》，以及由我编辑的《南怀瑾谈历史与人生》和《南怀瑾著作诗词辑录》等书，这几本书的销路都很好，复旦大学出版社因此同南老师建立了很好的关系。

我在这里之所以特别提到复旦大学出版社，因为把南老师介绍给大陆的出版界和读者，他们是第一人，应该说是功不可没，至少可以说，出版社的编辑和领导眼光还是比较远的。从此，"南怀瑾"三个字在大陆的读者、出版界和发行系统就叫响了，出版社纷纷争着要出南老师的书，甚至出现了盗版书。南老师没有精力也没有兴趣去管盗版的事。有人向他报告，北京一家出版社正在盗印他的一本书，南老师说，要印就让他们印吧，不过，请他们注意书的质量。南老师立即派了两位学生到北京，找到那家出版社。书稿已经排好了，还没有付印。南老师那两位学生就同他们商量，怎么把书出好。听说这家出版社资金很紧,而且这本书也不见得能赚多少钱,马上同意他们出书,不要他们付版税,还答应出钱买三千本书。这两位学生都是快七十的人了,住在高级饭店里,戴着老花眼镜,义务为出版社校对那本书的校样。这种事大概只有南老师和他的弟子才能做得出来。

　　在第一本书出版后,经过三年时间,南老师的十几本书,总印数就超过五十万册;再过一年,总印数突破一百万册。在我写完这本书的时候,南老师的书总印数早已超过两百万册了。"南怀瑾"三个字被越来越多的人传诵,南老师的书为越来越多的读者所接受,而且还出现了许多感人的事例,甚至出现稀奇古怪的事。在一些地方出现了专门阅读南老师著作的读书会,当然只是很松散的组织,其中以佛学为重点的居多。佛经卷帙浩繁,内容又深奥难懂,南老师的几本有关禅宗和佛学的书出版之后,许多人如深山获宝,爱不释手;因为,南老师的这些书,比起同类书来,可读性强,读起来又不费力。有的人,凡是见到南老师的书就买,甚至不同的版本也要收集齐全。北京有个个体书摊摊主,他的书摊附近有一所大学和一所中学,他告诉我,中学老师和大学师生都很喜欢南老师的书,许多人只要看到封面上有"南怀瑾"三个字,就把书买下来,不管书的定价多高。我写过介绍南老师的文章,又编了南老师的两本书,收到全国各地许多读者的来信,都说自己读了南老师的书以后,如何如何地受启发。出版社给我转来一封信,我读了以后,半天不知道说什么好。写信的是一个老和尚,自称"野人",还附了一张自己的相片。这个老和尚在信中说,他在某月某日某时,乔装乞丐混进某书店,偷了一本《南怀瑾谈历史与人生》后,第二天,又去偷了南老师的另外两本书。他说:"因迫于无奈,偷书犯罪,也只好宽容自己,不如此,又岂能他者。"他还说,自己合十拜读了《南怀瑾谈历史与人生》后,"好比是去寺庙参禅求法以后,佛陀恩赐给了野人一件法衣。"信的后半段,同一般读者来信一样,要我替他向南老师引荐,或者告诉他南老师的通信处。这样的要求并不过分，但写这种信的人太多了，南老师应付不过来，我只好把这封信先留着，等有机会再面呈南老师。

"南怀瑾"三个字在出版界耳熟能详，很多出版社争着出南老师的书。因为南老师方面已经同四家出版社签有合同，其他出版社就不能再出了。于是，有的出版社就另想高招，希望把南老师在大陆已经出过的二十多本书，以全集的形式出版。为此找过我的出版社和二渠道书商不下十家，大家都明白这样做肯定能赚大钱。

出版商的目的在赚钱，但出全集的主意并不坏，使南老师的书，在开本、版式设计、封面装帧等方面统一起来，至少可以满足那些要收集南老师全部著作的读者的愿望。但是，我考虑到，现在还不是时候，南老师在台湾出的书，大陆还没有出齐，另外，南老师还有很多书正在整理中，还有许多讲学的录音带没有整理，全集不全。再说，一九九四年，我国颁布了版权法，在出单部头的著作的同时，又另出全集，容易引起版权纠纷，所以，我没有把这件事报告给南老师。不过我想，全集将来总会有人出的。

回想当初我拿着南老师的两本书，到处求人而被拒绝，到现在那么多人登门争着出，倒是蛮有意思的，而这个过程只有短短的三四年时间，这是我始料不及的。我在开头说的，"南怀瑾"三个字将来要成为一门学问，看来也不要很多时间。没有料到的事随时都会发生的。北京一家出版社，出了两本小册子，也是关于传统文化方面的。为了促销，这家出版社挖空心思，在这两本书的封面设计上耍花招，在封面上引用了一段南老师的话，然后，把"南怀瑾"三个字用鲜红色头号字印在当中，而该书编者的名字却用很小的五号字放在很不起眼的地方。这两本书一出来，果然卖得很火，许多读者在书摊上一看到"南怀瑾"三个字，以为南老师又有新书出来了，买了就走。等到回家一看，才发现上当了，原来根本不是南老师的书。一位读者找到我，很生气的样子，把他买的这两本书往我桌子上一扔，不要了；他以为这件事同我有关系。显然，这家出版社的这种做法，已经造成了很不好的影响。但是，南老师没有也不会为这种事诉诸法律，这种事对南老师的声誉也构不成损害。亏他们想得出来这么高明的促销手段，书卖出去了，钱是赚到了，但这件事的主事人也因此失去了别人对他的信任。

随着南老师的著作在大陆出版，南老师的名气越来越大，而南老师对待自己的名气，一如既往，始终如一低调处理。纯粹是搞虚名的事，南老师没有兴趣。某些海外华人，或学业有成，或腰缠万贯，回到大陆来，趾高气扬，不可一世；而大陆有的接待单位，对这种人，也是大讲排场，捧得很高。南老师对这种现象很是看不惯。他第一次回大陆，事先，接待部门准备给他很高的礼遇，北京最高级的饭店，钓鱼台国宾馆或者北京郊外的别墅，随便他挑；给他颁发荣誉证书，请他在一个高层次的范围做报告等等。在征求他的意见的时候，南老师坚决表示，这一切通通不要。他说：我回来，不要登报，不要宣传，不要排场，人间的荣华富贵，威风排场，我年轻的时候都享受过了，那都是没有道理的东西；现在我回来探亲，只是一个普通的老百姓，不要花政府的钱；我悄悄而来，悄悄而去，如果有用得着我的地方，我一定会尽力的；如果你们一登报，一宣传，又是给一个什么名誉教授的头衔，又是高规格的礼遇，万一今后我这个人做人做不好了，弄得大家都没有面子了。老实说，这种名誉头衔，我一辈子不喜欢，那么多外国大学要送我这个那个名誉头衔，都被我推掉了。

我常同别人谈起，南老师是一个奇人，一个怪人，他的思路，他的行为方式，都有独特的地方，拿一般人的常规来同南老师打交道，肯定要碰钉子、出麻烦。就拿他这一次回来的事为例，听了他的上面这一番话，大陆有关部门也很通达，干脆来个"主随客便"，一切礼遇客套都没有安排，而大家相处得却很好，谈得很是投缘。要知道，这是他四十六年后重返旧地，大陆读者中，成千上万的人早就盼望能见到南老师一面。而南老师却"衣锦夜行",悄然而来,悄然而去,神不知,鬼不觉,只有少数几个人在身边。奇人,南怀瑾!信乎?

这里再补充一点个人的感想,本章的标题"等身著作还天地"这句话,是南老师自己说的,他向家乡赠送"老幼文康活动中心"时,写了一篇赠言,其中有两句:"等身著作还天地,拱手园林让后贤。"他对自己的"等身著作"能在大陆大量发行,当然是非常高兴,但他并不像有的作家学者那样,写了一本畅销书后,或窃喜于个人的成就,洋洋自得;或傲视群雄,不可一世。南老师没有这种心态,他把自己的著作看作是取诸天地还诸天地,而从来不计较个人的利害得失。还在台湾的时候,他就给自己著作的出版立下了与众不同的规矩:不做促销广告、不请名人写序、不登自己的照片、不追究盗版、不把自己的著作权留给后代。放眼当今出版界,这五个掷地有声的"不"字,有几个人能说得出、做得到?

南老师的书在大陆出版后,印数越来越多,南老师身在香港,鞭长莫及,他立下的规矩有的已经被冲破了,他只能无可奈何地感叹一声罢了。比如"不追究盗版",大陆有了"版权法",作者拥有的是著作权,而出版社却拥有专有出版权;书被盗版,南老师不去追究,不保护自己的著作权,但出版社为了保护自身的利益,当然要去追究。再比如,"不登自己的照片"这一条,台湾出版的书上,从未登过南老师的照片,因为南老师是那家出版公司的发行人,他不让登照片,底下的人谁也不敢自作主张。他的书在大陆几家出版社出版后,很快就出现了一大批南老师的崇拜者,他们纷纷给出版社写信,希望能得到一张南老师的照片,于是一家出版社率先在几本书里插进一幅南老师的彩色照片,果然收到很好的效果。一家出版社找我,说读者来信要照片的太多了,他们想印制南老师的单页照片,正式出版发行。我说这个事南老师肯定不会同意,你们还是打消这个念头吧。我编完了《南怀瑾著作诗词辑录》后,请人设计封面,设计者看到了南老师的照片，认为很好，拿它做封面效果就很好。我想既然有出版社已经在插页里用了照片，那么把照片放在封面上也未尝不可。书印出来后，送到南老师手里，听说南老师很不高兴。过了很长一段时间，我去看望南老师，他又旧事重提，把我批了一通，这是我头一次挨南老师的批评；他说：知道你听不得重话，但是，"我不得不讲，你把我当电影明星拿来卖了"。回来以后，我赶紧把南老师的意见告诉了出版社。

第十一章
不算导读的"导读"

有人向我建议，应该写一本导读的书，来介绍南老师的著作；我说没有必要，也没有可能。正如我一开头就讲的，南老师著作的一大特点是通俗易懂，具有高中文化水平的人，大概都能看得懂。而且，他在每本书的前言或后记中，把成书的背景、意图都讲清楚了。按道理，用不着别人饶舌来写什么导读；再则，我自己还没有把南老师的书读通，哪有资格来写导读。只是因为，这几年我反复阅读南老师的书，又有机会亲近南老师，对南老师的著作的成书出版方面的情况有所了解，还有点话可以讲讲，向读者提供一点书本之外的资料，至少，给那些想读南老师的书而又没有太多时间的人一点提示，或许能使他们节省一点时间。南老师的书太多，我不准备一本一本讲，只挑选几本，我认为比较重要的，或者有特殊意义的，分别加以说明，算不了导读。

《禅海蠡测》——处女作

《禅海蠡测》是南老师的处女作，在这之前，南老师虽然在抗战时写过一本《西南夷区实录》，但那只是一本小册子，也没有保存下来，更没有流传开来。在那个离乱的年代，南老师没有想到过自己要著书立说，他大概也没有想到自己一生会出版那么多的书。《禅海蠡测》这本书于一九五五年七月在台湾出版，那时候，他已经迁移到台北龙泉街，寓居一处菜市场中，环境喧闹、腥污堆积，在五浊陋室里，他一字字、一句句完成了这部二十来万字的禅学专著。他后来经常向人家说起这本书的写作经过:"那时候,我左手抱着一个小孩,一只脚蹬着摇篮,摇篮里是另一个孩子,右手写书,终于完成了这部著作。"十月怀胎,一朝分娩,母亲要承受多少的痛苦才有一个婴儿的诞生。《禅海蠡测》的诞生,南老师虽然只用了几句话来形容,但这里面蕴含了多少的辛酸。尽管《禅海蠡测》不像他的另外几部著作,如《论语别裁》、《如何修证佛法》等那么普及、那么知名,但南老师自己是非常看重这本书的。当这本书于一九九四年要在大陆出版时,他特别关照,要为这本书题写书名。他在台湾出了三十多本书,自己从来没有题写过书名。后来,他也是在这种情况下,完成了《楞严经》和《楞伽经》两部重要佛学经典的今释著作。这个情况,一方面反映了他当时那种"著书多为稻粱谋"和"煮字疗饥"的窘境,另一方面,也反映了他那种安贫乐道的胸怀。

《禅海蠡测》的成书还有一个背景。那时候,南老师已经打下了深厚的禅学底子,他很想把他学到的东西奉献给社会,很想在台湾推广禅学。但是,那时大名鼎鼎的学界泰斗胡适很瞧不起禅宗,很反对禅宗,讲过什么禅宗"打就是不打,不打就是打"之类的话。在南老师看来,胡适的学问很大,谁也不会否认,但他不懂禅宗,至少他没有修持过,是个外行。对胡适的这种禅外说禅的歪话,南老师不服气,他要写书,介绍禅宗,纠正胡适对禅宗的曲解。尽管南老师那时还只有三十多岁,在社会上还没有太大的名气,但他敢于向权威挑战。

《禅海蠡测》究竟是怎么样的一本书?

《禅海蠡测》是一本讲禅宗的书。大陆研究禅宗的人并不很多,认真学禅、习禅的人就更少了;但是在海外,在国外,禅宗可是很盛行的。简单地说,禅宗是中国佛教的一个重要流派。释迦牟尼的二十八代弟子达摩大师,东渡中土,在嵩山少林寺面壁九年,称为禅宗初祖。达摩传法二祖慧可,接下来一直传到六祖惠能,那首很有名的诗偈"菩提本非树,明镜亦非台。本来无一物,何处惹尘埃"的作者。惠能因为做了这首诗偈而接受了五祖的衣钵。南老师在这本书中，详细讲解了禅宗的演变、禅宗的宗旨，以及禅宗同佛教里其他派别如净土、密宗的关系，使读者对中国佛教的发展有了比较清楚的了解。南老师还把禅宗同儒家、道家、宋明理学乃至西方哲学作了比较，指出它们之间的互相借鉴、互相影响，这种比较，如果没有渊博的学问，是很难讲得清楚的。根据习禅的朋友讲，南老师这本书，最为可贵的是，以一个过来人的经验，讲出禅门中一般不谈的内容，如参话头、机锋转语等等。南老师还给初学入门者指点迷津，以使他们少走弯路。

《禅海蠡测》这本书，南老师自己是很看重的，因为这是他的处女作，又是他在极其困难的条件下一字一字写出来的。但是，这本书在台湾的销路并不好，不像他的别的书那样，一版再版。在大陆也一样。想当初，受南老师的委托，在大陆出版这本书，我找了好几家出版社，都没有接受，有个出版社的要价特别高，我只得作罢。后来总算出版了，销路也平平。什么原因？——文字不够通俗。

据一位有相当古文底子的人对我说，他读完了《禅海蠡测》后，发现这本书文字非常好，简练优美，可读性很强。我说，可惜，能欣赏的人并不很多。我说南老师著作的一大特点是通俗易懂，那是就他的大多数著作而言。那些书都是南老师讲课，他的学生记录整理的，自然是非常口语化，非常通俗易懂。但是，《禅海蠡测》和另外两三本书是例外，这几本书是南老师自己撰写的。"五四运动"提倡白话文，废除文言文，但南老师没有受到影响，他写东西还是用文言文，这个习惯他一直保持到现在。我看过他写给大陆有关方面人士的一些信，内容很好，但我真担心收信人能不能看懂他的信。南老师不用白话文写作，这是一大憾事，他的许多书信和为别人写的序言，如果结集出版，流传可能会受到影响，因为能读懂文言文的人越来越少了。

说起来这是个大问题。弘扬传统文化，继承传统美德，这几年被叫得很响，受到越来越广泛的重视。但是，百分之九十多的人看不懂古文，读不通古书，要弘扬，要继承，难度是可想而知的。这方面，台湾的情况似乎稍微好一些。台湾中小学课程设置，古文的分量比大陆要重一些。这几年，我有机会同一些台湾人士交往聊天，谈到传统文化时，我自叹不如，差不多是同龄人，但有关传统文化的知识，差距一下子就可以看出来，说起来我还是个大学文科的毕业生。

建国以后，我们一直提倡语言文字的大众化、口语化，这也是从"五四运动"和"延安文艺座谈会"的精神延续下来的；这对于文化的普及，人际间的沟通，乃至于政令的畅通，动员全国人民，显然是起了非常重要的作用。几年前，我看到台湾报纸上一篇文章，作者来大陆转了一圈，回去后，对两岸在语言文字使用上的差异，颇有感慨地说，当年，国民党之所以被共产党打败，其中一个重要的原因是：共产党使用大众化的语言，而国民党使用文绉绉的文言文。他举例说：抗战以前，国民政府高唱"安内攘外"。这个口号的用词很典雅深奥，光这"攘"字，可追溯到两千多年以齐桓公九合诸侯、一匡天下的"尊王攘夷"。选字用词非常有学问，不过一般市井小民不一定能懂它的意思。反观共产党的口号："枪口对外，一致抗日"。用语之"白"，语意之明，简直一针见血，妇孺皆懂。"安内攘外"诉求的对象是中产阶级和知识分子，人口不到全国十分之一，而"枪口对外"诉求的对象是全国人民。百分之百比百分之十，十比一，这个诉求，共产党以十比一大获全胜。这位作者还说，一直到现在，台湾政府各部门之间公文来往，甚至邮局寄包裹的规定、迁户口的程序说明、电话费缴款须知等等，这些理论上该是简明易懂的东西，却八股文气无所不在，咬文嚼字，让人读不下去。

几千年来，中华民族的优秀遗产都是用古文也即文言文保存下来的。现在要求所有的人都通晓古文，都像南老师那样精通，是绝对办不到的；但是，给传统文化以更多的重视，使我们的中学生、大学生的古文水平能提高一大步，这恐怕是必要的，也是可能的。

《论语别裁》——成名之作

《论语》是四书五经里的一种。"四书"包括《大学》、《中庸》、《论语》和《孟子》;"五经"包括《诗》、《书》、《礼》、《易》和《春秋》,古代的读书人大概没有不读不背的。《论语》全书分二十章,共一万三千七百多字。内容都是孔子的弟子或再传弟子记录孔子的言行。几千年来,被认为是儒家特别是孔孟思想的最重要的著作,里面有为王之道,为臣之道,为人之道,成了儒家的"修身、齐家、治国、平天下"的金科玉律、百科全书,甚至有宋朝赵普的"半部《论语》治天下"的名言。

《论语》成书至今已有两千多年了,我们现代人已非常陌生,有多少人,不要说认真读过,哪怕从头到尾看过一遍的,恐怕也是很少很少。但是,我敢大胆地说,《论语》,也包括整个传统文化,还是影响了我们一代又一代人。只要是中国人,只要是生活在这片国土上,不管你喜欢不喜欢,或者,哪怕你是一个目不识丁的文盲,多多少少总是受到影响。我一生有幸在国外工作生活过十年,到过十几个国家,在世俗的眼光里,也算是开过洋荤、见过世面的人。很多朋友,知道了我这种背景后,都说:你一点也不像是出过洋的。我问怎么不像,都说我很传统。我对很多人讲过,中国人,血管里流着传统文化的血液,问题是有人自己不正视、不承认罢了。

近来,我还算是认真地又读了一遍《论语》,谈不上有什么心得,但我发现,孔子和他的弟子门生,在两千多年前讲过的许多话,我们今天还耳熟能详;我们平民百姓,甚至包括文化水平不高的人,许多挂在嘴边的话,都是孔夫子他们讲过的。下面我举些例子:

有朋自远方来，不亦乐乎。

吾日三省吾身。

温、良、恭、俭、让。

和为贵。

一言以蔽之。

三十而立，四十而不惑。

温故知新。

知之为知之，不知为不知，是知也。

是可忍，孰不可忍也。

既往不咎。

尽善尽美。

君子成人之美，不成人之恶。

朽木不可雕也。

听其言而观其行。

不耻下问。

三思而后行。

不念旧恶。

文质彬彬。

诲人不倦。

举一反三。

发愤忘食。

三人行，必有我师。

择其善者而从之。

战战兢兢，如临深渊，如履薄冰。

任重而道远。

不在其位，不谋其政。

循循善诱。

言必信，行必果。
以德报怨。
不怨天，不尤人。
无为而治。
工欲善其事，必先利其器。
人无远虑，必有近忧。
不以人废言。
小不忍，则乱大谋。
当仁不让。
后生可畏。
过犹不及。
己所不欲，勿施于人。
死生有命，富贵在天。
四海之内，皆兄弟也。
察言观色。
以文会友。
名不正则言不顺。
欲速则不达。
不患贫而患不均。
既来之，则安之。
血气方刚。
割鸡焉用牛刀。
道听途说。
患得患失。
饱食终日，无所用心。
四体不勤，五谷不分。

看，这么多话，还有许多我没有摘录出来，都是我们经常挂在嘴上的，也许不知道是孔子和他的学生讲的。这些话，不管他讲得对或不对，也不管你怎么理解，经过了几千年，这些话还具有活力，还在流行，这不能不说中华民族传统文化具有很强的影响力，这在世界上各民族的文化中是少有的。正是因为存在这个深厚的传统文化，使我们民族保持繁荣、稳定、统一。虽然经历无数次的灾难、动乱、外来的侵略，中华民族始终屹立在东方。现在西方国家许多学者，非常重视东方文化，包括儒家思想，认为西方社会许多解决不了的问题，或许可以用东方文化来解决。而我们自己，如果能多花一点精力，把过去几十年来受冷遇的传统文化，给予应有的重视，我想，在我们经济发展的同时，社会的繁荣、稳定就会有精神文明的基础。

《论语》对全世界文化的影响可以说无远弗届。记得十几年前在美国当记者的时候，当时的国家主席李先念访美，美国总统里根在白宫南草坪举行欢迎仪式，里根上来致词的第一句话，就引用《论语》中的第一句："有朋自远方来，不亦乐乎。"里根是很擅长演讲的，他只用孔子的一句话来开头，马上把在场的中国人的注意力吸引住了。

《论语》成书于两千多年前，古代文字简洁，一字多义，后世的人来读《论语》，想把孔子当年讲的每句话、每个字都搞通，自然是很困难的。所以后世的三千多种《论语》的注释本，无非是谁注释就加进了谁的思想，成了《朱家论语》、《李家论语》。"五四运动"以后，孔家店被打倒，儒家思想不再成为统治思想，《论语》也不再是读书人的必读书了，所以近代也没有出现权威性的、普及性的、流传广泛的《论语》注释本。

五六十年代，南老师在台湾多次讲解过《论语》。但南老师无心求名，也无意著书立说，讲过了也就算了。天下的事很奇怪，往往是"无心插柳柳成荫"，正是这部《论语别裁》却使南老师名重一时。

一九八六年十一月十四日，台北《中央日报》有一篇报道说：澎湖马公市有一对男女青年，男的叫张建胜，女的叫陈淑子，他们以骑马迎亲，按古礼仪式举行婚礼。当双方互赠信物时，新郎以《论语别裁》赠予新娘，新娘则以《孟子旁通》回赠。这两本书都是南老师的书，而《论语别裁》出版已经有十年了，可见这本书在台湾受欢迎的程度。

《论语别裁》是南老师的成名之作，也可以说是南老师的代表作，是南老师多次讲学的成果。正如《论语》在几千年的历史上有那么多的注释，也有那么多的争议，南老师的《论语别裁》在深受广大读者欢迎的同时，也引起学术界的争议，不管是在台湾或者在大陆，这本书是南老师所有著作中引起争议最多的一本，有的评论文章说的话还很难听。现代人注释《论语》或讲解《论语》的书，拥有那么多的读者、产生那么大的影响，我认为没有能超过南老师的这本书。但它又招致那么多的批评，这是一个值得探讨的课题，我把它留给有志于研究南怀瑾的专家学者，我在这里只是根据自己了解的情况和读书心得，作一点简单的介绍。

第一，南老师认为，整部《论语》"是不可分开的，《论语》二十篇，每篇都是一篇文章；二十篇连起来，是一整篇文章"。

问题马上就来了。千百年来，多少儒家学者，穷毕生的精力探讨《论语》的作者、版本、结构等等，提出很多疑问，得出不少几乎是被公认的结论，同南老师的观点显然是不一样的。比如，大陆几十年来比较流行的《论语译注》一书的作者杨伯峻认为："《论语》一书有孔子弟子的笔墨，也有孔子再传弟子的笔墨，著作年代便有先有后了。《论语》是若干断片的篇章集合体。这些篇章的排列不一定有什么道理；就是前后两章间，也不一定有什么关联。而且这些断片的篇章绝不是一个人的手笔。"我相信杨伯峻先生的话是有道理的，因为，他经过深入细致的研究，指出《论语》一书中内容重复、对"夫子"的称呼不统一等许多例子来说明，言之凿凿。对杨伯峻先生的治学精神我也很钦佩，在没有电脑的时代，他的这种研究不知要花多少时间。但是，同样的，我也认为南老师的说法是有道理的，因为《论语别裁》把《论语》二十篇讲得前后连贯、浑然一体。这里，再次体现了南老师经常挂在嘴边的话，他不是一个学者，也不想卷入学术争论中去。他当然知道学术界的各种意见，但他不予理会，你讲你的，我讲我的，这正是他的一贯做法，也正因为如此，他才闯出了自己的路子。至于我们普通读者，南老师的书可以看，别人的书也可以看。学术上的谁对谁错，或者有没有必要搞个谁对谁错，还是留给读者自己去判断吧。

第二，南老师强调"以经解经"，以《论语》的原文来解释《论语》，用不着去找这样那样的注释本。南老师认为，注释本都加进了注释者自己的思想，如果听他们的，就会被搞糊涂了。南老师的这番话不只是针对《论语》而言，他经常教导他的学生，"以经解经"是读古书的一个基本原则，一个重要方法。这句话我听起来觉得很有道理，但真正做到又谈何容易，特别是对古文程度不高的读者来说，如果没有拐杖，就是说，如果没有"注释本"、"今译本"，《论语》也好，其他古代经典著作也一样，一般人根本就读不下去。为什么近年来出现的传统文化热中，各种"今译本"、"白话本"能大行其道，就可以说明普通读者做不到"以经解经"。如果人人都能读懂《论语》原书，都能读通，都不用去参考这种那种"注释本"、"今译本"，那么，几千年来的三千多种"注释本"就没有存在的价值了，南老师的这部《论语别裁》恐怕也难以不落这样的待遇。

训诂学、考据学，都是学问，而且为保存传统文化遗产肯定起到重要的作用；在搞训诂、考据的人中，是不是有人死钻牛角尖而在学术方面产生负面的影响？这个问题我没有资格在这里讨论。南老师一辈子不搞训诂考据，对前人在这方面的研究成果他有所涉猎，对这方面的专家学者也很尊重；但有时，他在言语之间也带着一点不敬。他说：汉儒搞训诂学——小学，尤其对四书五经的研究，对一个字的写法、来源、涵义等等，写上十多万字，加之讨论研究，认为这是学问。在国家太平的时候，拿学位、拿功名的就是这些人。这样读书也真不容易。吴稚晖先生骂宋儒理学家"酸得连狗都不喜欢吃的"。训诂、考据这些学问现在大概很少人搞了，但总还会有人在搞。南老师的这些话，这班人听了，恐怕不会是好滋味。

南老师劝学生不要钻牛角尖，不要为前人的注释所左右，提出"以经解经"，我说他有道理，但只是适用于南老师这样的人，把各种"注释本"读得差不多了，然后抛开它们，不为前人的见解所左右，根据原书进行解释。正因为南老师完全抛开了前人的注解，麻烦又来了。学术界有的人，或执著于某个前人的注解，或执著于自己个人的见解，看到南老师无视他们的存在，在那里自说自话，当然不干了。

随着南老师的书不断地流行，我估计，对南老师著作的批评文章还会不断地出来。所谓门户之见吧，历来如此。只是，南老师还是那句话，你讲你的，我讲我的，我没有时间同你争个谁是谁非。并不是南老师看不起学术研究，在学术界，他也有很多朋友；大陆学术界也有许多人找过南老师，一所名牌大学的一个研究所，要开展传统文化方面的研究，苦于资金短缺，找到南老师，希望他提供帮助，南老师二话没说，立即拿出十万美金。南老师对学术界的争论没有兴趣，有人从纯学术角度，在他的著作里挑毛病，南老师一般不予理睬。但是，对没有门户之见的善意的批评，南老师却非常重视。某报一篇专栏文章《名人的笑话》，讲名人、有学问的人，有时候也会闹些笑话。文章当中一段提到南老师，说南老师在一本书中，把"履贱踊贵"这句成语解释错了，闹了笑话。该文作者说："这样的笑话可能出自疏忽，可能出自记录整理者的失误，也完全可以原谅。人们总不致因此认为南先生缺少这样简单的常识。"这篇短文辗转到了南老师手里，南老师看后，对自己并不原谅。他一方面通知台湾和大陆的出版社，这本书立即停止发行，马上对有关段落进行修改。另一方面，南老师给我又是打电话又是发传真,叫我一定要找到这篇文章的作者。等我找到这位作者后,南老师一再嘱咐我,代表他向作者表示感谢。他说,指出我的错误的人,在佛学里叫做"善知识",不管是什么原因造成的错误,自己不可文过饰非。他怕电话里我听不明白,又给我发了一个传真,再次叮嘱我:"你代我具礼致谢致敬。他日有缘,当另面请教益也。"我把南老师的传真送给那位作者,他看了后说:真是虚怀若谷,少见,少见。

第三,这一点是最重要的,当然同上面两点也有关联,就是在解释《论语》的时候,南老师的独到见解,拿南老师的话说,他的解释推翻了前人的意见,特别是以朱熹为代表的宋儒的意见。自从明朝朱家皇帝把他的同宗朱熹捧出来后,朱熹成了儒家的正统,自明朝到清朝的几百年间,朱熹编注修订的《论语集注》成了读书人的必读书,科举考试,不能违背朱熹的见解。而南老师却说,朱熹的学问人品没有话说,但他的观点却不能苟同。在整部《论语别裁》中,一共有一百来处,南老师明确指出,他的解释同前人讲的不一样。我把这一百来处都列出来,仔细看看,这里面,有许多地方恐怕已超出了纯学术的范围,连不是专家学者的人也可能会持不同的意见。下面我举几个明显的例子。

一、"齐景公问政于孔子。孔子对曰:君君、臣臣、父父、子子。公曰:善哉!信如君不君、臣不臣、父不父、子不子,虽有粟,吾得而食诸?"孔子这里回答齐景公的八个字——君君、臣臣、父父、子子,成了孔子在近代被批判被打倒的一大罪状,认为这是孔子的封建思想、帝王思想,完全是维护封建统治的工具。可是,南老师认为,这八个字就是中国的政治哲学,中国古代的政治哲学就是建立在这样的伦常文化的基础上。他说:君君,就是领导人做到自己真正是一个领导人,领导人有领导人的道德。臣臣,做干部的有干部的立场,规规矩矩是个好干部,好的宰相,好的辅助人。这个话连起来讲,如果君不君,领导人不是一个领导人,违反了领导人应有的道德,这时臣也不臣了。父父子子,做父亲的是一个父亲,如果父亲做得不合一个父亲的标准,却要儿女孝顺、尽儿女的本分,怎么可能呢?

我看,孔子的这番话,经南老师这么一解释,很难说是封建思想或帝王思想了。

二、"子贡问曰:有一言而可以终身行之者乎?子曰:其恕乎!己所不欲,勿施于人。"这里的"己所不欲,勿施于人"这句话,被有些人认为是消极的,是历代帝王统治者推崇孔子,拿孔子的这些话来要求老百姓,而他们自己从来不去实行,相反,他们自己不喜欢的、不想要的,统统施加在别人身上。在"文化大革命"中,批判刘少奇的"黑修养",也把这句话拿来批一通。但在南老师看来,这句话代表了孔子儒家的"恕道"精神,只是做不到,他说:"我所不要、所不愿承受的事,也不让别人承受,就太伟大了,这个人不是人,是圣人了。太难了!可是,做人的存心要向这个方向修养。能不能做到,另当别论。"南老师还把儒家的这种"恕道"精神同佛家的"布施"精神联系起来,他说,"己所不欲,勿施于人"也就是"己所欲,施于人",后来佛家思想传到中国,翻译为"布施"。施字上加一个布字,就是普遍的意思。"人生两样最难舍,一是财,一是命。只要有利于人世,把自己的生命财产都施出来,就是施。这太难了,虽然做不到,也应心向往之。"

一句被认为是消极的话,经南老师一解释,成了人生修养方面积极向上的格言。

三、"子曰:唯女子与小人为难养也!近之则不孙,远之则怨。"这句话问题更大。近代以来,特别是"五四运动"后,男女平等、妇女解放的口号高涨,这句话自然成了孔子的一大罪状,歧视妇女、污蔑妇女的帽子给孔夫子戴上,一点也不会冤枉他。当今社会谁敢为孔子的这句话辩护,不要说在社会上站不住,就是在家庭里,谁敢这么说,那"半边天"肯定不会答应。可是,南老师就敢。七十年代,台湾的妇女会请南老师做报告，宋美龄是这个妇女会的会长，南老师竟敢在报告中引用孔子的这句话。他说："我就赞成孔子的话，这是没有办法来替妇女们辩护的。孔子说女子与小人最难办了，对她太爱护了，太好了，她就恃宠而骄，搞得你啼笑皆非，动辄得咎。对她不好，她又恨死你，至死方休。这的确是事实，是无可否认的天下难事。"南老师的这一番话，哪个女士爱听？哪个女士会赞成？不过，南老师接着马上说："但问题是，世界上的男人，够得上资格免刑于'小人'罪名的，实在也少之又少。孔子这一句话，虽然表面上骂尽了天下的女人，但是又有几个男人不在被骂之列呢？我们男士，在得意之余，不妨扪心自问一下。"他还引用了道家神仙吕纯阳的诗"茫茫宇宙人无数，几个男儿是丈夫"，来加强他的这个观点。

孔子的这句话经南老师这么一解释，妇女同志的气大概也可以消了。

四、"子曰：民可使由之，不可使知之。"这句话，是孔子为统治阶级服务、推行愚民政策的又一罪状，这是比较普遍的见解。但南老师认为："孔子的话绝对的对，并不是一般人所说的愚民政策。"南老师的理由是："对于一般人，有时候只可以要他去做，无法教他知道所以这么做的原因。有些人如果要他去做事，先把一切计划理由告诉他，他做起来一定很糟糕。好像带部队，下命令，三百米，限五十秒跑到，跑得到有奖，跑不到处罚。结果跑到了，奖赏他就是了，他一定非常高兴。如果先告诉他理由，什么政治学，什么心理学，结果他跑到半路上研究起政治学、心理学来了，目标达不到了。""事实上有些人的头脑、程度、才具只能够听命于人，当然有些人是天生的领导人才。"

还有，如"唯上知与下愚不移"，"仕而优则学，学而优则仕"等，这些话，被普遍认为是孔子儒家思想中的消极面，甚至是糟粕；但是，到了南老师的嘴里，都被解释成为有积极意义的话了。

类似这样的例子，在《论语别裁》里还有很多，南老师声明说自己大胆地推翻了前人的解释,特别是宋儒的解释。我拿杨伯峻的《论语注释》和陈立夫的《四书道贯》两本书,同《论语别裁》对照起来读,发现还有好多地方,南老师的解释同他们的不一样。一部《论语》只有一万三千七百字,而南老师的书,竟有那么多地方的解释与众不同,而且又能令人信服,产生那么大的影响,在那么多家注释《论语》的专著中,独树一帜,不能不赞叹南老师的智慧和学问。但是,如果从纯学术的角度看,南老师的这些解释,可能很难被普遍接受,特别是难以被那些研究《论语》一辈子的专家学者们接受,有些地方,他们驳倒南老师的证据看来还很充足。对此,南老师并不在意,他不愿意花时间在纯学术争论上,南老师把自己的书定名为"别裁",就已经声明在先了。在我看来,一部《论语别裁》,实际上是《南怀瑾的论语》,对孔子的一句话究竟应该如何解释,似乎显得不太重要了。大陆有一位学者对南老师的解释,很不同意,甚至写文章把《论语别裁》批得一无是处,说南老师解释《论语》时"随心所欲",是"误人子弟"。我读了这篇批评文章,某些地方这位作者讲得也许有点道理,但从总体上看,未免有点霸气了。几千年来,解释《论语》的人数以千计,不都是个人的见解吗?像宋代以后,都要统一到朱熹的解释上,就正确了吗?就不"误人子弟"了吗?南老师有那么多学生,而且其中不乏专家学者;南老师的书,在台湾,在大陆,有那么多的读者,他们都是那么容易被南老师"误"的吗?对这种批评文章,南老师看了后,一笑了之。其实,南老师在《论语别裁》里就已经回答了这样的批评。

《老子他说》——一部未完的书

《老子》这部书,可以说是中国古代道家的经典和代表作。《老子》又名《道德经》,也称《老子道德经》;同《庄子》(又称《南华经》),

和《列子》(又称《冲虚经》)，这三部书合称古代道家的三大经典。这三大经典中，又以《老子》流传最广，影响最大；几千年来，解释《老子》的专著不知其数，还被翻译成世界上的各种文字。

南老师的《老子他说》于一九八七年在台北出版。这部书也是南老师讲课的记录稿，不过，他自己又花了很多时间和精力加以修改和补充。

《老子他说》这部书，实际上只是半部。台湾版的封面上写着（上），在大陆出版时，把这个"上"字去掉了。无论是台湾还是大陆的读者，一读完，就发现这本书并没有完。其实，南老师讲《老子》，是一口气讲完的，讲稿也全部整理出来了，但南老师只同意出版上半部，下半部的书稿硬是压在那里不让出。不管多少读者写信打电话催问，南老师就是不理会。

《老子》全书一共五千多字，分八十一章。南老师的《老子他说》只讲了前面的二十六章，后面的五十五章不知什么时候能出版。南老师不让出的理由是，后半部讲的都是有关谋略方面的内容。南老师非常重视道德的修养，对于谋略，他说，要有很高道德的人才能用谋略，没有道德作基础，只追求谋略的运用，就容易干坏事。他不让《老子他说》下集出版，是怕心术不正的人读了后，变得更坏，他认为这是很严重的问题。在我看来，南老师的这种担心似乎没有必要，心术不正的人有很多的办法学坏，不一定非要去看有关谋略的书；即使是从书中学到一点邪门歪道，书的作者也不一定要承担责任。南老师这本书，只有上集没有下集，总不是事；我曾经催促南老师把这本书的下集早点出来，南老师当然不会听我的，在我之前，他身边的好多人都为此事都碰过钉子。

南老师的《老子他说》这部书，有一个很大的特点，是在解释了原书之后的发挥部分，南老师一共引用了历史上几十个道家人物的故事，来给老子的理论做注解，使读者读起来，像读故事书一样。而大陆这几年出版的一些注释或翻译《老子》的书，且不说学术水平怎么样，光想把它读完，也得有相当的耐心。对历史上的道家人物，比如，帮助汉高祖打天下的张良，辅佐刘备的诸葛亮，唐朝的郭子仪、李泌，为朱元璋出谋划策的刘伯温等等，南老师在书里都作了详细的叙述。南老师推崇这些道家人物，首先推崇他们的"天人合一"的思想，像天地一样，只讲奉献，不讲索取，不求回报；南老师推崇这些道家人物，推崇他们的"功成、名遂、身退"的思想，事业成功了，自己飘然而去。实际上，南老师的一生行谊，许多方面都有道家的影子。

关于《老子他说》，我要讲一讲一起盗版事件。南老师的《老子他说》和《孟子旁通》这两本书，是由我在北京联系出版的。当时，大陆出版界对南老师还不了解，正式的、有影响的出版社对这两本书都拿捏不准，而非法书商却"慧眼独具"，断定南老师的书是可以赚大钱的，于是，一场不大不小的风波就产生了。

一九九一年十一月，我忙活了差不多有一年的时间，参与这两本书的编辑、校对工作，书还没有印出来，北京街头的书摊却见到了这两本书的盗版本。盗版书在当时，甚至一直到今天，屡禁不绝，查不胜查；作者、出版社、执法部门都显得力不从心。"赔钱的生意没人做，杀头的生意有人做"，古今中外的这一铁律，在这里再次得到了印证。杜绝盗版，谈何容易。就目前执法部门的人力情况，我看，他们也只能有重点地进行查处，这个重点，主要是看盗版书的内容有没有问题。

这两本书的盗版者正好撞在枪口上了。原来，南老师的这两本书成书的时候，海峡两岸还处于完全敌对的状况，这边骂那边"水深火热"，那边骂这边"民不聊生"，国共两党的历史恩怨延续了几十年。南老师在那个营垒里生活了几十年，因此，在他讲学的时候，有时不免要带一些那边的口头禅。这样的话，在南老师的其他几本书里也有，也就是那么几句话。因为南老师不是搞政治的人，他也不是国民党的政工人员，他从来没有去迎合国民党的需要，专门去写骂共产党的文章。在他书里出现的一些骂人的话，都是片言只语，删掉后，上下文照样很连贯，内容一点也不受影响。所以，在同大陆出版社签订合同的时候，都写上"同意出版社根据大陆的实际情况进行技术处理"。所谓"技术处理"，就是删去这些话。

这两本书的盗版者，据事后的新闻报道了解，是一个无业游民，文化水平可想而知。他不知道从哪儿得到了南老师的这两本书，花了几千块钱买了两个书号，以很快的速度印刷出版，两本各印了五万册，共十万册，发到全国十几个省市。一次印五万册，而且是初版，出版南老师的几家出版社都不敢这么做，而这个人就敢。书一上市，问题马上被发现。因为盗版者对原书没有作任何"技术处理"，而是把台湾版的书原封不动印出来，原著中一些攻击性的话也都变成白纸黑字，这当然是一个非常严重的问题。有关部门极为重视，组织多方面力量，顺藤摸瓜，很快就破了案，抓了人，并查抄了三万多本没有发出去的书。

盗版问题很快得以解决，但它所产生的影响却超出我的预料。盗版书眼下多得很，但像这两本书盗版出现的问题，在出版界还很少见，被认为是非常严重的；又查抄没收了那么多书，到国际文化出版公司的正版书出来的时候，发行上就受到冲击。有些书店书摊听说这两本书被查抄过，就不敢进货；有的书摊进了正版的书，却被当作盗版书没收了，就找出版社要求赔偿。这种情况延续了好几年，使这两本书的销路老是打不开，发行量比南老师的其他书低了一大截。

问题的严重性还不到此结束。因为这个案子也算一个不大不小的案子，牵涉的面比较广，很多人都知道；但这些人当中，大多数人对南老师并不了解，或者说根本不了解。因此，过了很长时间后，我在偶然的机会谈起南老师，有人马上摇头，意思是南老师是个有问题的人；我想，这些人肯定是受这个盗版事件的影响。

其实，说起盗版，南老师根本不在意。他对自己的著作权，就同他对待一切身外之物一样，根本不放在心上。他的书销路好，看的人多，他高兴，但他并不是为了多拿版税。他在台湾已出了三十多本书，每年还在重印；大陆也出了二十多本。每年有多少版税收入，他根本不知道，他也不过问。实际上，他的版税远远不够他经常资助别人的开销。而他的书被盗版，这也不是第一回。早在二十年前，在台北的时候，他的《论语别裁》刚一印出来就被盗版，后来也找到了盗版的出版商。这是"贼赃俱获"的事，完全可以对簿公堂，可以赢得一大笔赔偿费。但是，南老师不让这样做。因为他了解到盗版的经手人是一个初出校门的小姑娘，她只是听命于她的老板行事。南老师说，一打官司，这个小姑娘的饭碗就要丢掉。南老师不忍心，这件事就不了了之。

《易经杂说》——闲坐小窗读周易

南老师常说，世上有两门学问不要钻进去，钻进去就出不来了。哪两门学问？一是《易经》，一是佛学。这两门学问，南老师从来不说自己已经学通了，别人还是认为他当然是学通了，所以他才能够讲得出来。但他不希望年轻人花太多时间、太多精力在这上面。南老师说："学《易经》搞八卦的人，古今中外，都陷在八卦阵里头，永远没有爬出来过。什么八八六十四卦，又画图，又数字，搞了半天，完了，趴在里头做游戏可以，真要用也用不上。"

《易经》，传说是伏羲氏作的，离现在已经有五千多年了。后来经过周文王整理，称作《周易》，也有三千二百多年了。孔子又对《易经》进行编辑整理注释，写成了《易经系传》。春秋以来两千多年中，注释《易经》的书也是汗牛充栋。大陆这些年来，掀起一阵一阵的《易经》热，新出版的或重印的有关《易经》的书，已不下一百种，少则印十万，多则印几十万，似乎都很畅销；好几个地方还成立了《易经》研究所。这种盛况真是前所未有。

南老师还在少年时代，就开始对《易经》产生了兴趣，《易经》里八八六十四卦早就玩得很熟了，但他自己讲，当时并没有搞懂。青年时代，到处求仙访道，碰到高人名士，总会向人家请教，但没有人给过他满意的答案，还是靠自己不断地摸索。只有一个人，在《易经》学问方面，南老师比较推崇，就是胡玉书老先生，湖北黄陂人，比南老师大三十一岁，南老师称他为"夫子"，说他"沉潜易象数之学五十余年，余尝从之执经问难，多所启迪，犹未悉尽其学"。他们是到了台湾后结识的，成了亦师亦友的关系。在那么多的朋友中，南老师经常请教，受到很多启发，并自认为没有把他的学问全学到，胡玉书老先生是少有的一个，可见胡先生在易学方面的功底。

南老师对《易经》的研究应该说是很深入了，但对讲解《易经》，南老师又非常慎重，撰写有关《易经》的专著更是出乎他自己的预料，说起来还有点偶然性。一九七一年，当时台湾的商务印书馆计划把古代主要经典译成白话，其中的《易经》由刘百闵先生担任。不想刘先生承诺以后，忽然作古。王云五先生通过程沧波，请南老师来翻译《易经》，南老满口答应下来，一方面，看在朋友面上，应该帮忙；另一方面，南老师觉得这件事并不难，如果没有别的事情打扰，每天翻译一卦，最多半年就可以完成。但在他开始翻译之后，便发现事情并不简单，光翻译"乾"、"坤"两卦就用了一个半月的工夫，勉强译到"观"卦就停住了；同王云五先生商量，希望另请高明，王先生又不答应。后来，南老师的一位学生，专门研究《易经》的，主动请缨，并很快译完全书；南老师看后，只能说是差强人意，交给商务印书馆，作为两人合著出版，书名为《周易今译今释》。书出来之后，发现许多漏译误译的地方，南老师对自己"付托匪人，狂简从事"，"愧疚不已"。赶紧找人重新校阅再版。

对《周易今译今释》的初版和再版，南老师自己很不满意，引为憾事，"希望将来能够好好地完成一部《易经》的研究，贡献给大家以作补偿"。这就有了后来的关于《易经》的两本书，一本是《易经杂说》，一本是《易经系传别讲》。

《易经杂说》成书的情况同南老师的其他著作差不多，是他讲课的产品，开始并没有想到要出书，等到学生把记录稿整理出来后，就催着南老师出版。那么，《易经杂说》有什么特点呢？这里，我想借用阎修篆先生对这本书的评语。阎先生是南老师的一位老一辈朋友，自己也出版过一本《易经的图与卦》的书，他对《易经》的研究颇有心得。他认为：

《易经杂说》是一部引人入胜的书。初学者能像读武侠小说一样，实在是旷古以来仅有的第一部易学著述；它的引人入胜处，即在透过作者渊博的学识，把握了历史发展的趋势，将人事与自然法则、历史规则结合为一。

《易经杂说》是一部人人读得懂的书。众所周知，《易经》难识难懂，由于象数的失传，本来艰涩的词句，幽晦不明的涵义，造成了后人学易极大的文字障碍，加上后世治易者纷歧不一的说法，使《易经》更加难识难晓了，南老师透过时代思潮和他丰富的人生经验，用极其平易的语言，帮我们解开了幽晦艰涩的苦结，使人人易知易晓，为青年学子、社会大众开辟了一条崭新的学易门径。

《易经杂说》是一部与人人有关的书。古人说，"不学易不可为将相"，但将相毕竟是芸芸众生中的极少数；而古人还有一句话，"百姓日用而不知"，可见，《易经》是与社会大众人人有关的了。南老师运用《易经》的原理，来剖析人生的历程，给人以启迪。

南老师的《易经杂说》这部书，只有十几万字，但内容非常丰富，提纲挈领，把涉及《易经》的方方面面的问题都讲到了。比如《易经》的三个版本：《连山易》、《归藏易》和《周易》；《易经》的三原则：变易、简易和不易；《易经》的三个法则：理、象、数；伏羲八卦（也称先天八卦），同文王八卦（也称后天八卦）的区别。这些内容，在别的有关《易经》的著作或论文中也能看到，不过，南老师分析得非常清楚，非常有条理，又很容易读懂。更为重要的是，南老师在这部著作中，处处强调研究《易经》的态度，尽管他在书中花了很大的篇幅讲解八卦的内容，但是他说："这些东西玩尽管玩，不过要有一个原则，不可迷信。所谓不迷信，是不要把人所有的智慧都寄托在这上面，偶然用它来参考参考是不碍事的，但不要影响自己的心理。"南老师的关于《易经》的一些观点，看来似乎有点自相矛盾，一方面，他对《易经》评价很高，认为《易经》是"经典中之经典，哲学中之哲学，智慧中之智慧"；另一方面，他又劝人不要钻得太深，只是玩玩，拿来参考而已。但读完全书后，你会感到南老师讲的是有道理的，这也正是南老师这部书与众不同的地方。有些人钻研《易经》，希望自己能够具有"未卜先知"的本领。南老师不鼓励这种想法，更不用说那些拿《易经》来干招摇撞骗勾当的人了。南老师说："即使能够未卜先知，亦并不好，'察见渊鱼者不祥'，做人的道理亦是这样。不要太精明，尤其做一个领导人，有时候对下面一些小事情，要马虎一点，开只眼闭只眼，自己受受气就算了，他骂我一顿就骂我一顿，一定要搞得很清楚，'察见渊鱼者不祥'，连深渊水底的鱼有多少条、在怎么动也看得清楚，不要自以为很精明，实际上很不吉利，说不定会早死，因为精神用得过度了。"

大陆这几年出版的有关《易经》的书很多，我看过几本。我不说南老师的这两本最好，但我敢说南老师这两本可读性最强。还是南老师著作的特色——通俗易懂，《易经》的道理那么深奥，却被南老师讲得那么通俗，那么生动，就是我们经常讲的"厚积薄发"吧！南老师自己搞通了，才能用自己的语言表达出来。

现在，大陆对《易经》研究也存在不少的问题，有人打着弘扬传统文化的旗号，搞什么"易经算命"、"易经预测"等，坑人骗钱，在社会上造成很坏的影响。针对这种情况，中国科协等几个单位，在北京开了个会，叫做"周易算命流行的分析与对策研讨会"，有六十多位著名学者专家参加，他们认为，《易经》作为中华传统文化的一部分，是中国哲学史上的一朵奇葩，但打着研究《易经》的旗号，宣扬迷信，那就错了方向，《易经》的价值在"学"不在"术"。在这次会上，专家们提出了一些对策，其中一条是"出版一批科学性较强又通俗易懂的读物，以此教育人民。"看了有关这次会议的报道，我马上想到南老师的《易经杂说》和《易经系传别讲》这两本书，会上专家们提出的问题，南老师在这两本书中似乎已经作了回答。

从我个人的经验来说，在读了南老师的这两本书之后，听了南老师的话，不去深入钻研了，本来无心要做"易学专家"什么的，更没有要拿它来占卦算命的想法，了解《易经》的大概内容就可以了，用不着花太多的时间和精力去钻研；但是，对《易经》一点不了解也不好，它毕竟是中华民族传统文化的一部重要经典，在世界上也有影响。我在国外工作的时候，碰到过一些老外，拿《易经》、《老子》这些我们的国宝来请教，他们老外以为中国人都应该懂《易经》，都应该懂《老子》，可惜，当年我没有读过这些书，没法同他们侃。我想，作为一个中国人，像《易经》这些书还是应该看的，不过，一般读者看一两本有关的书就够了。真正要研究，让少数人去研究，恐怕是极少数的人，钻研一辈子可能也没有个结果。如果要我推荐有关《易经》的书，那么，南老师的《易经杂说》和《易经系传别讲》很值得读。

《大学》——晚年的心愿

一九九二年底，南老师邀请我去香港，让我帮他记录整理讲稿，他要重新讲《大学》。他对我说："这是我一生最后一件大事，对国家，对民族有个交代。争取半年之内把这本书出版，送给两岸领导人。"我知道，当时，他同两岸领导人有来往，为了中华民族的繁荣强盛，为了实现祖国的统一大业，他在操心操劳。

《大学》在南老师的心目中是如此重要，它究竟是一部怎么样的书呢？

《大学》是曾子写的，曾子名曾参，是孔子的学生，小孔子四十六岁。曾子追随孔子，一辈子没有出来做官，在孔子的三千弟子中，曾子可以说是孔子学说的一个重要继承人、传道人。他在孔子死后，写了这部《大学》；后来，曾子传道给子思，就是孔子的孙子，子思写了一部《中庸》。《论语》，《孟子》，《大学》，《中庸》放在一起，被后人称作"四书"。加上孔子编辑整理的"五经"，叫"四书五经"，是古代读书人的必读书。

《大学》这本书，南老师在台湾的时候，已经讲过多次，讲稿也都整理出来了，但南老师把它压在那儿，不让出版，因为他不满意，对记录整理不满意，也对自己讲的不满意。这次，南老师叫我去，自己要重新好好再讲一次。从我到香港的第二天起，南老师每天晚上讲一个半钟头，讲了差不多二十天，我记录整理出来，有十几万字。

在南老师看来，《大学》这部著作，是讲领袖的学问、帝王的学问，讲怎么做一个领导人。特别是经过宋朝理学家程颐整理之后，几百年来，很受重视。南老师举了一首诗：

> 一群乌鸦叫晚风,
> 诸生齐放好喉咙;
> 赵钱孙李周吴郑,
> 天地玄黄宇宙洪。
> 三字经完翻鉴略,
> 千家诗毕念蒙童;
> 其中有个聪明者,
> 一日三行读大中。

　　这实际上是一首打油诗,古代的一首幽默的诗,取笑当年小小的蒙童、读书人。开头两句形容私塾里小孩读书的情况,下面几句涉及好几部书,包括:《百家姓》、《三字经》、《千字文》、《千家诗》,这些都是启蒙的书,南老师曾用四个字来概括,叫"三百千千",他曾经告诉外国留学生,要了解中国文化,先读这四本书,把这四本书读懂了,等于找到了一条了解中国文化的捷径。古代启蒙书还有《鉴略》、《蒙童》等,上面这首诗里都提到了。最后两句,"其中有个聪明者,一日三行读大中",启蒙之后,更深一步,就读《大学》和《中庸》,一天还只读三行。从这首诗可以看到,《大学》这部书在古代受重视的程度。

　　南老师在八九岁的时候,就读《大学》,尽管不懂,但能背下来。我们现在有几个人读过《大学》?恐怕只有极少数的大学生、研究生看过,还不能算读过,能背下来的人简直可以称天才了。对此,南老师非常感慨,认为现在的文化,现在的教育大成问题。感慨归感慨,毕竟时代不同了,在知识爆炸的时代,再要小学生去背"三百千千",去读"四书五经",这样教育出来的学生,恐怕一个饭碗都找不到。大陆出了一本《新编三字经》,据说一下子就订出了一千多万册。用心当然很好,加强对孩子的德育教育;我翻了翻,能不能像过去的《三字经》

那样，流传得既广又远，还是个问号。

南老师说《大学》是帝王之学、领袖之学，那么，它的内容究竟讲些什么呢？简单地说——"三纲八目"。开头一段，"大学之道，在明明德，在亲民，在止于至善"。"明明德"、"亲民"、"止于至善"，这就是"三纲"，三个纲要，三个纲领，要做"大人"，要做圣君明帝，必须掌握这三个纲领。

讲了"三纲"之后，曾子接下去讲："古之欲明明德于天下者，先治其国；欲治其国者，先齐其家；欲齐其家者，先修其身；欲修其身者，先正其心；欲正其心者，先诚其意；欲诚其意者，先致其知。致知在格物。"这一段讲的就是"八目"：治国、齐家、平天下、修身、正心、诚意、致知、格物。我们没有读过《大学》的，"修身、齐家、治国、平天下"这句话都听说过，也都会讲。南老师说《大学》在中国文化中影响至深至巨，我相信，就凭"修身、齐家、治国、平天下"这句话，可以说一直影响到现在。

我在美国的时候就琢磨过，中国人同西方人，尤其是美国人，在理想和人生的追求方面，有很大的不同。美国年轻人、读书人，虽然雄心勃勃，但他们并不十分关心政治，并不太关心国家大事、天下大事，而讲得更多的是："Everybody knows his business."意思是说，每个人都精通他自己那一行，不管干什么，都要成为本行业的佼佼者。反观我们，历代的知识分子，总是有一种"忧国忧民"的胸怀，有"天下兴亡，匹夫有责"的大志。这种崇高的使命感，当然是好的；但它有没有负面的作用呢？我想是有的。我们经历过几十年的政治运动，大家都会有印象，在每次政治运动中，总会有这样的"大字报"——《中国向何处去？》。尽管这种"大字报"的作者可能只是一个大学一二年级的学生，甚至是一个中学生。这种情况到现在还存在，自己的专业学得不怎么样，自己的本行干得不怎么样，但是，谈起国家大事，谈起如何治理国家，却能头头是道；如果真叫他去干，不要说管理国家,就是管理他那个小小的单位,恐怕也管不好。这可能是中国知识分子中许多人的悲哀,当然也包括我自己。听了南老师讲《大学》,才知道,原来是受曾子的影响,受"修身、齐家、治国、平天下"的影响。

南老师讲《大学》,循着"三纲八目"这个路线,边解释原文,边引经据典,并结合佛家、道家的理论,来阐述修身的重要,修身的方法;也分析作为帝王的,常常在用人、处事、对待不同意见等许多方面,容易犯的错误。历代帝王大君们,包括中国的、外国的,在个人心理方面都容易出偏差。甚至,历代帝王的家庭问题都处理不好,南老师说,帝王之家是天下最糟糕的家庭。扩大开来,南老师根据自己几十年的阅历,认为大老板、大资本家的家庭,往往也是很糟糕的家庭。

一部《大学》只有一千七百多字,经南老师一讲,竟包含了那么多的历史人生的哲理。下面这篇《谁肯将身作上皇》的文章,是南老师讲《大学》当中的一段,是由我记录整理的,我之所以把它收在这里,是因为南老师在好多场合都讲到这个观点。

谁肯将身作上皇

从讲权力又引出清朝郑板桥的一首诗:

南内凄清西内荒,
淡云秋树满宫墙。
由来百代明天子,
谁肯将身作上皇。

"上皇",就是"太上皇",皇帝的父亲。现在俗话里说某某人像个"太上皇",意思是说这个人专横跋扈、越权霸道的作风;其实，历史上的太上皇却不是这样。中国历史上，从秦始皇开始，到清朝末代皇帝溥仪，一共有二百三十五位帝王，而太上皇一共也就十来个。最后一位太上皇是乾隆。乾隆自称是"十全老人"，活了八十八岁，当了六十年的太平皇帝，人生十全十美，富、贵、寿样样都有，更不谈美钞黄金了。乾隆后来传位给他的儿子嘉庆，自己还活着，做了太上皇。等到传位后，自己从正宫退出，住在旁边的小宫里，那叫不是滋味。这个权力谁也不能放，在位不在位完全两样。在位，要咖啡，什么非洲咖啡、南美咖啡，都给你上来；不在位，你要"啡咖"都没有。在位不在位就是不一样。

"南内凄清西内荒"，"南内"典出唐明皇、杨贵妃那一段历史。唐明皇当政，安禄山造反，唐明皇逃到四川成都边上，郭子仪帮助他的儿子肃宗，恢复国土，把唐明皇迎回。儿子表面上很客气，爸爸，皇帝还是你做。唐明皇说，不好意思，把江山打回来是你的功劳，皇帝还是你做。这样，唐明皇自己做了太上皇，住进了南内，就是西安皇宫的南面。太上皇也是皇帝，是皇帝的父亲。唐明皇当了太上皇后，政治权力不归他了，当然了，退休了么！这时，只有一个老太监高力士对他忠心耿耿，后来，高力士被整死了。高力士死了后，唐明皇就很可怜了，大概连面包牛奶都没有了。这就是"南内凄清"。

"西内"这个典故出在明朝。明朝英宗，他率兵打蒙古时，被蒙古俘虏了。国内不可一日无君，他被俘，他的弟弟当了皇帝。英宗懂天文地理，他在俘虏营里，有一天看天象，对他的太监说，我还是会当皇帝的。结果真的回来。刚回来，对他弟弟还客客气气，叫他继续当皇帝，自己住到西边，当太上皇。一住进西内，受不了那个寂寞痛苦，最后，还是拿回政权，自己当皇帝。所以，郑板桥说："南内凄清西内荒，淡云秋树满宫墙。"

"由来百代明天子，谁肯将身作上皇。"有人说，他老了，为什么不退。普通人不懂,"人非有品不能闲",不要说政权,在台湾我看了几十年,包括过去在大陆看了几十年,那么多老板都数得到的,没有哪一个人能放手。有一个台湾大报的记者,在报上乱说,说我骂了"邓老板",说我讲海峡两面一个人都看不上,勉强说,邓是半个人物。我讲过,但我不是这样讲的。我是说,一个人的知止、诚意,一个人能明白自己,能够知止,很难,在中国现代史上,我说有三个半人。

半个是指孙中山先生。孙中山先生有理想,但没有当政,我说他运气好,因为没有当政就死掉,还算是历史上万古了不起的人,他是半个。如果孙先生真的当政,结论如何,我不敢断定。

还有哪三个人呢?机会最好的是袁世凯,大总统给他了,蛮好了,好好干,中华民族到今天,就不是这个样子了。他不好好干,偏要当皇帝,他如果不当皇帝,向民主自由这条路发展,中国发展到现在,不得了。所以,我说袁世凯是第一个,那么好的机会,他可以成为华盛顿那样伟大的人物。

第二个是蒋介石先生。抗战一胜利,他的声望不仅在中国,在全世界,威望到了顶点。然后一下来,你们国共和谈慢慢商量,我太累了,不管,永远不管。以后的中国就不会是这个样子了。如果当年不闹国共分裂,也是在他手中闹的,中国也不会是这个样子。至于如果抗战一胜利,他交出来,飘然而去,也是历史上万古一人。即使后来国共和谈,还是他高高在上。后来到了共产党要渡江了,还不肯和谈,用了许多小动作。

蒋介石死的时候,国民党中央党部打电话给我,说他们叫我写一副挽联,我问这个他们是谁,是不是蒋经国,不告诉我,只叫我写一副。我个人不好写,因为对这位蒋公,我见了还是要立正,低头,叫一声校长,我在军校教过书。但我对他的一些做法早就有自己的看法,我个人不能写,就以我的东西精华协会的名

义写了一副送去。听说他们看了都叫好,问是谁的手笔,有人说,除了南某人,还有别人?我的挽联是这样的:

勋业起南天,北伐功成三尺剑;
神灵护中土,东方感德一完人。

"勋业起南天",他是从黄埔军校起家的。这个"三尺剑"是话中有话,你是三尺剑得天下,而不是道德得天下。"神灵护中土",因为蒋介石在台湾一直讲反攻大陆,要把大家带回中土老家。那么,现在大陆没有反攻回来,连你自己死了也只能魂归中土。这最后一句,"东方感德一完人",别人看了,以为真了不起,"东方一完人"。其实,我的意思是,感谢他的人只有一个,就是东方的日本,因为蒋介石同日本签订了和约,不要日本人的战争赔偿,日本人自然对他感恩戴德了。

我那时还有一副挽蒋先生的挽联,没有写出来,不能写出来,那时要是写出来,不得了,国民党会把我杀了的。这副挽联是这样的:

留得剩山残水,最难料理;
际此狂风暴雨,正好收场。

"剩山残水"是指台湾。"际此狂风暴雨",蒋介石死的那天晚上,一九七五年四月五日,台北狂风暴雨;同时,国际形势对台湾也很不利,中国大陆进入联合国,台湾面临政治上的狂风暴雨。就在这个时候,蒋先生去世了,"正好收场"。

第三个人是毛泽东,毛泽东统一了中国,建立了中华人民共和国。到了韩战(指朝鲜战争——注)以后,毛泽东的威望达到了顶点。中国近代一百多年，只有被外国人侵略欺侮的记录，韩战把美国打了个求和，这确实了不起。如果韩战以后，毛泽东也交出来，"我太累了，国家给你们去办"，那又是历史上万古一人。结果不干，后来弄了个"人民公社"，整了彭德怀，又整了刘少奇，最后弄个江青，"文化大革命"闹成这样。

他们为什么会这样呢？不能知止，不能诚其意者。

现在我们来看一个人——邓小平，这个人很了不起，改革开放十几年，打开局面，邓小平在做第一位的事，但他从来不坐第一位的位置；现在他又退下来，这真是了不起，有人瞎说他是假退，你不管他真退假退，他能退下来，就是前无古人，后面有没有来者，我不敢说。

南老师的这些话是一九九二年讲的，当时海外评论邓小平的专著论文汗牛充栋，但是没有人像南老师作这样的评价。这段文字，体现了儒家的"帝王之学"的最高道德修养，也就是曾子在《大学》一开头所讲的："大学之道，在明明德，在亲民，在止于至善。"在古代，儒道同源，老子讲："功成、名遂、身退，天之道。"不管是"知止"也好，"功成身退"也好，拿俗话讲，就是见好就收。拿这个标准来要求帝王和领袖人物，几千年来有几个人做得到？从秦始皇到清朝末代皇帝溥仪，真正是自己愿意把权力交出来的没有几个，他们交出权力后，最后的结局也都不怎么样。不要说权倾天下的帝王，就是一般的官员老板，谁愿意自动下台？用马克思主义的观点来看，政党是代表阶级的利益，领袖人物是政党推选出来的，他是一个阶级、一个集团的代表，不是自己想当就可以当，自己不想干就可以不干的。西方的制度，总统或总理都是选举产生，任期四年或五年，顶多连任一次。他们在台上的时候，总想把事情干好，实在干得不怎么样，也没有自动下台的，除非被人家赶下台来。

至于说什么叫"至善",什么叫"功成",当事者肯定是迷的,搞不清楚;旁观者也不一定就能看清楚,只有后人,也许经过了几十年几百年,回过头来看看,才能讲出一些道理来。南老师在评论三个半人的文章中,道理是完全对的。至于邓小平,他在"四人帮"垮台后复出,就下决心要废除党和国家领导人的职务终身制,经过多年的考察培养,等到以江泽民为核心的第三代领导集体形成后,他自己就毅然决然退下来,其深远意义怎么估计也不会过分;而南老师说邓小平这一着是前无古人,现在回过头来看,他的这个评语确实慧眼独具。

儒家的"止于至善"和道家的"功成身退",同儒家、道家的其他许多理论一样,是"圣贤学问",只有圣贤才能做得到。几千年来,出现了几个圣贤,有几个人真正做到了"止于至善"和"功成身退"?所以,我们在日常生活中,在处理人际关系中,如果拿这种圣贤学问去要求别人,特别是对那些事业有成、自我感觉特好的人,如果你对他劝退,一定会不受欢迎,甚至可能会翻脸。当然,如果能以这种精神来要求自己,并真正去做,那就可算得上是半个圣人了。

《如何修证佛法》——信不信,都可看

《如何修证佛法》这本书,在台湾,在大陆,读的人很多,长销不衰。关于佛法,南老师已经出版了很多书,有《楞严大义今释》、《楞伽大义今释》、《金刚经说什么》、《圆觉经略说》、《药师经的济世观》和《观音菩萨和观音法门》等,都是南老师对佛教重要经典的解释和阐述,在海峡两岸都很受欢迎。这几本书我都读过,只是我没有入佛门,不信佛,不知道哪部佛经或南老师的哪部著作最值得读。如果按照南老师的说法,应该推荐《楞严大义今释》,因为南老师对《楞严经》极为推崇,他说,佛经浩如烟海,但只有《楞严经》可算是一部

综合佛法要领的经典;《楞严经》文字非常美丽,古人还有"自从一读《楞严》后,不看人间糟粕书"的颂词。但是我读了这部经后,并没有找到这种感觉。因此,我只能以一个门外俗人的眼光,从南老师那么多有关佛学的著作中,挑出《如何修证佛法》这本书作些介绍。我觉得,这本书对信佛学佛的人,或者不信佛也不想学佛的人,都有用处。信佛学佛的人读了这本书后,对进一步修证佛法可能会有好处,可以少走许多弯路;而不信佛的人,读了这本书,可以增加不少知识,基本了解佛学佛法是怎么回事。

《如何修证佛法》成书于一九七八年。当时,南老师正在台北闹市闭关,本来没有公开讲学的计划。几位长期跟南老师学佛的学生,包括从美国回来的学生,向南老师提出许多佛法方面的问题,在南老师看来,都是很严重的问题。于是,南老师暂时出关,借台北一座庙,在那里开讲。一共讲了二十八次,由他的学生记录整理出来,共分二十八讲。

大陆这几年,信佛的人好像慢慢多起来了,有关佛学方面的书,书店书摊上到处可见;北京的出租汽车里,经常可以看到挂着佛像;一些名刹古庙,香火相当盛。但真正学佛的人还不是很多。南老师对庙里的求神拜佛,从来持贬责的态度,他讲的是佛学和佛法,讲述佛学经典并指导学生怎么去学佛。

在《如何修证佛法》这部著作中,南老师引用和讲解的佛学经典有《华严经》、《金刚经》、《楞严经》、《心经》、《圆觉经》、《菩萨戒》、《瑜伽师地论》等二十三部,这些都是佛学里的经、律、论的重要经典。内容涵盖之广,连南老师自己的其他著作,也超不过这本书。但《如何修证佛法》的重点还是在三个方面:见地、修证和行愿。

南老师在这本书里说:"搞佛学,不求修证,永远爬不出来,就是被这些名词给困住了,将佛学变成了思想,就在那里玩思想,永远地玩下去,玩了半天,对自己的身心一点帮助也没有,所以千万要注意。"南老师这里提到的"修证",或者叫"修持",在佛门里是很难很难的,一般学佛的人,谁也不敢吹嘘自己已经"修持过了",或者说自己经过"修证"了。南老师被广泛推崇为"过来人",但我从来没有听他说过这种话。究竟怎么才算"修证"或"修持",我拿世俗的眼光来看,也许是"知行合一";你把佛学学通了,把佛的教导印在你的脑子里,溶化在你的血液中,然后,你的行为,你的一举一动,你做出来的事情,都符合佛的教导,做到这样,可能差不多了。南老师早就把佛经读通了,他又经过了几次闭关,几十年来,坚持静坐修道,讲他"修证"过佛法,当然是有道理的。在南老师身边,你可以感觉得到,南老师的一举一动,哪怕是很微小的地方,都是与众不同的。

大陆现在经济发展了,一部分人先富起来了,做善事的人也多起来了。这几年,北京街头行乞的人到处可见,都是外地来的,一天下来,收入相当可观。对这些乞丐,不少人出手很大方,五十元、一百元的大票也舍得给,有记者采访,问他们为什么如此大方,回答说,布施穷人,为了给自己积德。据说,这样的人现在为数不少,在南方一些先富起来的地方,盖庙宇的风气也很盛,很多人都是出于行善积德的心态,看上去似乎同信佛有关,但这种做法拿佛法来衡量,为了给自己积德而布施他人,其"起心动念"就已经错了。

我在前面讲过,我在童年的时候,就接受过佛教的影响,我的名字还是一个老和尚给起的,应该说,我同佛是有缘的。但在我读了南老师这本《如何修证佛法》之后,知道我同佛的缘分也就到此而已。南老师在这本书里说,真正要学佛,前提是必须相信"三世因果,六道轮回",恰恰我过去不信这两条,今后也难改变信仰。但是,对佛学,对南老师讲的佛学,我认为许多东西都很好,至少在学了之后,对个人在为人处世上,会有好处;南老师教人学佛,实际上重视做人的道理。

我的朋友当中,有一些年纪比较轻的朋友,现在也开始学佛。各人对佛学的理解都不一样,有的人因为受到某种挫折,想从佛学中去寻找解脱;有的人事业有成,在轰轰烈烈一阵子之后,突然感到空虚没劲儿,希望从佛门中找到一种寄托;有的人则纯粹是赶时髦,看见别人在那儿学佛,也去买几本佛学的书来啃,读得懂读不懂,都无关紧要。还有个别的人,说得不好听一点,似乎已经走进了邪门。有一位年轻人,说自己学佛才两年,就能预知世界的未来。还有一位年轻人,同我讨论佛学,他说自己学佛很有心得,已经体会到一种很高的境界。我说我不信佛,但学佛可能对调节心理有些作用,这我相信。他说,不是,比那个要高得多,但他又讲不出来那到底是个怎么高的境界。他还说,自从学佛以后,现在什么事情都不想干了,单位里的业务工作也没有兴趣,晚上读起《金刚经》来,真是口舌生香,滋味无穷。我说可惜我太愚鲁,念《金刚经》从来没有产生这样的感觉。开始时,我对他还是半信半疑,学佛如果都像他这样不想干活,那可不是个小问题了。后来有人告诉我,这位口口声声学佛的老兄,在做事待人方面,却不怎么地道,原来他把学佛当作一个招牌,自己的行为同佛的教导一点儿也沾不上边。

当然,在我的学佛的朋友当中,也有的人的确学得很认真,也能讲出自己有哪些收获,并希望我也能抽出更多的时间来学佛。我告诉他,我不是个学佛的人。我为什么不学佛?还是听了南老师讲过的一段话,更坚定了不学佛的信念,南老师说:世界上两门学问,要学但不要深入,深入了,就钻不出来了;这两门学问,一门是《易经》,一门是佛学。这句话在前面讲《易经》的时候提到过。因此,对佛学,我只是读几本书,南老师的几本书和别人写的几本,了解一下佛学的基本内容后,就不再深入下去了。南老师这本《如何修证佛法》,可以把它作为入门的书,读完这本书之后,如果有兴趣,再去读别的书,再深入钻研下去;如果对佛法没有兴趣,读完了这本书,也就可以了。

厦门"禅七"亲历

这里追记一段亲身经历,同《如何修证佛法》没有直接的关系,但同如何学佛有点关系,那就是我参加过一次南老师主持的"打七"。

时间是一九九四年农历正月初三开始,为期七天;地点在厦门南普陀寺,南老师专程从香港赶来,主持这次"禅七会"。这是南老师离开大陆四十三年后,头一次回来。为什么会是这个时间和这个地点?说起来又是一段故事。

话说几年前,南老师的弟子李素美、李传洪姐弟和李素美的女儿小沙弥等人,到厦门南普陀寺朝拜观光,寺里的主持妙湛大和尚接待了他们。南普陀寺历史悠久,香火旺盛。李素美在同妙湛大和尚的交谈中,了解到南普陀寺的情况,引为遗憾的是,寺里没有一个像样的禅堂。"大唐国里无禅堂"这句话,一直是中国佛教界和禅宗宗门的一件憾事。李素美等人当即发愿,捐资为南普陀寺修一个禅堂;马上打电话给南老师,南老师一听,好啊好啊,你们去做。于是,由李素美等人出资四十万美元,修建一个禅堂,南老师一锤定音。经过了两三年,当中妙湛大和尚到香港拜访南老师,南老师派学生洪文亮去看风水等等,不必细说,禅堂终于建好,上下两层,每层可容纳三四百人;远看像一座塔,很是壮观。妙湛大和尚专程到香港,请南老师厦门跑一趟,参加禅堂的开光典礼,并主持"禅七"。在此之前,大陆也不知多少人请过南老师,甚至说可以派专机去接,南老师始终是"留半步"。这次,妙湛大和尚一请就请动了,我想大概是妙湛大和尚德高望重,八十多岁了,在大陆也算是一个佛门大德,南老师不忍心拂他的面子;还有一层意思,妙老告诉南老师,如果南老师不去主持"禅七",他就请另外一个人主持。南老师一听,那个人佛学功底还不够深，如果去主持"禅七"，不能弘法，反而造业。南老师只得自己亲自出马。

"打七"是佛门术语，佛门之外的人大多不明究竟，我在这里有必要作点解释。"打七"还有很多别的说法，如"禅七"、"念佛七"、"观音七"等等。什么时候开始创立的，已经无法考据清楚，其基本意思是，平时学佛学禅的人，还没有开悟，就用七天的时间，集中一起，由明师大德主持，希望能在七天的时间里，"克期取证"。为什么一定是七天，也无法考证，大概是套用佛祖释迦牟尼的故事，释迦牟尼花了十二年的时间，试过种种办法，都没有得道开悟，最后在菩提树下，静坐了七天七夜，看见天上一颗流星，一下子开悟成佛。千百年来，"打七"成了佛门禅宗里的一种重要活动，我拿世俗的大白话来比喻，它类似于"速成班"或"强化训练班"。在短短的七天时间里，就要"克期取证"，那学佛也太容易了。南老师在《禅海蠡测》一书中就说过："宗门打七，如置洪炉大冶，欲于短时间锻炼人物，继续佛祖慧命，非泛泛事也。学者是否其人，主七者是否能有此权衡，皆须自审。好高自慢者，乌乎可！"南老师还为此写过一首诗：

繁华丛里一闲身，
却向他途别觅春。
千丈悬崖能撒手，
不知谁是个中人。

上面简单介绍了"打七"的情况，再讲一讲南老师过去主持"打七"的事。在台湾的时候，很多人跟南老师学佛学禅，平时听南老师讲课，回去后自己抽时间念经打坐。到了农历年末岁首，就有人鼓动组织办"学习班"——"打七"。由南老师主持，参加的人少则几十人，多则几百上千人。从六十年代到八十年代，南老师几乎每年都主持过一次"禅七"。说南老师有成千上万的学生，其中有相当一部分就是参加过一次"禅七"的人。

这次南老师到厦门主持"禅七"，是他自一九八五年离开台湾以后的第一次，所以，南老师事先采取了保密措施，只通知了为数不多的几个学生，结果，从香港、台湾、美国、法国等地，跟来了三四十个学生，还有一个外国人，他们每人交五百美元。内地也有三四十人，从北京、上海、成都和杭州等地赶来。加上南普陀寺的男女僧众，以及厦门当地在家修行的居士，一共有七八百人，把禅堂的上下两层挤得满满的。

"禅七"每天早上八点开始，一直到晚上十点结束，中间有几次休息，上午下午晚上各有一次点心，吃中饭晚饭，还可以午睡一会儿。开始上课后，大家都盘腿静坐，差不多一个小时，下座"行香"，大家排成队疾步快走，因为人多，禅堂不够大，快走也走不起来，只是比散步稍快一点，大约一刻钟，再上座。就是这样，从早到晚，一个星期，比我事先听说的要容易得多。南老师的好几位学生曾经同我谈起过"打七"的事，我也看过一些他们写的"打七"的心得报告，有的说得似乎很玄，参加了一次"禅七"，心理上和生理上都有反应，收获很大。我好像没有那么多的心得，因为我开头也没有"克期取证"的奢望。要是说体会，就是在开头两天，盘腿坐着不习惯，坐了十几分钟，腿就受不了，好在南老师有言在先，受不了可以把腿放下来，不必硬撑着；过了两天，也就习惯了，我可以盘腿坐上一个小时也不觉得累。还有一点，就是这三顿饭和三次点心，是南普陀寺供给的，全是素的。我是"肉食动物"，平时没有荤菜不解馋。事先知道来"打七"要吃素，就带了几包牛肉干、猪肉脯，晚上回到宿舍偷偷吃一点；但过了一两天，对素食也习惯了，也没有特别想吃肉了。

我参加了一次"禅七",才了解到,几百人的"集训班",累的是一个人——主持人。南老师主持的"禅七",每次都有一个主题,这次的主题是《禅宗与生命科学》。每天从早到晚,学生在下面打坐,他在上面讲课;行香的时候,他拿一个大香板,指挥几百人的队伍,不时喊着:走得快一点,队伍跟上;或者他把香板在地上一击,大家立即停住。

《禅宗与生命科学》这个题目,南老师过去曾经讲过,他认为这是一个非常重要的问题,学佛学禅一定要把这个问题搞通。关于"生命科学",现在全世界都很重视,也很时髦,人类发展到今天,还没有搞清楚自己生命的问题,还没有解决生老病死中的许多问题。南老师认为,佛祖释迦牟尼已经解决了人的生命的形成的问题,他重点讲解了《入胎经》,就是释迦牟尼同他的弟子阿难讲"入胎"的经过。《入胎经》把胎儿在母体里发育的过程讲得非常详细,一个星期一变化,什么时间长出四肢,什么时间长出五官,到三十八个星期,瓜熟蒂落,婴儿出生。在两千多年前,当时还谈不上什么医学科学,释迦牟尼怎么会知道"十月怀胎"的整个变化过程,而听起来同现代医学的解释相差不远,这使人不得不佩服。我这是第二次听南老师讲解《入胎经》,但其中最重要的一点,我却不能接受,就是"中阴身"或叫"中间身"的说法。佛经里说,人死后,他的灵魂出窍,就是"中阴身"或"中间身",在一个星期里,这个"中阴身"到处游荡,发现一对男女正在交媾,这个"中阴身"就钻进去,叫做"投胎";于是,一个精虫,一个卵子,加上一个"中阴身",一个新的生命就诞生了,在佛经里叫做"三元和合"。学佛的人必须相信这个理论,必须相信人死了之后还会去投胎,还有来世。在我看来,佛学里的"三世因果,六道轮回","善有善报,恶有恶报"等等,都是从"中阴身"这个理论出发的。在唯物主义者看来,人死灯灭,人死了,生命就结束了，没有灵魂，没有中阴身，没有来生。但在宗教界，认为人死了还有来生；甚至一些科学家，也在研究灵魂学，在探求所谓的生命的奥秘。我在这里不去深入这个问题，反正我不信，但我不反对，也没有能力去反对别人相信。

南老师在整个"禅七"中，每天讲课七八个小时，他讲的内容非常丰富，除了讲解《入胎经》外，还涉及儒家佛家道家的许多理论，诗词歌赋，典故逸事，信手拈来，生动风趣。如果整理出来，又是一本很有可读性的书。可惜，我又是打坐，又是行香，不能埋头做笔记，只偶尔记下几首诗词。南老师主持的这次"禅七"，对于学佛的人，是一次修持的机会；对于不信佛的人来说，我以为，等于参加了一次传统文化学习班，或者叫做修身班，因为南老师讲的内容，抹去宗教的色彩，落到最后，还是怎么做一个人的问题。我参加了一次"禅七"后，才理解南老师的那么多学生对"禅七"有那么高的热情，他们生活在海外，平时，无论在官场或在商场，精神上的压力是相当大的；有机会参加"禅七"，在一个星期的时间里，远离尘嚣，过着出家人的生活，听南老师指点迷津，自然是一种精神上的享受。至于能不能达到"克期取证"，我想，倒显得不是那么重要了。

从《如何修证佛法》讲到厦门"打七"，我的意思是，不信佛或没有学过佛的人，如果有机会参加一次"禅七会"，也是一种人生的经验；如果主持人很高明，那么参加这样的"禅七会"，可以说是一种精神上的享受，当然，什么人主持是最重要的。我为什么这样讲呢？因为大陆类似这样的活动越来越多，也很能招徕几个学员；有人请我去参加一个"七会"，我一了解主持人的情况后，我就没有去凑热闹了。

上面这一章，介绍了南老师六本书的有关情况，南老师还有二十多本书，一般读者大概没有那么多时间读那么多的书，如果有兴趣，不妨自己找来读。

我读完了南老师的全部著作后，得出了一个带有结论性的印象：南老师追求的理想，同古代圣贤一样，第一，国家的统一，南老师说，我们传统文化的精神，儒家、道家的思想，都是要求统一的；第二，中华民族的繁荣昌盛；第三，社会的安定有序；第四，老百姓的安居乐业；第五，人民的高尚道德。这几条都是传统文化和历代圣贤所追求的最高理想。南老师在书中并没有一二三四这样讲，这是我归纳出来的，在南老师的书中可以强烈地感觉得到的。南老师是个"海外人士"，对大陆的情况不完全了解，但我拿他的理想同我们现行的路线方针政策来比较，不是完全符合吗？！所以，我很积极地向读者推荐南老师的书，多读南老师的书，只有好处，没有什么坏处。

有人问过我，在台湾、香港，追随南老师的人当中，有没有年轻人。他们问这个问题的意思是，南老师的书，讲的都是老古董的事，现代的年轻人会不会有兴趣。我的回答是肯定的。根据我的了解，当年在台湾，追随南老师的人当中，年轻人占了大多数。很多年轻人听了南老师的课，读了南老师的书，人生的态度发生了很大的变化，无论是在事业上，或者是在个人修养上，都取得了可观的成绩。在大陆，也有许多年轻人，大学生，也很喜欢南老师的书。不过，在我看来，年轻人读南老师的书，在理解上可能会有些困难，因为，南老师的书都是讲做人做事的道理，没有一定的人生阅历，没有亲身的体验，感受起来可能不会那么深刻。中年以上的人，读起来，就容易产生共鸣，就会觉得一点就通；而且，这个年龄段的人，工作的重任，家庭的负担，往往心理压力较大，读一读南老师的书，从中吸取传统文化中的精华，对个人的做人处世，都是很有好处的。

我曾经给很多人送过南老师的书，希望对他们能有所帮助；据反馈回来的信息，几乎都是赞扬的话，都说读了以后受益匪浅，有人甚至有"相识恨晚"之憾。我的一些朋友身居要职，一年到头，天天忙于开会，忙于应酬，可惜没有时间读书。我有一位朋友，副部级干部，也是个文化人，我送过他南老师的《老子他说》几本书，他也是个大忙人，给他送书的人很多，他都没有时间读，工作忙得累得眼圈经常是黑的。几年后，我在路上碰到他，看上去气色好多了；一问，才知道他已经退下来了，也有时间读书了。他说："《老子他说》这本书真好，我已经看完了，好多问题都可以想通了。"我没好意思接他的话，谁叫你不早看呢？还有一次，碰到一位外宾旅游车司机，捧着一本我编的《南怀瑾谈历史与人生》，在那里看得专心致志。我就上去问他，你也喜欢读这样的书？他的回答同那位副部长的话完全一样。他说："这本书真好，读了这本书，好多问题都可以想通了。"你看，一个副部长，一个汽车司机，对南老师的书的读后感完全一样，这给有志于研究"南学"的人不是一个很好的启示吗？

南老师的书，没有读过的人，当然不知道它的好处；在我接触的人当中，凡是读过南老师的书的人，没有一个不叫好的，我也因为编了南老师的书而结识了不少朋友。在我读了南老师的那么多书后，我认为南老师的书是好东西；我们国家正处在一个前所未有的大时代，经济要腾飞，民族要振兴，还要搞精神文明建设、廉政建设，这些大方针已经定下了。而南老师的书，从历史的角度，从宏观的视野，从人生的理念，给我们正在进行的一切作了很好的注解。任何人，不管处在什么地位，不管从事什么职业，读了南老师的书，都可以从中得到有益的启迪。所以，我向很多人推荐，给好多人送书。在我的朋友中，像前面提到的副部长那样的人不少，还有的当一个局长副局长的，一天到晚公务缠身，应酬不断，连吃顿饭都不能安心，不是接电话就是有人找上门来，真有点"一沐三握发，一饭三吐哺"的味道，他们不是不爱读书，而是抽不出时间来读书，有的人叫苦不迭，当然也有的人觉得津津有味、乐在其中。

古人说:"助人为乐,读书便佳。"我这些年,在一个小小的单位里担任副职,工作上了轨道,轻车熟路;单位里人少,是非也少;加上我这个人不喜欢应酬,省去了许多无谓的烦恼。在这样的小单位里,最大的乐趣就是有充裕的时间读书,读自己喜欢读的书,我从中也体会到一点点"读书便佳"的味道。在不少人的眼里,像我这种活法的人,除了工作和读书之外,什么娱乐活动都不参加,实在太没有味道了,太没有情趣了。我承认我的生活很单调,但我自己并不觉得乏味。我不去追逐新潮的、时髦的东西,这些东西对我来讲,有的是我不屑一顾的,有的东西则是太奢侈了,而我从书中找到的那种味道、那种情趣,自己已经很满足了。

关于南老师的著作,我再说一点个人的看法。他的全部著作,内容都是有关传统文化的,主要是儒、释、道的学问。我们的老祖宗留下来的文化遗产极为丰富,在世界上也是少有的;但我们现代人,面对这浩如烟海的传统文化遗产,怎么样去弘扬,怎么个取舍,是一个首要的问题。毛泽东在几十年前就提出了一个原则,叫"取其精华,去其糟粕";但什么是精华,什么是糟粕,好像也没有一个固定的明确的标准。因此,在过去几十年的时间里,传统文化中的许多优秀作品,一度被随意贴上"封建腐朽"的标签而遭到禁锢;在改革开放之后,出版发行方面搞活了,古代书籍的出版出现了空前繁荣的局面,但与此同时也出现了良莠不分的现象,怪、力、乱、神的东西充斥书摊。而综观南老师的著作,可以说体现了"取其精华,去其糟粕"的精神;他在书里所讲的,可以说都是积极的、劝人为善的内容。南老师读的古书很多,他脑子里装的东西很多,什么乱七八糟的东西都有;可是,他在往外拿的时候,是有选择的,特别是要印成书的时候,他就更加慎重了。因为他讲课也好,出书也好,并不是为了扬名,更不是为了赚钱,而在于教化,在于教人向善,而不是唆人作恶。他不让出版《老子他说》的下集就是一个很好的例子。再比如,关于算命看相的事，他说自己都懂但不玩。"不玩"两个字，道出了他对传统文化中消极的东西的态度。"文章千古事，得失寸心知"，南老师著作等身，名扬天下，但他还是经常处于"如临深渊，如履薄冰"的心境，生怕自己的著作给社会给他人带来不好的影响。

　　如果把南老师的全部著作读完，细心的读者也许会发现一点问题，我个人的看法有两点。一个问题是有些内容重复，同样的话、同样的例子在几本书里出现。有的重复是不可避免的，因为古代经典四书五经本身互相引用，同样一句话在好几部经典中出现，南老师在讲解的时候，也必须讲到。有些典故、诗词，是南老师讲课的时候引用的，整理成书，同一个典故，同一首诗词，就出现在几本书里。南老师的书不是由一个人或一个班子整理的，在出版的时候，没有注意到减少重复的问题。还有一个问题，南老师的书在文字上还有润色加工修改的余地。南老师的书大多数是根据他的讲课录音整理的，长处是口语化，通俗易懂；但有的地方显得准确严谨不足。这些情况，南老师自己也知道，但他没有时间和精力来做修订的工作，他身边也没有一个班子，甚至没有一个人能安下心来做这件事。好在这些问题只是白玉瑕疵，不影响南老师著作的价值和读者对内容的理解。我曾经有心来做这件事，向南老师提出过建议，搞一个修订本，但这件事工作量太大，又限于个人的学力，只能先做一点零敲碎打的工作，发现哪本书上有需要修改的地方，就向南老师报告，南老师研究后，就会通知出版社把它改过来。

第十二章
旁门左道不要玩

好几个人，同我谈起南老师，都脱口而说，南某人是一个"杂家"；还有一位见多识广的朋友说，南老师这样的人，三教九流、旁门左道的东西，一定是精通的。我这几个朋友，只是读了南老师的几本书，对南老师又了解又不了解，我不知道他们是怎样得出这个结论的。这里，我把我了解的情况写出来，看看南老师在这方面的学问和他对"旁门左道"的态度。

道家经过几千年的演变，除了上面说的丹道、隐士之外，还衍生出许多派别分支，所谓"旁门左道"。看相，算命，看风水，炼丹修长生不老，在民间大行其道，长盛不衰。新中国建立以后，这些东西作为封建迷信，经过历次政治运动，被一扫而光；几十年当中，同吸毒、娼妓这些乌七八糟的东西一起，几乎销声匿迹，鲜为人知，中国在这方面的成就为世人所称道。改革开放之后，伴随着经济的繁荣，同外部世界接触的增多，人民享有的自由的增大，这些东西也随之沉渣泛起，到处可见。走在各地的大街上，算命的，看相的，比比皆是，这些跟道家当然扯不上什么关系，只不过是江湖骗子罢了，而且，其骗术也不高明。还有高级一点的，打着研究《易经》、研究气功、研究特异功能的旗帜，到处登广告，办培训班，也很有市场，很能赚钱；有的人甚至一度红得发紫。

看相，算命，看风水，还有气功和特异功能等等，这些从道家学术衍生出来的东西，历来被归入"三教九流"、"旁门左道"，上不了台面。这些东西，南老师都通，都作过研究，也都能讲出道道来。但南老师的态度很明确，一方面，他认为这些东西是有某种道理的，不能把这些东西一概归入迷信而加以排斥。但另一方面，南老师不玩，更反对拿这些东西来赚钱来谋利,他也劝别人不要迷信这些东西。

未卜先知而不露

比如预测,现在在全世界都很流行,成了一门学问。美国的奈斯比特,以他的《大趋势》一书名扬世界,他相继又写了几本预测的书,都风靡一时。其实,世界上的每个民族,自古以来,都流行着预测学,我国千百年来,在这方面,道家人物更是专长于此道,掐指一算,未卜先知,为平民百姓所津津乐道。什么《推背图》、《烧饼歌》,这些书南老师那里都有。我拿《推背图》来翻翻,看不懂;经人指点,原来有这样那样的含义,总觉得牵强附会,我当然不予认真理会。

南老师不相信那些旁门左道的东西,但他推崇道家的学问,特别是包含在《易经》里的预测学问,他也经常对现实重大事件进行预测,往往被他言中。一位美国学生,放弃优厚的待遇,长期追随南老师,他对南老师佩服得五体投地,因为,八十年代中期,南老师在美国的时候,这位洋学生就跟着南老师,听过南老师对许多世界大事作过预测,特别是关于中国的事,南老师的话,后来都得到应验。他对我说,南老师是你们中国的国宝,可惜你们中国人自己还没有认识到。

"六四"事件,南老师在香港,他在开始时,对青年学生寄予一定的同情,但事态发展之后,他很快改变了态度。他通过长途电话,劝说他所认识的年轻人见好就收,赶紧回家,不要再闹了。"六四"之后,香港的舆论界有的非常激烈,还有很多人对北京的局势把握不住,不敢去投资,甚至连旅游都不敢去了。南老师那里电话不断,有从台湾打来的,还有从欧美打来的,都要听一听南老师对局势的看法。南老师对他们说,三个月之内,共产党就可以控制局面,你们放心去投资。前面提到过的"光华基金",就是在"六四"之后的几天,南老师叫他的学生到北京,同国家教委签下协议。这样的事,现在听起来,好像没有什么大不了的,但在当时那种情况,在香港那种环境下,南老师的那种高瞻远瞩的气概,那种审时度势的睿智,不能不令人佩服。

接近南老师的人说,南老师精通《易经》,他用《易经》的方法来预测天下大事,因此,预言都能应验。我没有听到南老师讲预测的过程或预测的方法,南老师一般只讲预测的结论,所以不了解南老师怎样运用《易经》来进行预测。偶尔听到南老师说到,去年是"雷水卦",流年不利;今年是"未济卦",还看不出眉目。这些卦都是《易经》上的东西,他的座上客中没有几个人深入研究过,南老师只是点到为止,不展开谈。南老师分析,中国改革开放以来,是中国近代史上,一百多年来最好的时候。从"鸦片战争"以来,内忧外患不断,而这些年的境况,则是从来没有过的。南老师认为,从现在开始,中华民族将有两百年的好运,但关键还是靠我们自己,我们自己要很好把握住。这里,南老师只讲结论,没有讲过程,没有讲为什么,大概是"天机不可泄漏"吧!这是宏观方面的、长期的预测,还有短期的预测,那是经常发生的。南老师在香港办了一个公司,自己担任董事长,做进出口贸易,也做房地产生意,也投资股票、黄金、外汇等。香港的房地产、股票市场,受政治等各种因素影响很大,经常大起大落。好几次,因为政治因素的干扰,股票和房地产行情普遍不被看好,而南老师慧眼独具,认为股票看涨,南老师的周围有人大胆吃进,结果赚了一大笔。但这种事,南老师只当作玩玩的,并不认真。有一次,他身边的一个人,也是听了南老师的话去买了股票,结果被套牢了,一直埋怨南老师,说听他的话听错了,南老师笑着说,谁叫你听的。

南老师的这个公司,经过几年的发展,已具有一定的规模,但在香港还没法同那些大公司比;南老师自己也没有全力以赴,他只是每天下午去公司上班,公司的大小事情有他的学生管着,有些决策性的大事,由他拿主意。实际上,他的心思没有全放在生意上,也不过是玩玩而已。

用《易经》的方法进行预测，南老师是非常慎重的，一般情况下是作为茶余饭后的谈资，而且，南老师在讲的时候，开头总要说明一句："现在我讲一点迷信的话，根据《易经》……"有时候他还会开玩笑地说："我讲的这些东西是我们'党内秘密'，大家不要出去乱说。"他这里说的"党内"是指在座的一班人。所以，很明显，南老师平时在谈到今年是《易经》上什么卦，明年是什么卦的时候，只是作为一种参考。但南老师的那个"党内"情况是很复杂的，上他那儿去的什么人都有，有的人是第一次到南老师那里，听到南老师在饭桌上的这些"精彩分析"，闻所未闻，就把话传开了。北京有一位年轻人，读了南老师有关佛法的书，自己称很有心得。他想拜见南老师，跑到我那儿，希望我引荐。他告诉我，说南老师根据《易经》预测，一九九七年，人类将面临一场大灾难，到时候我们该怎么办？我看他那么认真的样子，觉得问题有点严重，问他是从哪儿听来的。他说是从一个朋友那儿听来的。我就对他说，千万不要再乱传，我从来没有听南老师讲过这样的话，根据我的判断，南老师也不会讲这样的话。不久，我见到了南老师，问他有没有说过这样的话，南老师笑笑说：都是乱传的，我怎么会讲这样的话呢？

其实，关于预测学，南老师在他的著作里，早就表明了自己的态度——可以研究，但不要盲目。孔子在《系传》里有一句话："易为天地准，故能弥纶天地之道。"意思是说，《易经》的这一套学问，是宇宙的大原则。古代根据孔子的这句话，以天文气象的变化，来推测天下人世的沧桑，发展出"谶纬之学"，或叫"图谶之学"，就是现代人所说的预言或预测学，在中国历史上影响非常之大。南老师说：中国过去在科学上，以天文法则看天象的演变，就是天上的气候、宇宙气象的演变有一套法则之外，我们的文化，也没有找出孔子所说"易为天地准"的道理；所以，我们推崇《易经》，但也不要推得那么高。孔子的话"故能弥纶天地之道",就推得太高了,等于说,宇宙里任何法则,人事物理,一切事一切理的原则,没有超过《易经》的范围。

南老师对预测学的这个态度,我以为是讲科学的,"可以研究",那是少数人的事,哪怕研究一辈子而一事无成,那也没有关系,毕竟只是少数人的事。"不要盲目",则是讲多数人的事了,如果多数人盲目相信一种预测,那就可能造成社会问题。可惜南老师的这个态度、这个观点,写在了书上,经常挂在嘴里,有人还是不明白。有一次,南老师的一个学生从海外老远跑来,拿出一份剪报,一篇讲预测的文章,解释《黄檗禅师诗》。他很认真地对南老师说,这篇文章很好,解释清朝十个皇帝的事都很准确,并提出一九九六年是中国的关键的一年,然后请教南老师,台湾会怎么样,自己该怎么办。南老师很不耐烦,把他狠狠地训了一顿。南老师说,你怎么越学越迷信了,不要相信这些乱七八糟的东西啦,我一辈子不搞这个的;你问我台湾会怎么样,我怎么知道;至于你怎么办,你该怎么办就怎么办,来问我有什么用。

《易经》太深奥了,我没有钻进去,对南老师在预测方面的学问,很难作介绍。我从旁观察,认识南老师的许多人把南老师看作是"预言家",认为他的预测都非常准确,我想可能有几方面的原因。

第一,南老师熟悉几千年的历史,又有极为丰富的人生阅历,所以,在待人处世上,他都是以历史人生的大章大法为依据,目光远大,不会被暂时的曲折所迷惑所左右。在国际或国内出现一些重大事件,事情刚刚发生、许多人都感到突然的时候,南老师就可以看到事情发展的结果。在南老师身边,你可以感觉到,这个世界上,好像没有什么事情会使南老师吃惊,好像没有什么事可以逃过他的预料。前几年,围绕邓小平同志的健康问题,海外媒介进行各种各样的猜测,经常散布小道消息;国外的"中国通"们,更是逮到了好选题,专著一本一本出来,什么《邓后的中国》、《后邓时期的中国》等等,我看过一些,不能说一点道理也没有,但许多文章或专著作者的立意,说句不客气的话，就是唯恐中国不乱。南老师在大陆做很多事，同北京高层也有很好的关系。但生活在海外的一些人，出于各种原因，有时心里不免犯嘀咕，于是向南老师建言：同北京的关系不要搞得太密切。南老师不理会这些劝告，我行我素，因为他把握住大局的趋势。

第二，南老师看人生，拿《易经》来说，只有四个字："吉、凶、悔、吝"，"吉"是好的，只占四分之一，"凶、悔、吝"三个字都是不好的；人生一辈子，做任何事情，结果都脱不开这四个字。或者如佛学里讲的，人生充满了痛苦，"百年三万六千日，不在病中即愁中"。人生的痛苦，悲欢离合，南老师都经历过了，所以，南老师现在做事，已没有什么后顾之忧了；荣辱得失，全不在他的考虑之中；他现在做事，不问结果，他个人不再要得到什么了。排除了个人的私欲，超然物外，对错综复杂的现实世界，就有那种高屋建瓴的姿态，那种冷眼向洋的智慧，那种指点江山的勇气，说出来的话就能掷地有声了。

第三，南老师一生经历过的事情太多了，人生"不如意事常八九"这种经验教训，是非常深刻的，做事情不如意、不顺利才是正常的，相反，什么事情都是一帆风顺，一点麻烦也没有，倒是不正常的。南老师身边的人，包括我，做一点南老师交办的事，有时候对事情的估计过于乐观，以为一件事情，完全是好事，就应该一路绿灯，准能做成；因此，一旦碰到麻烦，就想不通，为什么会搞成这样；有时候还会为南老师鸣不平，抱怨对方太没有道理了。碰到这种时候，南老师就会出来说：我早就说过，这件事是做不成的。南老师秉持这种态度做事，就很豁达，很潇洒，事情做成了，开心几分钟，又开始做另一件事；事情没有做成，也没有关系，本来嘛，根据佛法，只讲耕耘，不问收获，做得成做不成都没有关系，何况很多情况下，"谋事在人，成事在天"，大可不必怨天尤人，自找烦恼。

还有一点，南老师一天到晚在谈古论今，免不了对一些重大事情加以评论，进行预测，说准了，就传扬开来，说南老师怎么怎么有神通；但南老师也有说不准的时候，说了就说了，没有人会把他的话记下来。南老师毕竟不是"神仙"，他自己也从来不以此自居。

用人先看相

比如看相，南老师也很有研究，各种相书，各种派别，他都研究过。什么"麻衣相法"，什么"紫微"、"紫平"，南老师都能讲出一通道理来。对曾国藩的《冰鉴》，南老师也很推崇；他认为曾国藩一生有十三套学问，但只留下两门学问，一是"家书"，一是《冰鉴》。《冰鉴》是一部看相的书，曾国藩提出，"功名看器宇；事业看精神；穷通看指甲；寿夭看脚踵；如要看条理，只在言语中。"南老师认为，曾国藩的这些话是很有道理的，是很科学的。南老师根据自己的人生经验，来说明看相——在古代叫"形名之学"——是一种科学，实际上是研究"人"的科学。他还要他的学生去读魏代刘劭著的一部书——《人物志》，他说，这本书比起现在从国外传进来的"人事管理"、"职业分类"这些学问来，要高明得多。

对看相这种被列入旁门左道的东西，南老师把它当作一门学问，他研究过，也学通了，在他的处世待人中，也经常加以运用，但他并不迷信。

他每天下午下了班，来到招待所，第一件事是打开电视机，看新闻，这成了雷打不动的习惯。在香港，他早早就花钱装有线电视，好接收中央电视台的新闻。新闻中出现的人物，国际的，国内的，他经常会用他那套看相的理论，对各种人物加以评论。我陪他看电视，听到他不少独特的见解。克林顿当上美国总统，电视上出现他就职演说的画面。南老师说，这个人的相不好，成事不足，败事有余。对我们国家高级官员，他也评头品足。这个人相好，看起来挺忠厚的；这个人两颊没有肉，恐怕是劳碌命，很辛苦。这个人法令纹很深，是个帅才。这些东西，我是一窍不通，当然也不去深究。有一次，在看电视的时候，南老师对我国一位高级官员的相赞不绝口，说这个人的相好，这几年政绩也很好。我说，他的相看不出什么特别的地方。南老师说，你不懂，这个相是福将的相。

有时候，电视里出现一些地方负责人的镜头，南老师的评论往往是贬多于褒。有的站没有站相，坐没有坐相，没有一点威严。言谈举止，"望之不似人君"，不像一个领导人、负责人的样子。

南老师的这些评论，实际上有两个方面的内容，一个是人的长相；一个是人的仪态举止，一举手一投足，当然也包括了衣着边幅。长相基本上是爹妈给的，不去说它；仪态举止是可以改变的。可是，我们对这个问题似乎还没有引起足够的重视。南老师从小接受旧式教育，学问就从"洒扫、应对、进退"开始。而我们，已经几代人不讲这些了。毛泽东在几十年前曾经反对过"游击习气"，他当然没有提倡儒家的这些礼仪，但还是提出应有的行为规范。可惜，"游击习气"到现在恐怕也没有根除。在普通老百姓身上，仪态举止算是小事情，而反映在高级官员身上，影响就比较大了。特别是现代，电视进入千家万户，高级官员的仪态举止，通过电视传到老百姓的视线里，那种印象是很深刻的。

记得八十年代在美国的时候，美国举行总统选举，共和党的里根战胜了民主党的蒙代尔，连任总统。当时美国新闻媒介许多评论认为，里根之所以能取胜，一个重要的原因，是他的风度，他的仪态举止；有的评论甚至说，在电视时代，不是老百姓投票选总统，而是电视在选总统。

我们现在选拔干部，对德才方面很重视，考察干部以"德、能、勤、绩"为标准，还写进了公务员条例，这当然是对的。但当上了公务员、干部、官员以后，对气质、风度和仪态举止，好像没有引起足够的重视,也没有人去研究。在电视画面里,经常可以看到一些人,衣冠不整,胡子拉碴。

几年前,一位颇有威望、地位相当高的负责人,有一次在电视镜头中出现,他边往前走,边扣裤子前面的纽扣,大概是刚从洗手间里出来,没想到被摄进电视镜头。我的一位朋友,是一个爱管闲事的老干部,看了后很生气,急着给电视台打电话。像这种很不雅观的镜头,我不认为会给这位领导人的威信造成多大的影响,但总是给人留下不好的印象。这里我又想起一件事,北京举办亚运会,其中有一位劳苦功高的人——组委会秘书长万嗣铨,在亚运会开幕之前,他在北京到处做报告,谈亚运会的筹备情况。他的报告很生动、很精彩,往往催人泪下,对动员北京市民支持亚运会起了很大的作用。后来,电视台播出了他的报告会的实况,同样催人泪下。只是人们看到他的形象,有一种说不出的感觉;因为他的一对大门牙露出来,很厉害,大大有损他的形象。亏了电视影响大,据说观众里的牙科医生看到了,很快帮他把那对大门牙换掉了,后来,万嗣铨出现在电视上,就是一表人才了。我也长了一对大门牙,只是没有万嗣铨那样龇得厉害。我上过一次电视,一次专题采访,等节目播出来自己一看,真有一种"无地自容"的感觉,从此,下决心这辈子决不再上电视。我不过是平头百姓一个,可以避开电视机的镜头。而那些政治舞台上的大小角色,不得不经常上电视,上电视就是他们的本职工作,对自己的仪态举止不能不引起足够的重视,哪怕是头发乱不乱,胡子刮了没有,领带系好了没有,衣服的颜色是否协调等等,这种看起来似乎是小事,但都不能等闲视之。当然,这种事情,电视台的编辑、记者恐怕也要负一点责任,能不能把这个事情作为"电视美学"的一部分加以研究、加以改进?

从看相谈到高级官员的仪态举止,这些只是我自己平时的一点感触。西方的领导人和政客们,在这方面是很注意的,我们的政治制度不同,不好比,不好学,不去说它。在东方,我们是礼仪之邦,但几千年来讲究礼仪的优秀传统，现在差不多都丢掉了。看看日本、韩国，也是受儒家的影响，他们保留得比我们要好多了。在台湾，尽管"国会"里经常大打出手，演出全武行，臭名远扬；但他们平时在仪态举止上还是很注意的。李登辉还是"副总统"的时候，每次去见"总统"蒋经国，总是半个屁股坐在沙发上，显得毕恭毕敬的样子。台湾著名作家李敖是个反对派，曾经写过一篇文章，题目是《李登辉的屁股功夫》，还配有一张李登辉见蒋经国的照片，李敖说李登辉当年是如此恭敬，自己掌权后就换了一个样子。

仪态举止对政治人物来讲，重要性是不言而喻的。政治是一个舞台，政治人物是这个舞台上的一个角色。最重要的当然是你的理想、智慧、胆略、学识，但这些东西，普通老百姓是很难观察和判断的，他们看到的只是你的仪态举止，所以，国外把公众领袖的"亲和力"看得很重。所谓"亲和力"，就是通过你的仪态举止，你的一言一行，在群众里产生的魅力、吸引力和凝聚力。

回过头来讲南老师。南老师的相是很好的，普遍的评价是"道骨仙风"。南老师的个头不高，只有一米六几，体重大概不到一百斤，一个又瘦又矮的干巴老头子。但是，当你站在他的面前时，你就会有一种特别的感觉。南老师给人一种威严的感觉，他的身上散发出一种巨大的魅力；同时，他又那样慈眉善目，具有一种很强的亲和力。当然，人的长相是天生的，但南老师的仪表，同他一辈子学禅修道也不无关系。港台一些有名的相士，南老师学生中懂相法的人，都给南老师看过相，说南老师的相如何如何，南老师听了一笑置之。南老师研究古代相法，他认为，真正的相法，眉毛、鼻子、眼睛都不看的，主要是看这个人的处世的态度和条理。

南老师有一个学生，是一个"相士"，在台湾很有名气，有"刘神仙"的美誉，五十来岁，台大毕业的。他给人家看一次相，算一次命，收人家好几万块钱，收入相当可观。我头两次去南老师那里，都碰到过他,他从台北过来看南老师。他一坐下来,三句话不离本行,对看相算命津津乐道。南老师劝他,不要再玩这种东西了,可以收摊了,去做更有意义的事;也可以到大陆去投资,现在正是好时候,没有路子,南老师说可以帮他。但这位"刘神仙"不听南老师的话,还是谈他的算命看相的事,谈蒋经国的命相,谈李登辉的命相,谈得头头是道;给大人物算命,更容易扬名。南老师苦口婆心,叫他就此打住,并给这位大相士看相,说他这一两年里有一个坎,要注意;南老师还举了历史上有名的相士,最后都没有好下场。所谓"察见渊鱼者不祥"。历史上有名的易学大师,东汉时代的京房,就是同他的老师焦赣创造出"京焦易"的,他能未卜先知,言无不中,连皇帝有什么事情都去问他。他的老师焦赣说,京房把我的易学学通了,将来必死于易学;结果京房果然被杀头。还有一个有名的人物是宋朝的邵康节,出入儒道,写了一本《皇极经世》,被后世推崇为"易学大师",学问很是了不起。但邵康节的命运也并不很好,只活到五十九岁。南老师举这些例子来规劝"刘神仙",但没有劝动他,他的兴趣还在算命看相上。一次,在座的正好有一位北京来的老同志,是一个副部级干部,这位"刘神仙"就同他套近乎,很想请他帮忙搞到江泽民、李鹏的"八字"。算命的都要先报"生辰八字",就是一个人出生的年、月、日,还有什么时辰、就是几点钟出生的,报不出"八字"就算不了命。我们大陆一般人几十年不讲什么"生辰八字"了,自己的生日当然是记得的,但要问是什么时辰出生的,大多数人都讲不出来了。"刘神仙"想搞到江泽民、李鹏的"八字",谈何容易,这位老同志当然不会帮他去搞,如果真的找到江泽民、李鹏,恐怕连他们自己都不一定讲得清楚。

隔了一年,我再次到南老师那里去,听说这位"刘神仙"已经死了,才五十出头,突发脑溢血,送到医院就没救了,也可以算是暴死,应着南老师对他说的"察见渊鱼者不祥"的那句话。这些所谓的"铁嘴"、"神仙",能不能"察见渊鱼",能不能"洞察天机",我不想去深究；但他们为了能赚到钱，挖空心思糊弄人，还得自圆其说，把心力都耗尽了，似乎是事实。

对这些算命看相的事，南老师并没有把它当真。有人要给南老师算命，算八字，南老师说："我的八字早就算好了，叫做'生于忧患，死于忧患'，八个字；我们这一代人，都是这八个字。"但南老师接触江湖上的人也很多，他的学生里有人对这些东西也挺有兴趣。我就碰到一次，南老师的一位学生，听说大陆来了三个人，其中有一个"神医"，还有一个"相士"，据说都很有本事，问南老师要不要把他们请来。正好那天晚上没有什么要紧的事，南老师就说好啊好啊。于是，那位学生立即开车去接。来了以后，请那位"相士"给在场的人一个一个看相，南老师在边上听着，偶尔插一两句话："有道理"、"讲得对"，但南老师自己并没有让他看。那天，在场的有二十来个人，大家高高兴兴，那三个人最后也高高兴兴走了，临走时，南老师那位学生塞给他们一万港币的红包。我在旁边看着，心里想，这是南老师的那位学生出钱，为南老师办了一个联欢晚会，他是个大老板，拿出一万块钱，算不了什么，这样的事何乐而不为。那三个人走后，南老师说：唉，跑江湖的，也不容易。

南老师常说：这些旁门左道的东西，我都不玩；我要是去玩，赚个几百万是很容易的事。我想，南老师讲这个话不是吹牛，凭着他的知名度，他的学识，他的口才，在港台这种地方，那些"半仙"、"铁嘴"是没法同他相比的。但南老师不玩，南老师不这样玩；他把形名之学、命相学用到为人处世上，用到人际关系上。

南老师在大陆做很多事情，有很多投资，还有很多文教基金项目，这都需要有人去管理；南老师自己派不出人来做这些事，就靠大陆向他推荐人。我们大陆使用一个人，或者提拔一个人，先要看履历看档案，要面试，还要广泛征求群众的意见，有的甚至搞民意测验。南老师不搞这些，他的办法比较简单，只要这个人的名字、一张照片和笔迹，根据这三样东西，南老师很快作出判断，用或是不用。照片可以看出一个人的气度；笔迹可以看出一个人的性格，西方也有人专门研究，"笔迹学"早已成了一门学问。一个人的名字也有道道吗？一般都是爹妈起的，从生下来就有了，难道一个人的名字会决定他一生的命运？这个问题南老师也作过研究。有一次，我开玩笑说，我也去琢磨琢磨，到退休后可以混碗饭吃。第二天，南老师就叫他的学生上街给我买了一本书——《姓名汇典》，专门讲一个人的姓名同命运的关系。这本书我带回北京，翻了几页，也琢磨不出什么门道来，大概是悟性不够，把书扔在一边。凭一个人的名字、相片和笔迹这三样东西用人，起点参考作用大概是可以的，是否准确，是否科学，肯定要打个问号。我就看到南老师也有用人不当的时候，甚至还有人在眼皮底下骗他坑他。好在南老师那里不是铁饭碗，等到发现这个人不行，炒鱿鱼就是了。

风水咒语有道理吗

看风水，古代叫堪舆，我不迷信风水，看过几本书以后，觉得同现代的地理学、水利学有点相通，有些东西可能还同现代心理学、人际关系学有点关系。我们老祖宗的这门学问，也传到外国，包括科学发达的西方。在国外的报刊上读到过一些文章，把我们古代的堪舆学同现代的企业管理结合起来。比如，一家公司，大门向哪个方向开，办公室怎么布置，老板的桌子放在什么位置，都有讲究。两个职员，面对面坐，互相容易沟通，关系就比较融洽；如果背靠背坐，往往容易产生隔阂。这些办公室里的风水学，说它是迷信吗？也许不全是，它可能也有点道理。美国的犹太人是很会做生意的，近年来，许多犹太老板对中国的风水理论很有兴趣，花大钱聘请华人命相家、堪舆家，去给他们的公司指导，据说效果很不错。

南老师小时候就对堪舆发生了兴趣，我看有两个原因。一个原因是，在传统文化中，读书人都要懂三理——命理、医理和地理。南老师说过，中国文化讲孝道，懂得命理，父母岁数大了，什么时候是个关口，自己出远门能不能回来，要心中有数；父母病了，懂医理，就知道怎么治疗；父母不幸去世了，懂得地理，找个好地方安葬。南老师从小读古书，对这些东西自然有所涉猎。另外一个原因，温州这个地方过去对风水很重视，特别是选坟地，一定要请风水先生。南老师小时候就跟风水先生跑过，觉得很有趣。

有关风水、堪舆这些东西，南老师在他自己的几本著作中都谈到过，态度非常鲜明。可以这么说，南老师懂风水懂堪舆，但他不拘泥于所谓的风水理论。年轻时，他以好奇的心态涉猎堪舆学，探索把玩，疑信参半；等到年事日长，拿他自己的话，是"涉猎既多，憬然而悟"，就不再有任何的迷信了。南老师认为，堪舆之学，是我国古代质朴的科学研究，有没有道理，也难下断语。可惜两千年来，只把它用在埋死人上了，流入江湖，又加上许多妖妄之言，实在是一个大错误。他劝诫别人不要迷信风水，老一辈的风水理论里还有一德、二命、三风水、四积阴功、五读书之说，那些迷信风水可以改变人生命运的人，要从这个理论中醒悟。南老师的儿子在老家给他选了一块好坟地，南老师马上写信去，告诉儿子，"青山何处不埋人"。有人说他办公室的位置不对，不能坐，南老师偏要坐。他说：我一辈子不在乎这个，一生行事无愧无怍，了无所憾，所以什么都不怕。

蒋经国晚年，患过一次眼疾，很严重。一个风水家说是风水不利，都是"总统府"前面的那个天文台"冲"的，一纸报告递到"总统府"。管事的人觉得很难办，相信吧，拆掉那座天文台可不是一件小事，那是美国人帮助建造的，刚刚完成就拆掉，弄不好会引起外交事件，何况宋美龄是个基督徒，要说服她相信风水先生的话可不容易；不相信吧，蒋经国病成这样，万一风水先生说的真有道理，不听他的，耽误了病情，也不是闹着玩的。这位管事的人在左右为难之中，突然想起了南老师，何不请这位高人去看一看，拿一个主意，该怎么办就怎么办。南老师本不想管这种闲事，何况他也不相信"总统府"门前的一座天文台同蒋经国的眼病会有什么联系。但那位管事的是他的老朋友，这个忙还不好不帮。南老师自己悄悄地坐出租车去转了一下，又叫他的一个学生，带着罗盘，到"总统府"前面装模作样勘察了一番。然后，回了一句话：不碍事的；不过，为了把事情办得妥帖一点，最好给那个风水专家送一笔钱，叫他不要再吭声。结果自然是，那座天文台没有拆，蒋经国的眼病还是请医生治疗。

几年前，南老师想在北京买一座四合院，给我写了一份委托书，叫我去物色。我在北京跑了不少地方，终于看上了一处，我觉得挺理想，面积够大，地段很好，煤气、暖气、热水都是现成的，价钱合理，搬迁户的问题也不复杂，北京难得找到这样的四合院了。我立即报告了南老师，他催我赶紧想办法买下来。接着，南老师国内外的学生一批一批来，我都带他们去看这座房子，大家都说很不错，可以买下来。但是，其中一位，跟了南老师多年，自己还花时间钻研有关风水、堪舆的学问，颇有心得。他一看这所房子，就说风水不好。为什么？原来，这所房子的右边也就是西边的邻居，是一幢大高楼；我原以为，在北方，冬天西北风很厉害，西边有一座大高楼，还可以挡一挡西北风。而这位老兄说，在风水的理论上有"左青龙，右白虎"之说，右边这座高楼一挡，风水就不好了。白虎坐镇，将来必是小人当道，女人当道。还有一个人说，这所房子的门牌号是"一九四号"，这个号很不吉利，"一九四"同"要就死"谐音，谁要了就会死。我一想吓坏了，如果买下这座房子，万一哪个人有个三长两短，我的责任可担当不起。我在电话里又报告了南老师，南老师说，你不要管这些了，你不懂，赶紧把房子买下来就是啦。后来，我又费了很大的力气，房子还是没有买成，是中间人和卖方的问题；我也失掉了一次检验风水理论的机会。

比如咒语，梵文称"陀罗尼"，意译为"总持"。南老师的解释是，总持者，即为归纳多义而为简易符咒之谓也，故佛之密教曰："一切声音，皆是陀罗尼"。咒语本来在密宗里是一种修持的方便法门。

咒语不仅在佛门密宗里有，世界上几乎所有的民族都有。在我国，从古至今，咒语是旁门左道里的一种主要花样经，或写在纸上布上，或口头传，说是能消灾治病，实际上是骗人钱财，弄不好，病情被耽误，还要送命。这里面的鬼把戏早就被科学发展所戳穿，无非是用最简单的化学药水，甚至用醋或淀粉写字，一烧或放在水里，字就显出来，胡说是神仙显灵。或者干脆不用写，嘴里念念有词，就能除病消灾。大陆这些东西被禁了几十年，现在又沉渣泛起，甚至在大城市街头都有人在兜售咒语。

南老师对咒语也有研究，当然不是前面讲的这种骗人的东西，而是密宗里的咒语。密宗里咒语到底有多少种，我问过南老师，南老师也答不出来，说太多了，搞不清楚。南老师在他的一些佛学著作里介绍过一些，他也给他的学生传授咒语。他的一些学生跟他学佛，一天到晚，手里拿着一个计数器，嘴里念念有词，念一句，按一下计数器，一天要念几千次。比如，观音菩萨的"六字大明咒"，念的是"唵嘛呢叭咪吽"。南老师说，这个咒子流传很广，济公和尚一辈子念的就是这个咒，小说传记上描写，济公每次遇到妖魔鬼怪，便拍一下后脑，念一句这个咒子，赫赫光便出现了，降妖伏怪，无往不利。南老师在台北时，曾教过一位委内瑞拉的留学生，说到这个咒子，那位学生说，他们那个民族的人也念这个咒，代代相传。

念这种咒，说会产生什么法力，今天一般人都不会相信，只有学佛的人才会相信。但我以为，经常念咒，并且长期坚持，对身体、对心理可能会有点好处；碰到突然事件，至少可以起到镇静的作用。比如家里有亲人故去，念咒子对死者来说，肯定不能超度亡灵，但对生者来说，可以分散注意力，减少忧伤。大家可能注意到，在国际体育比赛中，许多著名运动员，在比赛之前，嘴里总是念念有词，不知道他们在念什么。拿宗教来比较，你不妨说他们在念咒子，不管他念什么，在心理上肯定有作用；因为国际比赛，对运动员的心理压力太大了，赛前念咒子，可以消除心理压力，研究运动心理学的专家和运动员不妨试一试。

这是我对咒子的分析，南老师可能不完全同意，但从南老师的调查研究结果看来，我的这个说法有一定的道理。早年，南老师除了学佛学禅外，同社会上的三教九流都打过交道，他问过那些人，平时念的是什么咒子；问了很多人，得到的回答，使南老师觉得很好笑。过去，黄河以北有个理教，不抽烟，江湖上碰到了，你递一支烟过去，他会说：对不起，敝人在理。这个理教有个咒语，叫"五字真言"，同佛法里的"五字真言"不一样，是很秘密的，叫做"六耳不同传"。三个人在一起，不能传授这个咒语，必须由一个人传给另一个人，一个人的嘴对着另一个人的耳朵传授过去，六耳不同传。得到传授以后，不能念出声来，只能在心里念，只有在碰到灾难临头时，才能念出声来。比如，在要被杀头的时候，大声念一下这个咒语，刀就砍不进去。这么灵的"五字真言"，究竟是什么？南老师后来了解到，原来很简单——"观世音菩萨"五个字。南老师说："可笑吗？但那么多人就是相信，真诚地信。"这个教派还有一个咒子，南老师后来听说了，也觉得很可笑。原来，这个咒子就是曾子的《大学》一书开头的那段话："大学之道，在明明德，在亲民，在止于至善。"

南老师有神通吗

关于神通，也是许多人感兴趣的。在南老师的学生中，有个别人认为南老师是个有神通的人；有的学生也想跟南老师学一点神通。南老师的书在大陆发行多了，形成了一个很大的读者群，其中也有一些人，认为南老师是个有神通的人，好几个人找过我，要我引荐，跟南老师学一点神通。究竟什么是"神通"？说这种话的人恐怕自己也没有搞清楚。佛经里讲所谓"神通"，有六种：一、天眼通；二、天耳通；三、他心通；四、宿命通；五、如意通；六、漏尽通。佛教是从印度传过来的，我国的道家人物也玩这种东西。可以这么说，古代关于"神通"的说法，反映了古代人在生产力低下、科技不发达的情况下，他们的一种理想、一种追求；现代科学发达后，无线电技术的发展，这种所谓的"天眼通"、"天耳通"，早已从神话变成了现实。人类发展到现在，还有人在苦苦追求"神通"，甚至标榜自己有"神通"，除了用"愚昧"、"欺诈"这类词来形容，恐怕难以用别的话来解释了。

南老师的一些学生认为南老师是"得道的高人"，是有"神通"的，比如，说南老师双腿盘坐，只用双手的两个指头轻轻一点，整个身体就能腾空。还有，南老师的好几个老朋友临死之前，南老师在心灵上都有感应。他的表兄王世鹤去世前一个月，住在医院里，病情时好时坏，主治大夫颇为乐观，认为有好转的可能，而南老师却断言：不可能的，过不了下个月的八号。八号的晚上，南老师写好一副挽联，传真发到上海，而这时，病人情况很平静；但几小时后，到了九号凌晨两点钟，他的表兄溘然长逝。还有更多的讲法是，南老师一天只吃那么点东西，睡三四个小时，如果没有"神通"，是绝对做不到的。把这些事都归入"神通"，我只好姑妄言之，姑妄听之，好多事都不是我亲眼所见，我不能说三道四。像腾空的事，我看他年事已高，也没有要求他表演给我看。

南老师从来不承认自己有"道"有"神通"，佛门里有"制戒神通"的教导，禅宗的丛林规范也有"以神通惑众者，迁单"，"迁单"是"放逐"的意思，赶出山门。禅宗里还有"荷担慧命者，则不言神通，以平实为人，作人天表率"。对那些想跟他学"道"学"神通"的人，南老师也是很不赞成的，他说过："我有什么道？我有尿道、大便道。"他还常说，"神通"和"神经"只差一个字，你们不要变成神经病了。对人类特异功能的研究，南老师并不一概排斥、一概反对，他认为人的潜能还没有充分发挥出来，通过某种方法，是可以发挥特异功能的；他对历代禅宗大师的神通，可以说深信不疑。但对当今社会上以神通或特异功能为幌子，招摇撞骗，甚至谋财害命，南老师当然是不屑一顾的。而从南老师所弘扬的佛法来讲，即使真正有了神通，自己也决不会到处宣扬，更不会拿出来表演。因为佛经里明确指出，公开演示神通，本身就已违犯佛门戒律了。

如何对付黑道

还有关于黑社会，这是个人人听了都害怕的词，也是普通人不明究竟的一个东西。南老师对这个问题也作过研究，写过一本叫《中国两三千年的特殊社会》的书，没有出版，可惜书稿丢失了。这个"特殊社会"就是指黑社会，南老师把中国黑社会的源头推到春秋战国时的墨子，在那时的诸子百家中，墨家同儒家、道家一起，是百家中最重要的三家。中国几千年来，侠义道的存在，讲侠客、义气，甚至帮会，可以说都是受墨子精神的影响。墨子的教育是"摩顶放踵，以利天下"，从头到脚，凡是对天下有利的事，都要全身心地去做。墨家在春秋战国时代等于是一个帮会，是一个党派。现在称大老板为工商巨子，"巨子"这两个字就是从墨家来的，意思是帮会组织分支的头头。帮会组织，几千年来，在中国民间一直存在，它们内部组织严密，家法很严；在社会上做劫富济贫、除暴安民的侠义之举，甚至惩治贪官污吏，为民除害泄愤。这些情况，在武侠小说里描写很多，同现在意大利的"黑手党"和美国的黑社会大不一样。在清朝,洪帮、青帮这些帮会有很大的势力;在洪帮里能当上一个龙头老大也很不容易,要具备三个条件,三句话:第一句话,"仁义如天",朋友有难,命丢掉都要去救;第二句话,"笔舌两兼",要会写文章,会讲话,能写能讲;第三句话,"武勇当先",武功很高,还要身先士卒。在个人性格上还有三个特点,就是忍、等、狠。不具备这些素质和条件,就当不了头头。当年帮会组织中的这种精神,南老师认为,现在台湾、香港的黑社会里都没有了,现在都是乱七八糟的。南老师在饭桌上讲这些道理,他的学生们开玩笑说,某某人可以当黑道头目,某某人还欠缺一点,但数来数去,学生中没有一个人够条件,后来有一位说,只有南老师有资格当龙头老大。南老师听了,哈哈一笑。最后,一位从小跟在南老师身边的"徒孙"阿嘉说:"太老师也不够格,缺一个条件——不狠。"

南老师当然不是黑社会中人,但他早年,以及后来到了台湾,同黑社会的一些人也打过交道,有人甚至自称是他的朋友或学生。一直到后来,在他的所谓的学生中,也有黑道中人。南老师那里,来的都是客,知道那个人的底细就行了。大陆一个单位,同一个外商合资做生意,结果,对方卷走几十万块钱,逃之夭夭了。找大陆公安司法部门都束手无策,后来在南老师那里偶然提起这件事,还是那位黑道朋友帮忙,花了三个月,把那笔钱追回来了。

大陆这几年,黑恶势力有所抬头,在有的地方甚至还很猖獗,许多人百思不得其解。南老师说,这并不是一件奇怪的事,黑社会在中国民间存在了几千年,也不是现在才有的;当局者首先要研究黑社会,了解黑社会,然后制定出对策;了解了黑社会之后,还是有办法对付的。帮会组织是一种特殊的社会组织,外界想了解它非常不容易。当年在台湾,一些军界头面人物同南老师谈起黑社会的事,许多地方帮派特别多,觉得很难办。南老师说,这能怪谁,这些还不是你们自己教出来的！军队、警察和特务部门，有些人退下来，对现实有所不满，慢慢就形成帮派组织了，你们自己要负这个责任。说得那位军方头头眼睛瞪得大大的，愣住了。南老师说，这是事实。南老师曾经筹划过，运用他自己的力量和影响，使台湾某个很有势力的帮会扭转方向，不做或少做危害百姓和危害社会的事情，后来因为匆匆离台赴美，这件事没有做成。

帮会人士，或黑道中人，一般人不了解，一听就害怕。我在当驻美记者的时候，三教九流的人都接触过，高官、名流、学者、富翁、特务、警察、流浪汉、同性恋者，都有机会也有兴趣去认识认识，唯独黑社会，我碰都不敢去碰。听了南老师有关帮会的这一套理论后，真想有机会结识几个黑道中人。说来也巧，还真的让我碰到了。

台湾一个帮会的头目，很有点名气，两年前到上海经商，事业相当成功。这位老弟比我小几岁，对南老师的学问人格非常敬佩，把我们之间的距离一下子就拉近了。他侃侃而谈，我洗耳恭听。谈了一会儿，他就称我为"练大哥"了。他出身于台北的一个名门之家，问他为什么会踏入这一"行"，他说是从小看武侠小说看的，仰慕那些路见不平、拔刀相助的武林好汉。大学毕业后，加入了帮会组织，干过不少大事情，自己也受过伤，坐过牢。现在洗手不干了，到上海来经商，一心好好做生意，好好赚钱。我坐在他面前，听他神聊，脑子里就出现南老师说的"仁义如天，笔舌两兼，武勇当先"三句话，我不知道他是否具备了这三个条件，毕竟我同他相处只有大半天的时间，但他的思路，他的知识，他的口才，使人不得不相信他是一个人才。他到上海只有两年的时间，但他对上海的情况的熟悉，恐怕没有多少"老上海"能同他比；对上海许多行业的前景和存在的问题，对大陆各方面的政策规章，他都能谈得头头是道。

关于台湾帮会组织的现状，这位老弟很不满意。"黑"、"白"两道勾结，黑道介入政治，地方议会选举选出来的议员，不是黑道中人就是依托黑道，这是尽人皆知的。他说台湾有的警察坏透了，实际上是"有执照的流氓"。他认为台湾现在的帮会已没有当年那种传统和作风了。他自己虽然已退出，但还是规劝兄弟们，要重振当年的雄风，要在社会大众中塑造新的形象，至少有两件事可以做。一件是保护雏妓，这件事不能靠当局，不能靠警察，许多色情行业的后台老板实际上是警察。他们的帮会如果动用自己的力量，把这件事情做好，就一定能大得民心。还有一件事是禁毒。他说，他的帮会本来是不沾吸毒贩毒的边的，发现一个兄弟吸毒，马上就疏远他；因为吸毒的人不可靠，吸了毒，自己控制不住自己，说话乱说，就会泄露帮会的秘密，造成对帮会的危害，这一点同外国的黑社会是不一样的。现在台湾吸毒贩毒的情况非常严重，如果他的弟兄们能切断台湾毒品的来源，那将是一件功德无量的事情。

我在这里花这么多笔墨来介绍这位黑道朋友，是想说明南老师对这种特殊社会或帮会组织的独特见解，也说明南老师是以传统文化的精神，来对待帮会组织。既然帮会组织一直存在，完全靠抓靠杀解决不了问题，它像韭菜一样，割了一茬又会长出一茬，这是个古今中外都令人头痛的难题。南老师的办法看起来比较不错，他是用了解它、引导它的办法，但是，能不能见效，还不能肯定，南老师也只是有一点想法而已，他没有拿出精力来做这件事，因为他要做的事情太多了。

第十三章
养生之道——随时吃药

南老师的身体可以说是很棒的。虽然看起来清瘦清瘦的，可他的精力却非常充沛，动作非常轻捷，反应非常机敏，记忆非常清晰。他不常走路，但走起路来普通年轻人跟不上。他每天见那么多人，讲那么多话，还要回那么多信，看那么多书，工作时间那么长，而且从来没有休息日，一般人是难以应付的，所以说，南老师不是一般的人。

现在，我们的生活普遍解决了温饱，逐渐走上小康。碰上这样的好时光，大家都希望能好好享受生活，都希望自己能健康长寿，各种保健品充斥市场，各种保健操、保健功应运而生，对养生之道的重视程度，在我们国家的历史上，恐怕是前所未有的。在报纸杂志电视上，经常可以看到方方面面的名人，出来谈养生之道；又是名人，又活得长，他们讲出来的话，大家自然都相信，都爱听。南老师是名人，又健康又长寿，自然有人问他的养生之道。南老师却总是说：我有什么养生之道，无非是随时吃药。

随时吃药，大病不得

随时吃药，是这样的。南老师的客厅里有一个壁橱，里面摆满了瓶瓶罐罐，大部分是中药，大陆出的，香港出的，台湾出的；有成药，也有单味药。南老师只要感到稍微有点不舒服，稍微有点头痛脑热，自己就给自己配药吃。

香港这个地方，常年湿度大，气压低，古代所谓"瘴疠之地"，很容易得病。南老师的办法是随时吃药，伤风感冒了，赶紧吃药；吃了药，还坚持工作。偶尔听南老师说，自己觉得有点累，去休息一下，往往也只休息半个小时，顶多一个小时。有一次，客厅墙上的一幅画掉下来了，身边没有人，南老师自己动手，把画挂回去；他踩的椅子是带轮子的转椅，一滑，把他摔了一大跤。七十多岁的人，这一跤摔得不轻，躺了好几天，但每天下午六点来钟，南老师还是起来，到客厅接待客人，像没事一样。

这么多年来，南老师没有因为生病而影响工作。南老师的学生说，在台湾的时候，哪怕得了感冒，甚至还在发烧，南老师照样去上课，看上去一点事也没有。在香港，也是这样，有时候，南老师身体不舒服，但他吃了药，照样会客，谈事情，五六个小时，一点也没有疲惫的样子。这就是南老师的养生之道，注意保养，小病立即吃药，因此，几十年来，南老师没有得过什么大病，没有住过医院，他也不去检查身体。

唯一一次被算命先生称为"血光之灾"的，是在他四十三岁的时候，拔掉满口的坏牙。南老师的牙齿从小就不好，大概是吃零食吃糖多，加上当年农村还没有刷牙的习惯，到了十七八岁，就已经掉了三四颗牙。这一次，南老师去看牙医，一检查，没有一颗好牙了，通通都要拔掉。医生怕他经受不了，劝他分几次拔，他不听医生的劝告，叫医生加大麻醉药的剂量，一次都拔光。回到家里，满屋子的客人在等着，南老师把嘴里的药棉一扔，说自己是一个"无齿之徒"了，又同客人谈笑风生。

南老师自己经常吃药，也经常提醒别人吃药，他那一柜子的药，也是用来为别人服务的。朋友学生来看他，一进门，他发现人家气色不好，就告诉他要吃药。他不用把脉、看舌头，他只看气色。我看他是从生理和心理两方面，判断别人是不是有病。对有的人，事业心很强的人，劳累过度，满脸倦容，他就劝人把事情放一放，先调理好身体，来日方长；对有的人，他劝他在女色上要有节制，这样的学生在南老师面前也很坦白，承认自己在大陆养外室。有时候，南老师亲自给别人配药；有时候叫他的学生配。他身边的学生，好几个人都能开方配药，一方面是受他的熏陶，另外，南老师也送好几个学生到大陆，在医学院里进修过一两年，并不是要他们立即去行医谋生，而是希望他们掌握一种本领，好做济世利人的事。

南老师懂医道，他如果去行医，肯定会是一个很好的医生。他每天都在关心周围朋友的身体健康，随时给别人开方送药；大陆有的好药，他买来送给台湾香港的朋友，台湾香港的好药，他买来送给大陆的人，他买药花的钱不知其数；他推荐给人家的药，一般自己都吃过，没有把握的不轻易给别人吃。几十年来，他甚至治好了很多疑难病症。说起来，这类故事就很多了。他治好过晚期肝病患者，治好过严重心脏病的人，还使一个哑巴开口讲话。难怪那么多的人，把南老师当做自己的救命恩人，永世不忘。

南老师对生病和病人还有一个独特的做法，他自己不舒服的时候，躺在那里休息，他不让身边的学生来问寒问暖、送茶倒水，更不让他们请医生，他只要一个人不被打搅，静静地休息。朋友病了住医院，南老师一般不去看望。他说，病人在医院里，有医生护士照顾，你去看望，对病人的康复没有任何好处；去看望的人多了，问这问那，嘴里都说你要好好休息，结果是影响了病人的休息。南老师偶尔也去医院探望朋友，但都只说几句话："你躺着，不要说话"，然后送上东西，最后说一句："我走了。"

南老师这些治病救人及他生病养病的事，我都是听别人讲的。耳听为虚，眼见为实，心里难免有点存疑。但我在香港期间，亲眼看到好几个例子。香港一位移民局官员，也是南老师那里的常客，他的脖子上突然鼓出一个大包，西医认为是肿瘤，要动手术割掉。他心里害怕动手术，来请南老师指点。南老师摸了摸，说不要紧，不要去动手术，我给你一服药吃，看看情况再说。南老师身边的人心里犯嘀咕，怕万一耽误了人家的病情，可不是闹着玩的。结果，这位老兄听南老师的话，吃了南老师给他的药，一个星期，肿就小下去不少。后来，南老师又介绍大陆来的一位针灸大夫给他治病，很快就好了。这位移民局官员的孩子，得了一种怪病，浑身瘙痒难忍，去过多少次医院也治不好；后来，也是吃了南老师开的几服中药，很快就痊愈了。我亲眼看到那位官员领着孩子来向南老师道谢。

静坐修道，长生不老

　　南老师自己随时吃药，防止小病变大病，一般名人谈养生之道，都不大谈的。但南老师精神那么好，精力那么充沛，除了随时吃药之外，我认为，最重要的恐怕同他的静坐修道有关系。大陆现在气功之类的东西很盛行，各种各样的流派，学的人不少。有些可能有点道理，有些完全是江湖骗子。这些东西南老师都懂，他不一概排斥，而是提醒大家要小心。

　　南老师写过一本书，叫《静坐修道和长生不老》，在台湾和大陆都很受欢迎。关于养生之道，南老师在好几本书里都有专门阐述，比如，在《道家、密宗和东方神秘学》这本书里，就详细介绍了道家和密宗许多修身养性的理论和方法。还有在南老师的其他著作中，也都提到这方面的问题。我在读了南老师的这些著作后，发现南老师对传统文化中的养生之道，有很深入的研究，有丰富的学识；更为可贵的是，南老师对好多东西经过了自己的实验修证，采取了科学的态度，因此，南老师的养生之道，从根本上同那些江湖术士有本质的区别。南老师首先不相信神仙丹道的"长生不死"，他说："你什么时候真正见到世界上有长生不死的人？"古代经常传说某地某人已经活了几百岁，南老师说："绝对没有一个人敢亲自请出一位长生不死的神仙来见人。"

但南老师认为，长生不死并不是不可能的。南老师追求的长生不死有两层意思。第一，南老师说："所谓长生，就是祛病延年的引申，一个人了解了许多养生必要的学识，使自己活着的时候，无病无痛，快快活活地活着；万一到了死的时候，既不麻烦自己，也不拖累别人，痛痛快快地死去，这便是人生最难求得的幸福。"这些话，南老师是经常讲的，也可以说是南老师的生死观吧。活着的时候，无病无痛，死的时候，不拖累别人。现在全世界的一个热门话题，叫做"安乐死"，一个人在得了不治之症后，为了使患者减少痛苦，用人为的力量让他早点死去。要不要实行"安乐死"，在全世界范围里，争论了几十年，也还没有结论。南老师的长生之道，在某种意义上就是追求这个目标，但是不用外力，而是通过自身的修持，在生命行将结束的时候，痛痛快快，寿终正寝。这在禅宗里，有许多记载传说，许多禅宗大师的死，就是"圆寂"，真正做到了说走就走，自己毫无痛苦，也不连累别人。第二，南老师追求的"不死"，"不是指肉体生命的常在，它是指精神生命的永恒"。

在我国传统文化中，讲养生之道，采用的方法，最重要、最普遍的是静坐。可以说，儒、释、道三家都采用这个方法。静坐的姿势，历来相传有九十六种之多，包括几种卧睡的姿势。佛门禅宗大多采用七支坐法，又称跏趺坐，俗称盘足坐法。宋朝以后的儒家也主张静坐，他们采取的静坐姿势，就是平常所讲的正襟危坐，或端容正坐。至于道家，有时采用佛家的七支坐法或卧姿，有时又穿插许多不同的形态。

南老师自己多年来坚持打坐，走的是禅宗的路线，采用的是禅宗里的静坐修道的方法。在香港，他的事情那么多，但他每天上午都用来打坐，在自己的房间里，三四个小时，什么事情也不做，不会客，不接电话，天天如此；此外，有时候接连几天事情很多很忙，南老师觉得累了，也会随时打坐半个小时，等于一般人的午睡休息。这样，几十年坚持下来，南老师才有现在这种体魄。南老师的学生都传说南老师有功夫，有道行。在美国的时候，有一次坐车外出，下车的时候，南老师的几个手指被车门夹住了，他的学生被吓坏了，赶忙打开车门，让南老师把手指拿出来，并担心南老师的手指一定伤得不轻。而南老师却若无其事。老子说："专气至柔，能婴儿乎？"南老师修道可以说到了这一步了。他身体关节的柔软性，可以说像个婴儿一样。

他的学生里面，相当多的人是从静坐修道开始的，从跟南老师学打坐开始，慢慢走上学佛学禅的路。有些人本来百病缠身，体质非常虚弱，从南老师那里学了打坐，持之以恒，身体好多了，甚至有些久治不愈的病，也不治而愈了。

长期坚持打坐，对身心会有好处，这个我相信；到南老师那里去的人，南老师都劝说他们试试，还加以指点。南老师对我比较客气，不像对别的学生那样严格要求，但他也教过我打坐，把双腿盘起来，脑子里什么也不想，尽量使自己思想空掉。初学的人，盘腿也不是一件容易的事。盘腿有单盘、双盘，双盘很难，我连比较简单的单盘也做不到，只能用最普通的不合标准的方法盘坐，就这样，坐上半个小时，两条腿发麻发痛。后来我又试了几次，没有坚持下来。好在我到现在为止，也是个不去医院的人，对健康长寿还没有迫切的要求，因此也下不了决心要排除万难去学打坐。

南老师教的"静坐"、"打坐"，同现在流行的练气功有所不同，他不只是一种健身的方法，而是禅宗里一种修持的方法，使自己能够达到菩萨的境界。说得白一点，就是在这个人欲横流的滚滚红尘里，使自己修炼得超凡脱俗，物我两忘。目的很崇高，但通过这种办法，是不是每个人都能达到目的，还是一个问号。从南老师那里学到一点点，我看也不容易。跟随南老师的那么多学生，有些坚持了几十年，打坐念经都很用功，但没有人敢说自己已经得道了；南老师也从来没有认可哪位学生悟道了。南老师有时甚至揶揄他的学生，你们打什么坐，学什么禅，就是为了好玩，我也是陪你们玩玩的。玩玩，这话说得有道理，在这个世界上，很多人的一生不就是在那里玩吗？有些人玩权，有些人玩钱，有些人玩女人；有些人无所不玩，直到把自己的命玩掉才罢休。比起那些玩世不恭的人来，玩打坐，玩禅宗，实在高明多了。

要想健康，腹中常空

　　南老师的身体这么健康，在我看来，同他年轻时学武功也有关系。无论是在家乡的时候，或者后来出来闯荡江湖，南老师曾拜过许多名师，习武学艺，刀枪棍棒，样样都学。对这些中国传统文化遗产，南老师非常重视。在台湾搞"东西精华协会"的时候，南老师除了自己讲课外，还聘请武林高手，向学生传授太极拳、五禽戏等，自己有时候也表演两手。当年学武功本领，为他的身体打下了很好的基础；直到现在，快八十岁的人了，他还可以很轻松地单腿独立，另一条腿抬得高高的。他外出时，总是提着一个公文皮包，学生们经常争着给他提皮包，他从来不让，他说，真的碰到坏人，我这个包还可以起到防身的作用。

　　南老师的养生之道，还有一条，生活非常有规律。生活有规律，主要表现在饮食起居上。南老师对吃的东西不讲究、不挑剔，不管是在他生活清苦的时候，还是现在比较富裕的时候，他从来不挑剔。现在，他的生活条件应该说不错了，要讲究，也能做到，但南老师还是保持粗茶淡饭的习惯。他的学生送好东西给他，大陆、台湾的土特产，世界各地的稀罕东西，他都拿出来同大家分享，看到别人吃得高兴，他也开心。他自己吃得很少，好吃的东西，也只是尝一尝而已。很多人搞不懂，也感到非常惊奇，南老师每天做那么多事，工作时间那么长，而吃得那么少，只有晚饭一顿，两小碗白薯稀饭，怎么能维持生命呢？不知道多少人问过这个问题。南老师的回答是："中国道家的修身之法，是从医家、方士的气脉之学，经历东汉以后的佛法的熏陶，演绎而形成精、气、神的系统，即所谓炼精化气，炼气化神，与炼神还虚。乃至做到精满不思淫，气满不思食，神满不思睡，如此自然达到断除人性的淫欲、长生不老的境界。"南老师说，这里"不思食"的意思，"是少食，并不是绝对一点不食，否则，岂不还没长寿就先饿死了吗？可是，提到少食或不食，却非一件简单的事，如果不知道运用气脉的原理，不食是要命的，所以大家不可轻试。"南老师还经常引用道家修身的名言："要想健康，腹中常空；要想不死，肠里无屎。"南老师的养生之道，修到这种地步，我们常人只能赞叹，也用不着探个究竟，因为，一般人想学也学不到；比如，一天只吃两小碗稀饭，南老师也叫别人不要试，该吃的还要吃，真的修道功夫到了，自然会像南老师这样。

　　南老师的养生之道，还有与众不同的做法，是不吃补药，特别是不吃人参、燕窝这些贵重补品。南老师懂医道，他认为，像人参这些补药，在治某些疾病时有一定的作用，但不能多吃，不能乱吃，吃得不当，补药就成了毒药。所以，南老师从来不吃人参这些补药。他的学生朋友，有些人不知道南老师这个习惯，送给他的礼品总少不了人参之类的补品，以为送那么贵重的野山参就是对老师的尊敬；其实，南老师收下来后，要么放在一边，要么转手送人。有一次，北京一位高层领导，托人给南老师送了一支很大的东北野山参，南老师转手就送给了别人。我同南老师开玩笑，老师，你说人参是毒药，那你把人参转送给别人，不是害别人吗？南老师没有回答我，反正他自己不吃人参，也劝别人慎用人参。

第十四章
书到用时方恨少

"书到用时方恨少,事非经过不知难。"这两句千古名言,很多人都会讲,但到底能理解多少就很难说了。一九九五年三月,上海图书馆属下的文达书苑,开辟了一个"南怀瑾著作专柜",要举行隆重的仪式,并向读者赠送一点纪念品。书店经理请南老师题词,准备印在书签上,赠送给读者。南老师很快写好寄回,写的就是这两句话:"书到用时方恨少,事非经过不知难。"

我这里介绍一下南老师的读书经历、读书习惯以及和读书有关的事情,他的一些做法,我们普通人想学也学不到,但他的精神,值得我们学习借鉴。

三十岁前读遍古书

南老师读过的书有多少?恐怕他自己也说不出来。我作了一个判断,在他三十岁之前,他已经把中国的古书读遍了,这么说有点夸张,但至少可以说,在三十岁之前,他把中国传统文化中的重要著作都读完了。三十岁之前,就是他去台湾之前,比较集中又大量读书的时间,有这么几个阶段。第一个阶段是在青少年时代,从启蒙到十六七岁的时候,在私塾先生的指导下,广泛地阅读和背诵儒家的经典著作和古代的诗词歌赋;在这段时间里,他自己还读了"正书"之外的许多杂书,如《三国演义》、《水浒传》、《红楼梦》这些古典小说。第二次比较集中读书是在杭州浙江国术馆学习的时候,在两年的时间里,除了学校里教的书之外,他利用课余时间,在图书馆,在"闲地庵",借阅了大量的书，阅读面也更宽了，除了古书外，也读现代知识的书。第三次是在峨眉山闭关的时候，在三年的时间里，南老师遍读了几千卷的《大藏经》，南老师的佛道两门学问就是这个时候打下的基础；也是在这个时候，南老师曾在他的朋友张怀恕家里住过一段时间，张怀恕家里有一个很大的书房，藏有《永乐大典》、《四部备要》等古代典籍，南老师整天把自己埋在书堆里，把他们家的书全读了个遍。张家的后人回忆说，他家这些古书，"文革"中被付之一炬，幸好当年被南老师读了一遍，算是一种安慰。南老师第四次比较集中地读书，是在解放前夕，他在杭州三天竺归隐的时候，在那个时候，他成了文澜阁藏书的忠实读者。这是他在三十岁之前，四次比较集中地读书，并不是说，他只是在这四段时间里读书，也不是说，过了三十岁他就不读书了。他一辈子都在读书，他总是手不离书，而且什么书都看。

南老师读了那么多书，而且是过目不忘，这从他后来的教学中可以看到，没有听过他讲课的读者，从他的著作中也可以看到，南老师对传统文化里的重要经典是那么熟悉，好像没有什么书南老师没有读过。在平时的聊天谈话中，也是一样，古代诗词、典故，南老师都是脱口而出，我每次去他那里，对南老师的好记性又敬佩又羡慕。有一次，也是在饭桌上，大陆来的一位客人介绍自己的身世，说自己在《红楼梦》研究所干过，研究《红楼梦》十年。南老师一听，说：奇怪，还有一个《红楼梦》研究所。那你对《红楼梦》一定很熟了，请问能不能背贾宝玉的《四时即事》诗？这位"红学专家"支吾了半天也记不起来，问是这首或那首；南老师却脱口而出："霞绡云幄任铺陈，隔巷蟆更听未真……"《红楼梦》里诗词很多，许多诗词流传很广，一般读者都耳熟能详，而这首《四时即事》并不算很起眼，南老师竟能即兴背出，我听了只能佩服。许多人好奇，南老师的记忆力为什么这么好，为什么读过的书能过目不忘，怎么能记住书上的那么多东西，想从南老师那里学到一点窍门。南老师没有透露什么窍门，他只是说：

"随着年龄的增长,记忆力会受到一定的影响,但是,什么事情,只要你想记住它,就一定会记住。"

"只要你想记住它,就一定会记住。"这句话说起来简单,真正做起来可就难了,一般人都做不到。南老师的博学强记,我不得不承认,他这个本事是天生的。小时候读过的书,能记住,能背出来,大陆有的大学问家也做得到;而南老师已届八十高龄,仍能做到过目不忘。别人送他一篇文章、一本书,他看过后,第二天,就能引用,就能讲得出来。大陆有人给他抄来康熙皇帝悼念郑成功的挽联:

　　四镇多二心,两岛屯师,敢向东南争半壁;
　　诸王无寸土,一隅抗志,方知海外有孤忠。

这副联,他过去没有看到过,别人抄来送给他,他很有兴趣,一边念,一边发挥,讲了许多有关康熙和郑成功的典故,讲到台湾的历史和台湾的民心,并联系到目前海峡两岸关系的现状,以及他对祖国的统一大业和中央的对台政策的许多见解,既生动又深刻。第二天,他就能把这副对联背出来了;后来,多次向别人谈起这副挽联。像这样的例子很多很多,我们这些学生们,听的时候也是津津有味,但听过以后,就是记不住。就说这副悼郑成功的对联吧,我想记住它,反复念,反复背,结果还是不行。

我编《南怀瑾著作诗词辑录》这本书,起因同这副对联也有点关系。南老师著作中,引用了大量的诗词联语,经他一解释,就更加生动、更加深刻。我自己想尽可能把这些诗词背下来,可又做不到。于是,我把南老师的《论语别裁》、《孟子旁通》和《老子他说》三本书中的诗词抄下来,放在案头,经常复习,一方面可以陶冶情操,另一方面,背熟了,也可以拿来当聊天的资本。后来,我再次去见南老师,就把这份材料拿给南老师过目,我说,老师,你在这三本书中就引用了那么多的诗词，可惜我都背不下来。第二天，南老师把这个材料还给我，说他昨天晚上把它从头到尾看了一遍，纠正了一些错别字；他叫我把它印出来。回北京后，我把南老师的书通通又翻了一遍，把书里引用的诗词都抄出来，就编成了这本诗词辑录。本来没有指望这本书会有很多的读者，因为我没有作任何注解，许多诗词南老师只引用了半首，有的甚至只引用了一句，编在一起，不像一本正规的书。我原来只想给同我一样的读者，读了南老师那么多的书，从南老师那里"批发"一点东西来"零卖"，只此而已；想不到书印出来后，反应还不错，初版五千册很快就卖完了，接着又再版了好几次。可见，喜欢南老师的书的人，真是大有人在。

　　南老师读了那么多古书，记得住，讲得出来，而且有他自己独到的见解。在他的著作中，提到好多古书，有时候用整段文字来评价一本书，还提醒读者，什么书一定要找来看，做什么工作的人一定要看什么书。在平时聊天时，一提起某本书，南老师总能说出一大堆道理来。我说过，"南怀瑾"三个字将来会成为一门学问；在我编了有关南老师的两本书之后，有人说，"南怀瑾"三个字可以成为"摇钱树"，有人可以"吃南怀瑾"一辈子，甚至有人说，练性乾现在就在吃南怀瑾了。也有人找过我，问除了我编的两本书之外，在南老师的书里，还可以挖出点什么来编一编。我说有的是，深入研究，可以有很多题目，就看你有没有时间、精力和定力，我给你一个简单的题目——《南怀瑾评书》，编出来就是一部很好的书评，知识性、可读性都有，肯定叫座，因为南老师在他的著作中提到了许多古书，而且都有他独到的见解。

　　南老师读书，还有一个特点，是杂。除了儒、释、道的经典之外，古代的什么杂书都看。南老师认为，作为中国文化的主流，儒、释、道三家影响了中国历史一两千年，但真正影响普通老百姓的，还是杂家，包括神仙丹道之术。所以，除正统的经典之外，南老师什么书都看，什么事都通。谈起武侠小说，南老师说他看过不知有多少部。他在一部著作里，专门谈到武侠小说的发展沿革，谈得有理有据，俨然一篇《中国武侠小说发展史纲》，我把这段文字收进《南怀瑾谈历史与人生》这本书里，后来，这篇文章被好几家报刊转载。

说起小说，再讲一点题外话。南老师认为：全部人类历史就是一部大小说，历史书上的人名和地名都是真的，但许多事实都已经走了样，甚至完全变质；而小说中的人名和地名，大多是假托的，可是那些故事的内容却几乎都是真的。因此，南老师不像那些老学究，反对人家看小说。南老师看了那么多小说，他曾经想过自己也要写一部小说；凭他丰富的生活阅历，凭他渊博的知识，写一部小说的材料是没有问题的，可惜，这部小说没有写出来。如果说南老师有什么遗憾的话，这可能是他的一大遗憾。

南老师读万卷书，又读得那么杂，难怪他有那么广博丰富的知识。他每天见那么多人，什么行业的专家都有，什么层次的人都有；在他们面前，南老师什么都不是，但南老师又什么都精通，他都能侃侃而谈，有理论，有实例，旁征博引，连许多专家都自叹不如。如果他没有读过那么多书，是根本做不到这个地步的。曾经有学生要南老师推荐书目，问读什么书好，南老师不给他推荐具体哪本书，只叫他多读书，什么书都要读，哪怕地上捡到半张旧报纸，也可以拿起来读；不要把自己读书的范围限死了，甚至明知是坏书也要看，你不看，怎么知道它坏在哪里。南老师每天同人聊天，经常会提到这本书那本书的，使人不得不佩服他读书的广泛。南老师经常对学生们说："你们现在也叫读书啊！读过几本书？我的书都是上辈子读的。"

始终手不离书

南老师说自己读的书都是上辈子读的，那么他后来用不着再读书了？不是的。南老师一直离不开书，他天天在读书，读一切能找到的书。写到这里，我又想起他当年的老朋友钱吉的两句诗："知君关心两件事，世上苍生架上书。"南老师自己的藏书很多，到底有多少？他自己也讲不出来，他的学生说，南老师的藏书同一个小规模的大学图书馆差不多。南老师两次大搬家，从台湾到美国，从美国到香港，这些书都是用集装箱装运的。到了香港，没有那么大的书房，这些书只好堆在仓库里，反正都是他读过的，也不用经常翻阅。在他年轻的时候，就已翻阅了古代经典，那时候，他曾经想过，什么时候自己有钱，能买得起《大藏经》和《四库全书》该多好啊。那是他的白日梦，一个穷小子，怎么可能买得起这样的书呢。不过，他的梦很高雅，并不是买房买地，而是买书。他自己也没有想到，经过了四五十年，他的梦想成真，自己拥有了一套《大藏经》，一套《四库全书》，还有好多好多别的书。而这个时候，他不想自己再拥有它了，他用不着拿这些书来装点门面，他曾经想把这批书捐给国家，里面倒没有很多什么孤本善本书，南老师不好古董，不专门收藏那种书，但他的藏书都是有价值的书。他捐书的目的是想发挥这些书的作用，因为没有找到合适的对象，这批书还在仓库里放着，一个月光仓库的租金就要花五六千港币。

那么，南老师到底是怎么读书的？

先说南老师的读书习惯。每天晚上十点左右，南老师送走了客人，回到他自己的寓所，开始做他自己的事情；因为只是他一个人，没有现场目击者，只能根据南老师自己的叙述和侧面的了解，南老师在夜里主要做两件事——写和读。写，主要是写信，那么多人给他写信，他都要亲自回信。南老师是很细心的人，对方如果有传真设备，他就用传真答复；他几次给我的信，先用传真发过来，接着又把信的原件用航空寄来。长篇大作，南老师已经不写了，都采取他讲、学生记录整理的办法。处理完日常案头的工作，夜里的时间都用来读书，经常是凌晨两三点才休息，有时候读书读到凌晨五六点。据曾经追随南老师身边的学生说，南老师看书的速度很快，用"一目十行"来形容也不过分；如果是看小说，则只看到南老师在那儿翻书页，一页一页，很快翻过去。我没有看到南老师"一目十行"的读书情景，但我几次送给他我的书和书稿，十几万字，第二天，南老师对我说："昨天晚上我把它看完了，写得不错。"书稿退给我，上面有多处他改正过的地方。

南老师都读哪些书？

据我的了解，南老师读的书大致可分三类，一类是他自己想看的书，在台湾的时候，他很注意报纸上的书讯栏，他发现有兴趣的书，就用笔圈一下，交待他的学生去买。到了香港，他的这个习惯还没有变，从报刊的书讯上，或从媒介的书评和新闻上了解，一些有价值或有影响的书，他都要买来看。第二类是人家向他推荐的，台湾或大陆来的人，有时候谈起最近有什么好书，南老师一定要找来看。第三类是别人送给他的书，这类书数量越来越多，特别是大陆去见南老师的人越来越多，好多人都把自己的著作当作见面礼，各种各样的书都有。这些书，因为太多了，南老师只能翻一翻，他没有时间细看。还有的人把书稿寄给南老师，希望南老师写序言；或者，希望南老师资助在大陆出版，或者帮他在台湾出版，因为南老师在台湾还有一家出版公司。

南老师自己的书，从来不请别人写序言；别人请他写序言，他在盛情难却的情况下，写过不少，在台湾的时候，他的学生朋友，编著了有关传统文化方面的书，请南老师写序，写出来，都能起到画龙点睛的作用。现在，这种事他已经不大愿意做了，他说这是很痛苦的事；因为替别人的书写序，虽然可以只用几百个字，但在褒贬之间很费脑子，所以，南老师碰到这种事，能推掉的就推掉，实在推不掉，只好当做苦差事来满足别人的要求。这些年，南老师只为别人写过两三篇序言，许多人求他，都是高兴而来，扫兴而归；并不是他摆架子，而是他认为给别人的著作写序言是很难的事。孙中山先生的孙女孙穗芳，写了一本关于孙中山的书，仰慕南老师的大名，从夏威夷专程飞到香港，请南老师为她的书写序，南老师当场没有答应，她回去后又打了好几次电话，南老师看实在推不掉了，就由他自己口授大意，请他的一位学生代劳，写好之后，他又作了修改，几百字的短文，南老师觉得是很痛苦的事。这篇短文我看了，写得很不错。至于那些请南老师帮忙出书的事，南老师实在应付不过来了，一般他都交给他的出版公司的总编辑去处理。我在他身边的时候，碰到过好几件这样的事，南老师随手把书稿交给我，叫我先看一遍，然后提出意见，要不要帮这个忙。

南老师自己书不离手，他也总是鼓励学生和朋友多读书；如果读了一本好书，南老师马上向别人推荐。我每次去见他，他总是找出几本书给我。有些书他手头没有，他会叫他的学生去书店买来给我。有一次，在聊天时不知怎么谈起了同性恋，南老师又是引经据典，说同性恋在中国古代就有，明清时期叫"男风"，后来改成"南风"。我说大陆有家刊物也叫南风什么的，南老师说，唉，这些事你们现在都不懂。第二天，南老师的学生给我买来三部书，说是南老师交待的，其中有一部《品花宝鉴》，是头天晚上南老师提到过的。还有一次聊天时，我说，美籍华人黄仁宇写的《万历十五年》和《中国大历史》两本书，大陆学术界有人挺重视；南老师说他已看过了，问我看过没有，我说大陆还没有出版，我还没有看到。第二天，南老师的学生又给我买来了这两本书。南老师知道我是个书呆子，也知道我古书读得不多，总是希望我多读一点书。

作为一个"著名学者"或"一代宗师"，如果说有什么缺陷的话，我认为，南老师最大的缺陷是不懂外文，看不懂外文原著。南老师一辈子没有学过外文，一个是没有条件，还有一个原因是他从来没有想到要学。他上私塾的时候,当然没有外文课;年轻时在杭州国术馆读书的时候,曾经去旁听过英文,听了几堂课,马上就放弃了,掌握一门外文不容易,他不愿意把时间耗费在外文上。后来,一直处于动乱的时代,他自己也处于流离颠沛之中,不可能静下心来去专修外文。加上南老师从小的性格就是"很传统"、"很中国"的,所以,他一辈子同外语无缘。

南老师虽然不懂外语,但他并不排斥西方文化,他在台湾创办的"东西精华协会",就是要做东西方文化交流的事情。南老师自己对西方文化中的重要理论也很重视,许多经典著作都读过,他不懂外文,只能读翻译过来的书。一直到现在,西方国家在科技、理论方面的最新发展,南老师都很关注,有关这方面的书籍材料,他都会叫人帮他找来看。西方许多著名学者来拜访南老师,南老师只能通过翻译同他们交谈。南老师一方面同他们谈中国的传统文化,同时也谈西方文化,指出西方文化的长处与不足,使这些外国著名学者感到很惊奇,想不到南老师对西方文化了解得那么多。在同外国留学生和外国学者的接触中,南老师形成了一个强烈的愿望,应该把中国的传统文化推向世界。南老师说:现在,"崇洋媚外"的风气比清朝末年时还厉害;大陆实行对外开放,西方文化进到大陆来,这当中有好的东西,也有腐朽的东西,完全靠堵也堵不住。南老师认为,西方的文化能进来,我们中国的文化为什么不能打出去?这方面的工作,大陆有人在做,有专门部门在做,有关情况南老师也不完全了解;但南老师的这个宏愿是很好的,所谓"民间外交"、"民间文化大使",南老师实际上已经在扮演这个角色了。他有好几个美国、法国、加拿大籍的学生,跟随他多年之后,回国时都是依依不舍,有的还向南老师行跪拜礼,从他们身上可以看到中国传统文化的影子。

我前面说南老师的最大缺憾是不懂外文,是因为从他的书中挑出几个小毛病,牵涉外国的情况,不那么准确,不那么严谨;如果南老师懂外文，这点小毛病就可能避免了。这当然是求全之责，并不影响南老师的学问成就和他在文化领域的地位。

买书送人成了习惯

我几次去南老师那里，南老师给我买书大概花了几千块钱，这是南老师对我的厚爱。后来我发现，受到这种厚爱的不只是我一个人，南老师给很多人推荐书，送书，这已经成了他的一个习惯。这里讲的送书，不是指送他自己写的书，他自己的书送出去的也不知道有多少了，只要向他开口，他就给。他的书在大陆出版以后，一年的版税收入有好几十万，这些钱，他自己都没有拿回去，甚至都没有经过他的手。上海有人专门管理南老师大陆的版税和赠书，据说，南老师的版税收入同他的花销包括买书送人的钱相比，只不过一个很小的数目。南老师送书，不是当作礼品来送，像现在出版的一些印制精美豪华的礼品书，南老师不买；大陆一所中学，希望南老师送一部新印制的《四库全书》，南老师没有答应，他认为，一个中学，《四库全书》摆在那里没人看，装门面，没有意义。南老师送书，都是他自己看过又认为是好书，或者对从事某种工作的人有参考价值，他就去买来送人。他买港台的书送大陆的人，也买大陆出的书送给台湾的朋友，南老师花在这方面的钱不知有多少，但他毫不在乎，也许，这就是佛学里讲的"法布施"吧！还是在台湾的时候，南老师在经济并不富裕的情况下，买书的开销很大，其中用于买来送人的钱也不少。一九八三年，台湾影印出版了文渊阁《四库全书》，这部书南老师年轻时就到图书馆借阅过，当年梦想自己什么时候能够拥有一部，现在有这个机会，价钱贵得惊人，个人买这样的书很少很少，但南老师还是下狠心买了一部。针对这个情况，南老师写了一首诗，来个自我嘲讽，这首诗说：

> 黄金错铸读书台,
> 忧患偏多入眼来。
> 面对魁星还一笑,
> 向君应借手中财。

"魁星"是财神爷。南老师这么个买书法,真的要向财神爷借钱了。他不仅见好书就买,自己读了后,还向别人推荐,买书送给别人。在南老师那里住了一段时间后,我脑子里就形成了一个概念:南老师的招待所,不就是一个海峡两岸民间文化交流中心吗?我第三次去南老师那里,一见面,南老师拿出一套台湾版的《曾国藩》给我,说:"先不叫你做事,这几天,你把这部书看完。"《曾国藩》这部长篇历史小说是湖南作家唐浩明写的,大陆于一九九〇年出版,一九九四年,香港、台湾差不多同时出版了这部书的繁体字本。有人送给南老师一部,因为杂事太多,南老师没有立即看;等他稍微空闲了一些时,拿起这部书一看,就拍案叫绝,于是,在他那里掀起了一阵"曾国藩热"。他给我这套书的时候,他自己还没有看完,我花了四五天的时间,一天十几个小时,什么事情也不做,专门看这部书,总算粗读了一遍。在那段时间里,南老师见到谁,必讲《曾国藩》,叫人家一定要读。香港的书价比起大陆来,大概要贵十倍,一部《曾国藩》卖三百多港币,南老师知道大陆来的人阮囊羞涩,他就买来赠送,那位负责买书的学生,为买《曾国藩》,也不知跑了多少趟书店;经南老师推荐而去买这部书的人,至少有百十来人。这部书的作者和出版社真该感谢南老师这位义务推销员呢。

我看完了《曾国藩》,这次,南老师没有把这部书送给我,他叫我把这部书留在他的"招待所",好让别人再看。回到北京后,我立即去买了一部回来,准备有时间再看一遍。买回来随手一翻,大呼上当,满纸的错别字，原来是盗印的书，只好扔在那里。这部书，是大陆这几年少有的一部畅销书，被大量盗版盗印。关于这部书的评介文章已经不少，有褒有贬，我无意在这里作什么分析评论。读了这部书之后，我自己的体会，它的可贵之处至少有两点：第一，对曾国藩这位历史名人，我们在过去的几十年里，只知道他是"曾剃头"、"镇压太平天国的刽子手"，而唐浩明的这部书，比较全面地介绍了曾国藩的一生功过。港、台版的封底上，还引用了毛主席的一段语录，是毛主席早年讲过的话，对曾国藩有很高的评价。第二，这部书的内容极为丰富，不仅可以了解一百多年前中国的政治、军事、社会等各方面的情况，还可以从中了解中国传统文化，包括儒、释、道各家的学问，并能得到许多人生的启迪。

南老师对《曾国藩》这部书，没有作系统的细致的分析，我把他讲的话归纳起来，有两句话讲得很有分量。一句是，南老师说："这部书将来可能同《三国演义》流传一样广。"南老师的这个评价如此之高，他的这个预言是否灵验，只能由后人来判断了。南老师的另外一句话是："这位作者了不起，在传统文化研究方面，大陆有人才。"这句话如果出之于他人之口，也只是一句平常的话，但出之南老师之口，就有很重的分量。在传统文化领域，南老师被广泛推崇为各种各样的"大师"、"宗师"，能够让南老师说"了不起"的人是不多的。更值得一提的是，这句话反映了南老师这几年思想上的发展和变化。在来香港之前，他对大陆接触了解不多，在他的心目中，经过几十年的政治运动，大陆的传统文化出现了断层，书也没有了，人才也没有了，所以他发愿，要花大力气来弘扬传统文化。这些年，他同大陆的人接触多了，大陆出版的书读多了，主要是读传统文化方面的书，使他得出了"大陆有人才"这个结论。大陆出版的《康熙大帝》、《雍正皇帝》这些书，南老师都搜罗来读，都有很好的评价，并推荐给别人读。

通宵达旦看《唐明皇》

　　这里讲一点同南老师读书没有太大关系而又有关系的事,是南老师喜欢看大陆拍的历史题材的电视剧。南老师看电视的时间,一般在晚上六点到七点半,主要是看新闻,这段时间有香港电视台的新闻和中央电视台的《新闻联播》,香港电视台的新闻都是用广东话播报,南老师不会讲广东话,看电视新闻连蒙带猜,也能知道个大概,有时候就问懂广东话的学生。中央电视台的《新闻联播》,是南老师每天的必修课,看完了《新闻联播》就吃晚饭;吃完饭就同客人聊天,没有兴趣看电视了。只是在香港两家电视台同时播出《包青天》的那些日子里,他天天同客人一起看,平常的节目引不起他的兴趣。大陆的电视连续剧香港收不到,或者时间不合适,南老师看的都是录像带。他托大陆的朋友专门给他录制或购买录像带,他的客厅里有一个很大的柜子,专门存放录像带,大陆这十几年来出的历史题材的片子,他那里几乎都有,《红楼梦》、《三国演义》、《雍正皇帝》、《济公传》、《宰相刘罗锅》等等,凡是大陆比较叫座的片子,南老师都要弄来看。他自己看完了,还推荐给台湾的一些驻港人员看,所以,我说他那里是海峡两岸民间文化交流的中心,一点也不夸张。

　　南老师看这些片子,一般在晚上送走客人之后,九十点钟,一看两三个小时,几个亲近的学生陪他一起看。有一次,我去南老师那里,当时,大陆正在播放《唐明皇》,四十集的录像带很快送到南老师的手里,南老师很有兴趣,几乎天天夜里连着看,往往看到凌晨两三点。我和几个学生陪南老师一起看,我拿着遥控器,连续剧的片头片尾每集都是一样的,看了几集以后,南老师叫把它跳过去。这部片子里舞蹈场面很多,服装、舞姿都很美,但看多了也烦人,有时同剧情发展没有太大的关系，南老师也不喜欢，我就利用遥控器，把舞蹈场面用快速转过去。有一天，南老师的兴趣越看越大，一集接着一集，从晚上十点钟一直看到凌晨五点多。南老师一边看，一边发表一些评论，因为对唐明皇那一段历史，南老师很熟悉，他在自己的著作里多次提到过。对这部连续剧，南老师的评价也很高，对整个演员阵容，南老师也很满意。南老师说，有关历史题材的片子，还是大陆拍得好，比较尊重历史，大陆有这方面的人才。

四十集的电视连续剧《宰相刘罗锅》，北京刚开始放，有一次在电话中我告诉南老师，这部片子不错，他听了后马上说，快去把录像带买来。我没有办成，南老师又托了另外一个朋友，买到了这部录像带，和他的学生一起，天天看，很快就看完了。我再次去看他，住了两个礼拜，《宰相刘罗锅》的余音未绝，凡是台湾来的人，南老师就问看过《宰相刘罗锅》没有，没有，赶紧放录像，南老师同客人一起看，在一个月之内，南老师连着看了两遍。而对港台拍的历史题材的片子，除了《包青天》之外，他都不太喜欢，特别是那些"戏说"之类的片子，他都没有太大的兴趣，说那只是玩玩的。

第十五章
"自欺 欺人 被人欺"

这个题目挺吓人的，谁会这么说话？南老师是这么说的。他到了晚年，阅尽了人生千种艰难、万种丑陋，也许反省了自己的经历事功，他对我很感慨地说："一个人的一生，三件事做完了就可以回去了。哪三件？——自欺，欺人，被人欺。"把人生透析得那么彻底、那么不留情、那么近于残酷，我想，只有南老师这样的人才能悟得出来、才能讲得出来；像我这样的凡夫俗子是无法完全了解个中三昧的。这里，我试着用我了解的情况，来诠释南老师的"自欺、欺人、被人欺"这句名言，肯定逃脱不了肤浅和牵强。

南老师曾送给我们一位高层领导人一个条幅，上面写着：

名士才情，英雄肝胆；
圣贤学问，仙佛心肠。

我很喜欢这个条幅，他不仅表达了南老师对这位领导人的敬意和期许，也寄托了南老师自己毕生的追求和理想。我不说南老师就是"名士"，就是"英雄"，就是"圣贤"，就是"仙佛"；但南老师满腹经纶，菩萨心肠，一辈子做了那么多的事，做了那么多人所不为、人所不愿为、人所不能为的好事，虽然没有惊天动地，却也影响四方。受过南老师的教化和照应的学生，有的甚至以"龙行一步，百草沾恩"来表达对南老师的敬意，这不是一般局外人所能够理解的。所以，我认为，把南老师这个条幅中的四个头衔安到南老师自己头上，也并非不恰当。但是，南老师一生所做的事情，同他的理想之间，还有一段距离，一段不小的距离。因此，南老师不停奋斗，不停求索，即便已届高龄，仍不知疲倦地工作。他要实现他的理想，而这个理想太高太远了，几乎是不可能实现的。但他为什么还要那样做呢？

知其不可而为之

南老师的理想究竟是什么呢？我们先来看一看孔子。

孔子的一生，除了做过鲁国的司寇之外，都在从事教育。在"春秋无义战"的那个乱世，孔子要通过自己的教化，劝君王们行"仁政"，教育学生要行仁。他没有率领学生去夺取政权，自己称王；他要那样做，也不是绝对办不到，因为他有三千弟子，有各方面的人才，在当时是一股很大的势力，但他没有那样做。在孔子看来，最大的问题是教育。但是，孔子在世时，并没有实现他的理想，当权的君王们都不听他的。碰到一位道家人物，石门司门者，看门的，说孔子是"知其不可而为之"。明知道做不到的事，还在那儿做，很有点"不识时务"的劲头。

"知其不可而为之"，把这句话安在南老师的头上，我想也是合适的。因为，南老师的理想也是实现不了的。南老师的一生，特别是后半生，他从教化入手，要弘扬中华民族的传统文化，要改变社会风气。南老师认为，在全世界的范围里，现在面临的最大问题不是经济，不是军事，而是文化；下个世纪的最大的战争是"文化战争"。他的这个观点，国际上有个别学者也在说，但那是站在西方的立场来对付东方的。而南老师从历史经验出发，认为一个国家民族的生存，应该以文化为本。所以，他把弘扬传统文化当作自己毕生的责任。我们拿他在台湾的情况来看，他做文化事业做得很认真、很执著、很辛苦，也很有成绩，培养了成百成千的学生，在社会上产生了相当大的影响，可以说是很成功的。但传统文化有没有在全台湾深入人心？台湾的社会风气是否因此而改观？当然没有。台湾社会还是以它自己固有的规律在发展，丑恶的现象照样在光天化日下通行无阻。

在台湾的时候，南老师做了许多事情，有一件事，他很想做而没有做成，就是续编《四库全书》。《四库全书》，是乾隆时代，由著名学者纪晓岚任"总编辑"，集中了几百人编撰，花了十几年时间，才得以完成。全书把几千年来的重要文献，按经、史、子、集分类，共有几千种，可以说集中了中华民族优秀文化遗产，其功德无量；但是，出于封建统治的需要，很多重要的经典专著，因为不符合乾隆和清王朝的口味，而没有被收集在内，有些经典著作，根据乾隆的御旨甚至钦定，被删去了许多内容。乾隆以后，时间过去了两百多年，很多人都想把《四库全书》续下去，把被纪晓岚他们漏掉删掉的内容补上去，把乾隆以后出现的重要著作加上去。南老师在台湾的时候，曾经为此大声疾呼，认为这件事非常重要，要赶紧去做。但是，这个巨大的工程，真正要做，又谈何容易。一是要钱，二是要有人。相对来讲，钱还比较容易解决；人就很难办了。乾隆当年，可以集中几百人，设立一个机构；而在台湾，要找到几百个有高深学问的人，就已经很不容易，何况，在商品经济的社会里，有没有人愿意干这种默默无闻、无利可图的事情，也很成问题。所以，南老师喊只管喊，没有人响应，南老师的这个理想只能是一个理想而已。

这几年，南老师在香港、给大陆好多钱，搞投资，给赞助，项目多得他自己都记不清了。但是，这些项目，拿南老师自己的话讲，只是玩玩的；他真正要做的事，他的理想，还是弘扬传统文化。凡是同传统文化有关的事，同培养人才有关的事，他都有兴趣去做。一个名牌大学，要开展传统文化的研究，出版有关的专著，但经济上碰到困难，同南老师一讲，南老师立即表示支持，给予资助。南方一个省要发展旅游业，也有弘扬传统文化的意思，在某地海边雕塑一个观音菩萨的像，面向南海，就是"南海观音"的意思。省里的领导找到南老师，南老师又是全力支持。

这些事，都是大陆有人在做，碰到困难找南老师帮忙，南老师义无反顾，助上一臂之力。南老师自己真正想做的，是自己回来，亲自主持，推广弘扬传统文化。他自己有一个初步的计划，把他在台湾的"老古文化事业公司"搬到北京，一方面出书，出版有关传统文化方面的书，不是他自己的书，他的书已经有出版社在出；而是出有价值的书，特别是那些有价值但可能要赔钱的书。因为他看报纸了解，大陆好多学术专著出不了，出版社不愿意赔钱。南老师愿意出，而且他有能力筹集到资金。另一方面，他要养士，就是搜罗人才，搜罗在传统文化方面学有专长的人才，不管他的观点怎么样，不管他是年轻的还是已经退休的，都把他们搜罗起来，养起来；然后把他们组织起来，到全国各地巡回演讲。这个计划，听起来很好，大陆也有人很支持，南老师花几年时间筹划，结果，这个计划胎死腹中。因为，一开始，这个计划为现行政策所不允许，大陆还没有私人的出版社，也没有合资的出版社，南老师的第一步跨不过去，白白花费了不少人力物力。但南老师并没有气馁，并没有放弃他的追求，他还是那样，该干什么就干什么，事情办不成，他一笑了之。

南老师执著追求自己的理想，他有一个独特的做法，是自己干，这是几十年养成的习惯，他不同权力相结合，也不同豪门财阀相结合。他在台湾时就是这样做的，国民党、蒋家父子拉他一起干，他没有答应，你干你的，我干我的。现在，他要在大陆做事，他也向有关当局明确表示，一切政策，我都听你的，按大陆的法律政策办，决不违反；但我要做的，是你们当局不能做或不便做的事。换句话说，就是当局已经在做的事，南老师不会去掺和。南老师经常对他的学生们说，社会上许多事情，已经有人做了，不要再重复，你们应该去做那些需要做却还没人做的事。所以，南老师做的事情，完全是民间的色彩，而有他自己的特色。但南老师做事喜欢单枪匹马，他有他的想法，他要体现他的意志，他要实现他的理想，但往往显得力不从心了。当然，我承认南老师的号召力很大，愿意送钱给他用的人很多，但要做成很大规模的工程，这个力量毕竟显得不够了。南老师在台湾想做而没有做成的事，续编《四库全书》，现在北京已经开始做了，不是靠哪一个人，而是靠国家的力量，集体的力量。

南老师曾经在一首诗中感叹："生身斯世成何用，无力回天愧对天。"这是南老师对自己的感叹，实际上，南老师的一生，不是"成何用"，而是对社会作出了很大的贡献；只是"无力回天"，倒也是事实，个人的力量毕竟是有限的，要"回天"，翻开几千年的历史，能有几人。

古来圣贤皆寂寞

圣贤都是寂寞的，古今中外概莫能外。有关这方面的情况，南老师在他的著作中，都有详细的介绍。孔子活着的时候，命运相当坎坷；老子最后不知死在什么地方，要不是关吏非要他留下"买路钱"，让他写下五千言，那么老子一生的学说主张，后人可能也无从知晓；耶稣为了拯救人类的苦难，自己被钉在十字架上。

我不拿南老师同孔子、老子比，同释迦牟尼、耶稣比，但南老师一生读圣贤书，行圣贤事，注定了他的一生同古代圣贤一样，也是寂寞的。我当然不可能深入南老师的内心世界，但我从旁观察，南老师的寂寞不是那种"门前冷落鞍马稀"的情况，他的寂寞反映在以下这几个方面。

南老师交了那么多朋友，但是，现在他想找个唱和的人都找不到了。南老师从小喜欢诗词，他自己就写了数以百计的诗词，都是古体诗词，或言志，或即景生情。他也喜欢向朋友赠送诗词，或回赠朋友，所谓唱和吧；这在古代的名士书生之间，大概是人生一大乐事。在台湾的时候，南老师有几位老朋友，他们经常一来一往，互相唱和，内容非常广泛，多互相勉励的激昂慷慨之词，而没有无聊文人的闲情逸致。有时候，也有幽默妙语，令人莞尔一笑。在这些经常同他唱和的朋友中，稍微介绍几位，可看出南老师结交的多为非等闲之辈。

杨管北，这也是一位传奇式的人物，江苏镇江人。年轻时只身到上海打天下，结交了上海滩闻人杜月笙、虞洽卿等，结果闯出了一片天地，他创办的大达轮船公司相当成功，后来，被选为国民党政权的"立法委员"。

杨管北比南老师年长十四岁，他们的交往始于五十年代中期。杨管北出访西欧，突发心脏病倒在旅馆门口，经过抢救被护送回台北，保住了一条命，虽然那时才五十岁，但从此对名利场心灰意懒。有人来求南老师，硬是拖了他去给杨管北讲佛讲禅，杨管北就这样成了南老师的一个"老学生"。

杨管北素来仗义疏财，交游很广。他的太太跟他几十年，大字不识一个，却能记得几百个电话号码；她还会做得一手好菜，更使"杨宅"满座宾客赞不绝口。南老师每星期六下午到"杨宅"去，结识了台湾政坛的许多重量级人物，比如何应钦、顾祝同、钱大钧、马纪壮等，南老师给杨管北讲佛经，这班人跟着一起听，他们都成了南老师的学生。南老师回忆那段经历时说：那是蛮好玩的，下午三点钟去，给他们讲《金刚经》和《华严经》，讲完了吃晚饭，有时席开两桌，都是一班大官，吃完饭，接着聊天，讲笑话，什么都聊，别看是一班老头子，聊起来比年轻人还热闹。

杨管北跟南老师学佛学禅，学得很认真很用功，每天早晨三点钟就起来打坐，坚持了二十多年。对南老师的文化事业也很支持，他把自己"立法委员"的车马费如数交给南老师用，数目虽然不大，但在南老师当时经济不宽余的境况下，还是一个有力的支持。在圈子里，杨管北被称为"大弟子"。在他七十寿辰的时候，南老师给他写了下面这首诗：

少年负气斗名场，
朝市山林仗义忙。
曾友朱家师子贡，
不轻原宪荡弘羊。
盛衰遍阅荣枯色，
甘苦深知进退方。
不二门中余一乐，
问心无愧对空王。

这首诗写于一九七四年五月，南老师同杨管北相交二十年，"总其生平"，写诗相赠。

另一位老朋友王新衡，蒋经国当政时，被称为台北的"四人帮"之一，不过，这个"四人帮"同北京的"四人帮"不同，他们只是游宴清谈，并不干预政事；其成员有张群、张学良、张大千和王新衡。王新衡是蒋经国的同乡，又是留苏同学。早年，蒋经国权势显赫的时候，人们背后议论，蒋经国只有一个朋友，就是王新衡；其他人不是他的上级，就是他的部下。只有王新衡口口声声叫他"经国"，而且叫了一辈子。王新衡留苏回国后，便投身戴笠麾下，当过军统第二处处长、香港站站长、上海市调查处长，并被选为立法委员。一九四九年后，担任国民党南方执行部书记长，在香港主持对大陆进行颠覆活动的秘密指挥机构。后来因伤返回台北，不再从政，过着闲云野鹤似的生活。

南老师同王新衡交往，也是到了台湾以后，他们之间经常往来，时有唱和之作，下面这首题为《王委员新衡先生书赠摩诘诗尺幅报谢》，是他对这位老朋友一生事功的评价和对台湾现实的感叹：

> 东陵有客种瓠瓜，
> 上苑春阴三径斜。
> 货殖市朝思子贡，
> 交游湖海忆朱家。
> 一腔热血披忠胆，
> 半碣秦碑着笔花。
> 阅世老成人物少，
> 漫天风雨走龙蛇。

还有一位大名鼎鼎的程沧波。南老师诗集中有一首《葛乐礼大台风水灾中答沧波居士诗札》：

> 风雨连宵来势狂，
> 万家淹没尽张皇；
> 缘何饱食吟诗客，
> 一日三函改字忙。

这里的"沧波居士"就是程沧波，在国民党里，他的身份地位都很高，曾经担任过《中央日报》主编，也算蒋介石的一个文胆，抗战时，蒋介石那篇很有名的"地不分东西南北，人不分男女老幼"的宣言，就是出自程沧波之手。论年龄，程沧波比南老师年长十六岁，但他也把南老师当"先生"看待，因为程沧波也在杨管北家里听南老师的课。

程沧波生于清朝末年，又出身于书香门第，国学底子很深。一辈子舞文弄墨，从政坛淡出后，喜欢同朋友互赠诗词。同南老师结交后，两人经常唱和酬答，往返不绝，在南老师自己的诗集里，同程沧波的唱和之作是最多的。有一次，程沧波在南老师那里，拿出自己刚写的一首诗，给南老师的学生看。一位年轻学生看后还给他，程沧波问怎么样，那位学生说：很好很好。当即把程沧波气得够呛。南老师给我讲程沧波的故事的时候，说到这里，讲了一通当年名士之间的许多规矩。南老师说，"很好很好"这种话，一般是上辈人对下辈人文章的评语用词，带一点鼓励，又透出一点漫不经心、敷衍的态度；而下辈人对上辈人的诗词文章，应该用"好、好极了"这样的话。那位学生少不更事，看了大手笔程沧波的诗，居然只给一个"很好很好"的评价，自然要惹他生气。南老师经常说，老婆是人家的好，文章是自己的好，文人自古相轻，这个毛病永远改不了。他说，人家拿文章拿诗词让你改，你千万不要拿起笔来就改，如果发现真有可改动的地方，最好你在旁边讲出来，改还得他自己去改。

前面引的那首诗，写于一九六三年九月。那一天，台北刮台风，大水成灾，树倒房塌，一片惨象。而这位程老先生却几次派人给南老师送诗来。南老师回了他这首诗，把他挖苦了一通：台风水灾来势凶猛，千家万户惶惶不可终日，你老兄还在那儿写诗作乐，你是吃饱饭撑的。像这样的诗文，如果不是在相交甚深的知心朋友之间，而放在任何人身上，不闹翻了才怪呢。

可惜，故友逝去，知音杳无，南老师再想找这样的唱和朋友，已经很难很难了。

特别是在南老师移居美国、香港之后，有意过着半隐居的生活，虽然每天仍然宾客盈门，两岸三地的各方面人士都要求见，南老师每天忙忙碌碌，接待许多毫不相干的人，却没有心思来吟诗作词了，连毛笔书法也搁置了好几年。台湾那边的诗友，老的老，病的病，走的走，再也没有"一日三函改字忙"的人了。香港是个文化沙漠，同南老师交往的多是商界或自由职业者，也有几个学者教授，是中青年，喝洋墨水长大的，没法同他们谈诗谈典，更不用说唱和了。大陆来往的人也很多，文人学者一大批，但这些人同南老师的交往还处于礼尚往来的阶段，远不是可以唱和的知心之交。这几年，我看到过几次，是南老师同马万祺的唱和之作。马万祺先生是澳门商会主席、全国政协副主席，他的七女儿马有慧及其夫婿彭嘉恒，是南老师的座上客，两口子都是留学加拿大的博士，在香港开会计师行，天天下了班就到南老师这里来，跟南老师学佛学禅。马小姐每星期带孩子回澳门一趟，经常把南老师这儿听来的，向她老爹传达。马万祺也喜欢写诗，对南老师很敬佩，有时候他们之间就有唱和之作。在马万祺伉俪金婚之际，南老师送去贺词：

> 稽首慈云大士前，
> 不生净土不生天；
> 愿为一滴杨枝水，
> 洒作人间并蒂莲。

马万祺先生收到南老师的贺词后，自然是很高兴，立即写了一首《答谢南怀瑾老师贺词》的诗：

> 弦歌应节水怡情，
> 北海知刘早慕倾；
> 六尺明珠承赐赠，
> 华章领悟圣贤声。

马万祺先生后来把自己写的诗结集出版，首发式在人民大会堂隆重举行。上面这首诗也收进诗集，还加了一段对南老师的评语："南怀瑾老师是当代资深学者，宏才博学，不独对我国历代文学历史精通，尤其对儒释道三家学说尽领所长,抑且对外国文化历史博览殊深,诚为当代多才博学之士。生平著作,不知凡几,对我国文化事业之发展和推进,不可估量。"

在香港能同南老师用诗词唱和酬答的,除了马万祺之外,好像举不出第二人了。而南老师同马万祺的关系,也只是神交而已,他们并未谋面。

表面上看来,南老师那儿是高朋满座,但真正能够同南老师对谈的朋友,可以说很少很少。他天天都在说话,有时候从下午两点来钟,一直说到晚上十点十一点,他一个人说,别人只有听的份,他也不觉得累。但那么多人里头,几乎没有可以同他对谈的人,没有人能达到他那个境界,没有人能够真正了解、理解他的一片苦心,和他一起推行他的理想。

坐在南老师的客厅里,看到南老师谈古论今的情景,我每每想起南老师在《孟子旁通》里的一段话:

> 至于我个人的一生,早已算过八字命运——"生于忧患,死于忧患",每常自己譬解,犹如古老中国文化中的一个白头宫女,闲话古今,徒添许多啰嗦而已。有两首古人的诗,恰好用作自我的写照。第一首唐人张方平的宫词:"竟日残莺伴妾啼,开帘只见草萋萋。庭前时有东风入,杨柳千条尽向西。"诗中所写的是一只飘残零落的小黄莺,一天到晚陪伴着一个孤单的白头宫女,凄凄凉凉地自在悲啼,毫无目的地怆然独立,恰如我自况的情景。偶尔开帘外望,眼前尽是萋迷芳草,一片茫然,有时忽然吹过一阵东风,却见那些随风飘荡的千条杨柳,也都是任运流转,向西飘去。第二首是唐末洞山良价禅师的诗偈:"尽洗浓妆为阿谁?子规声里劝人归。百花落尽啼无尽,更向乱峰深处啼。"这首诗也正好犹如我的现状,长年累月抱残守缺,滥竽充数,侈谈中国文化,其实,

学无所成，语无伦次，只是心怀故国，俨如泣血的杜鹃一样，"百花落尽啼无尽，更向乱峰深处啼。"如此而已。每念及此，总是杳然自失，洒然自笑不已。

南老师在这里把自己比作"白头宫女"，一天到晚在那里絮絮叨叨，谈古论今。在南老师的听众中，多数人把它当作一种享受，从中了解中华民族传统文化的丰富内涵，体会人生真谛。南老师不仅以他丰富的学识，更是以他特有的魅力，把那么多的人吸引到他的周围。当然，他的座上客中，也有些人只是把南老师的客厅当作一个社交场所，这里有吃有喝，又不用花钱；至于南老师说些什么，他可能没有听进去。南老师一生的理想是弘扬传统文化，像菩萨一样劝人向善，但看看南老师周围的弟子、门人、清客，又有多少人能理解南老师这一番苦心呢？南老师自比"白头宫女"，不会是随便说的。可惜，在这个时代，这样的"白头宫女"不是多了，而是太少了。

说南老师是寂寞的，这是我加在南老师头上的。关于寂寞，认真研究起来，很可以写出一本专著。一般人都喜欢热闹，恐怕很少人喜欢寂寞；人人都喜欢受到别人的重视和关怀，而不喜欢受到冷落。大陆一位大人物的机要秘书同我聊天，谈起这个题目，他说，为什么很多人恋栈，不愿意从高位上退下来，就是怕寂寞；在台上的时候，每天忙得不可开交，一会儿发表讲话，一会儿剪彩，回到家里，又有好多人等在那里要汇报、听指示，虽然累得要命，但还是乐在其中。一旦退下来，说"门前冷落鞍马稀"，一点也不假，这个滋味，没有掌过权、坐过高位的人是难以理解的。有一些人，位子虽然不是很高，但也是一个单位的头头，说出话来有人听，想办的事情都能办成；一旦退下来，就会产生一种莫名的失落感，那种寂寞的日子很难熬的。

我说南老师寂寞，同这些人的情况不完全一样，南老师没有坐过高位，他的门前鞍马也不稀。南老师的寂寞是另外一种内涵，而且，他对寂寞有自己的看法。南老师说:"为道德而活着,有时候你会感到寂寞、冷清,所以我认为如果寂寞能当成一种享受,那就可以讲道德了;如果你视寂寞为痛苦而不是享受,就难讲真学问真道德了。"一般人,能耐得住寂寞,已经很不容易了;而南老师把寂寞当作一种享受,达到这种境界,难怪南老师被人看作是得道的人了。

才难!才难!

南老师是个很通达、很超然的人。有的追随者认为南老师是个得道悟道的高人,按这个说法,南老师应该是个没有苦恼的人。实际上,情况恰恰相反,南老师经常处于苦恼之中。在我同他相处的日子里,常常听见他唉声叹气地说:痛苦啊,痛苦!

南老师为什么事苦恼呢?——人才,没有人才。南老师的抱负很大,他要干大事,要做很多的事;但往往找不到人,找不到合适的人。"人才问题"恐怕是一个普遍的问题,做任何事情,都离不开人才。我发现,愿意为南老师做事的人很多,南老师周围有各种各样的人才,说难听一点,真是三教九流什么人都有。因为南老师什么朋友都交,什么人上门都是客。到了真有什么事情,拿大陆的情况,打报告,审批,没有三个月半年办不成,而在他那里,只要他一句话,就给办妥了。办事情需要钱,南老师也不缺钱,只要他一开口,就有人愿意拿钱给他花。但南老师身边就是缺人才,最缺的是同南老师有相同理念的人才,具有无私奉献精神的人才,像我在下面《教化的力量》一章中提到的那些人,在南老师的事业中,在某些方面出了力,办成了事,已经很不错了。但真正能完全舍下自己的事业,来帮助南老师做事,成为南老师的"在编人员",或者说全力以赴来实现南老师的理想,这样的人才确实太难得了。在自己的业余时间里,在力所能及的范围内,做一点南老师交办的事，这没有问题，这样的人很多很多；但完全成为"在编人员"，而又称得上是人才的，既能干又忠诚可靠，就很难得了。这也难怪，大家都是生活在现实社会当中，都有自己需要面对的问题，南老师对朋友、对学生都很好，很能照顾对方的利益，但南老师那里不是铁饭碗，没有高工资，他也不可能把别人的所有问题都包下来。台湾有一位学生，在文化方面很有功底，也帮助南老师做了不少文字方面的工作。南老师计划在大陆搞一个项目，想请这位学生来主持，但这位学生没有答应，说自己还有几年就到退休年龄了，干满了任期，可以拿到一笔可观的退休金，现在如果出来为南老师做事，这笔退休金就拿不到了。南老师说：你不用为五斗米折腰嘛，这笔钱我给你。那位学生还是没有答应。我在一边插嘴说：老师，他那笔退休金恐怕不是五斗米，而是五十斗、五百斗，他不能不考虑。

南老师感叹人才难得，还有一个原因，南老师自己做事，不为名，不为利，完全是为社会做奉献。能达到南老师这种境界的人，不说没有，也是凤毛麟角。一般人，总是脱不了对名利的追求，特别是那些能干的人，称得上是人才的人，总想自己打出一片天地，总想当个总经理、总裁什么的。经常到南老师那里去的学生，大多是事业成功的人，他们本身都是一方诸侯，或者是在自己从事的领域里的佼佼者，如果为南老师做事，成了南老师的"在编人员"，就不可能在名利上有什么发展，至少不可能发财，不可能扬名；他在南老师那里，永远只是一个学生而已。南老师的一个学生对我说，任何人到了南老师那里，都会被南老师的光环罩住，自己的光彩一点也显示不出来。因此，一些学生跟了南老师一段时间后，就离开南老师，自己出去另创一片天地。他们虽然同南老师继续保持师生关系，但把自己的精力放在自己的事业上去了。南老师在台湾三十多年，培养出的学生数不清，有不少人继承了南老师的精神，结合自己的实际情况，开创出一番事业；有的人从南老师那里学到禅宗方面的知识学问，标新立异，自立山头，也做得有声有色；也有个别人，跟随南老师几年，学到一点皮毛，就打起南老师学生的旗号，也能糊弄一帮人跟着他跑，甚至造成不好的影响。对这些情况，南老师听了之后，笑笑而已，显得很无奈，他能做的，只有声明自己没有收过一个学生。从这一方面情况可以看出，南老师培养了不少人才，但他没有留住那么多人才，翅膀硬了要飞，这是普天下概莫能外的规律，南老师也只有感叹才难才难了。

南老师感叹人才难得，还有一个原因恐怕同他自己有关。关于用人的理论，南老师在他的著作里有许多精辟的分析，可是，在实际运作中，南老师又被看作是"神龙见首不见尾"或"不按理出牌的人"。南老师做事，不按常规，没有"立案"、"论证"、"可行性报告"、"决策"这些程序，别人可能需要几个月、半年才能拍板的事，南老师可能只用几分钟的时间就敲定了。南老师用人，也没有看履历、审查、面试、试用等必要的手续，他可能几分钟就决定用还是不用。因此，被南老师选中的人，不见得是才德兼备的人才；即使是才德兼备的人才，在南老师那里也不见得能干得很好。一种情况是，这种人不能适应南老师的办事效率、处世精神，理解不了南老师的出世入世的胸襟；还有一种情况是，如果这个人确实很有能力，他就有自己的想法，有自己的一套处事的方法，这样的人往往忍受不了南老师的"不常规"的做法，最后只能离去。

所以，我说南老师可用的人才很多，但他组织不起一个能力很强的"固定班子"来，这也许是经常困扰他的一个大问题，因此他只好经常感叹"才难""才难"了。

"圣贤"——剩下来的闲人

南老师经常说的一句话："我是圣贤。"什么意思？"剩（圣）下来的闲（贤）人。"这句话，南老师的许多学生也都会讲了，我也鹦鹉学舌，常对人说，我是半个"圣贤"。

千百年来，多少人学圣贤，想做圣贤，但真正能称得上圣贤的，也没有几个人。我看，如果能够做到像南老师讲的"剩下来的闲人"那样的人，也很了不起了，不用一天到晚为名为利为子孙后代，去操劳，去钻营，孜孜以求。不为名利所困，不为儿孙所累，这也是一种福气，也是一种很难达到的人生境界。南老师说他是"剩下来的闲人"，其实，他从来没有让自己闲着过。只是，他这种闲云野鹤似的人生，做起事情来更加洒脱，更加自如。在大的原则方面，南老师是执著的，终生矢志不渝；但在具体事情上，南老师则非常随缘，表现了相当大的灵活、随意和容忍。事情做成功了，他不会津津乐道或者欣喜若狂；事情没有做成功，也不会使他感到灰心沮丧，本来嘛，不如意事常八九。

说南老师是"圣贤"也罢，说他是"剩下来的闲人"也罢，我在这里只想介绍一点南老师在性格方面、工作作风方面的情况，其中有我们值得效法的地方。

南老师从小养成的习惯，自己的日程排得很紧，每天做什么事情，都有计划；事情太多，不抓紧就做不完，所以他性子急，争分夺秒，恨不得今天的事情昨天就办完，他不喜欢拖拖拉拉的工作作风。长期跟随南老师的几个人，都摸透了南老师的脾气，凡是南老师交办的事情，一点都不敢拖拉，不敢怠慢，办事效率非常之高。南老师身边有两个人，被戏称为"机要秘书"，谢锦扬和陈昭凤，是小两口；他们办起事来非常细致、敏捷、周到，有时候不用南老师开口，只要一个眼神，就知道该干什么了。南老师交办的事情，他们件件都认真落实，半点儿都不敢马虎，南老师一问起来，马上就说这件事已经办妥了。尤其是陈昭凤，走起路来不带一点响声。我看在眼里，心想，大陆首长的秘书们，可能也很难做到他们这种程度。

同南老师讲话，他也不愿意听拖泥带水的话。他身边有的学生经常挨他的骂，报告一件事情，说了半天还不得要领，南老师就不耐烦了，说："啰里啰嗦，你不要说过程嘛，先说结果，这件事究竟怎么了？"至于过程，怎么办的，南老师有时候并不感兴趣。

南老师办事效率高，没有"公文旅行"的习惯，因此，他同大陆有关部门打交道的时候，往往会产生一些矛盾，有时候不会那么顺利。南老师一辈子没有在"公家单位"里做过事掌过权，对机关里的"公文旅行"这一套，他虽然知道，但他没有亲身经历过。"公文旅行"人人讨厌，人人指责，经过努力，可以尽量减少，但要彻底消灭恐怕也做不到。美国有人说：医生和律师是美国社会"必要的魔鬼"，我这里套用一下，"公文旅行"也可以说是行政部门的"必要的魔鬼"，全世界都一样。南老师不搞"公文旅行"，但同他打交道的有关部门却免不了一定的必要的手续。因此，有些事情，南老师同有关部门的人口头谈定了，他以为很快就能落实，甚至马上就能落实；结果，对方一拖再拖，拖得南老师都不耐烦了，有的事甚至就被拖吹了。有一件"大好事"，南老师花了很大的心血，很多的精力，终于有了一个很好的方案，以为很快可以办成了。结果又是拖，拖了很长的时间，拖得南老师心灰意懒，他引用了一首元曲来形容自己的心情："欲寄寒衣君不还，不寄寒衣君又寒。寄与不寄间，妾身千万难。"什么意思？我事后分析，南老师现在是个"剩下来的闲人"，他没有开会、学习、调研、视察这些事情来干扰，他要做的事，就是头等大事，说干就干；而相反，同样一件事，拿到大陆有关部门领导的桌子上，就不见得是头等大事，甚至可能排在工作日程表的第一百零一项，这样，南老师为这件事情着急，而对方却很沉得住气，并不是对方不着急，不想快点把这件事情办成，而是他还有更急的事要办。我本来很想帮南老师在大陆多做一点事情，比如文化教育方面，我还算比较熟悉，但在看到了大陆的办事程序和了解了南老师的工作作风之后，我就采取袖手旁观的态度，从不主动请战，除非南老师指名要我去做。

南老师讲究办事效率，他形成决断的过程，或者说决策的过程很快，他所做的事情，大多数没有什么"可行性报告"，很多事情都没有书面报告、文字依据，没有官僚机构的那种繁文缛节；很多项目，十几万、几十万甚至几百万元的事，几分钟，一句话，就行了。这种工作作风，这种办事效率，当然很好；但有一利也有一弊，没有文字依据，任凭记忆力再好的人，也有记不清楚的时候，南老师也不能例外。因为他每天见那么多的人，讲那么多的话，答应过那么多的事情，有时候也记不起自己讲过的话，自己答应过的事也不能完全兑现。

南老师要为国家为民族做好事、做善事，但他的能量毕竟是有限的，他的精力财力也是有限的。耄耋老人还要操那么多的心，还要应付那么多人的企求，我有时看着，觉得南老师也怪可怜的，换个别人，早就享清福去了。南老师在大陆的名气越来越大，愿意结识南老师的人也越来越多，但真正了解南老师的人并不太多，于是，出现了一些讹传，产生了一些误解，有的人以为南老师那儿有用不完的钱，有的人以为南老师神通广大，只要他一发话，什么事都能办成。因此，找南老师的人越来越多，像滚雪球似的；要南老师帮忙的项目也越来越多。我在见到南老师之前，根据资料写了一篇文章《未曾谋面的老师南怀瑾》，发表在《海外文摘》杂志上，后来又放在我编的《南怀瑾谈历史与人生》一书中作为前言。在这篇文章的最后一段里，我说"南老师慷慨解囊，在全国二十多所高等学校设立奖学金或提供资助"；想不到这"慷慨解囊"四个字，给我带来了不少麻烦，好多人来找我，说：既然你说南老师那么慷慨，那么请你帮帮忙，到南老师那里拉一点赞助来。我只能以苦笑来回答。

凡是到南老师那里谈的事情，都认为是很重要、很有意义的事情，但真正能够落实的很少很少，南老师的时间精力都被这些人占去了。南老师每天下午六点多准时到他的"人民公社"，一直到晚上十点十一点，客人都走了以后，才是他自己的时间。有时候，南老师显得很无奈，说，见许多不想见的人，听许多不想听的故事，讲许多不想讲的话，做许多不想做的事情。天天如此，哪怕自己身体不舒服，他还是硬撑着，还是笑脸迎客。针对这种情况，周围的学生也拿不出什么好办法，挡驾挡多了，容易招来非议，南老师自己也不同意。我到南老师那里去过几次后，有人很羡慕我，说我很有福气，可以亲近南老师。但我给自己定了一条原则：南老师不叫，我决不主动去。我妻子有一次因公去香港考察，有两天自由活动的时间，要讲礼貌，她应该去拜访一下南老师，送一点小礼品，因为她还没有见过南老师。在出发前，我们商量，这次还是不去为好，不要给南老师添麻烦了；等他以后回来定居，总是有机会见面的。

南老师并不是那种"神通广大"的人，他也不是什么"大老板"、"大施主"。不错，南老师讲过，天下的钱都可以拿来用。这不过是讲出了道家的一种谋略，至于怎么个拿法，你自己去想办法，就看你的智慧有没有达到这个程度。南老师那里并没有"天下的钱"，他的一些学生送钱给他花，我想，南老师在精神上也会有很重的压力和负担。佛门里有句话，叫"施是乐，受是苦"，南老师一方面经常拿钱给人家，在做"布施众生"的事；而另一方面他也接受学生的"供养"。是苦是乐，恐怕只有南老师自己心里有数。

我去他那里次数多了，看到这种情况，心里有很多疑虑，也有很多感慨，忽然想起他讲过的三个梦决定了他的一生的故事，其中第三个梦说的是：他站在磨盘上，磨在不停地转，周围都是豺狼虎豹，张着血盆大口，他在磨盘上转呀转，下不来了。这是他童年时代做的梦，看看他晚年的情景，何尝不是他梦中的情景。我第四次去他那里，那几天，他正在为两件事操心。一件事，他投资一个项目的一大笔款子，被他委任的一个代理人拿去做生意，结果被人家赖账，好几年收不回来，南老师派人到北京专门处理这件事。他对我说：如果这笔款实在追不回来,他准备自己拿钱补上,免得断送了那个人一生的前程。还有一件事,大陆有几个人,从来不认识南老师,在策划一个项目,专门做弘扬传统文化的事情,说是各方面都落实了,最后到香港来同南老师见面,一再表示,不要南老师的一分钱。但谈到最后,还是开口要钱,而且数目还不小,几百万美元,问南老师能不能帮忙。南老师当然没有答应,他经常说,我又不是开银行的,就是开银行的,也来不及印钞票。南老师现在一天到晚操心的苦恼的,都是这样的事,同他打交道的,就有不少这样的人。我在边上看了,很不是滋味,住了一个星期就走了。回到北京,我给南老师写了一封信,谈了我对他第三个梦的看法,我说,老师有以身饲虎的慈悲胸怀,但往往也贻虎为患。我说,如果有一天,我发现自己也成了豺狼虎豹中的一员,我会走开的。

南老师写过一首《狂言十二辞》,似乎是对他自己一生的总结:

> 以亦仙亦佛之才,
> 处半鬼半人之世。
> 治不古不今之学,
> 当谈玄实用之间。
> 具侠义宿儒之行,
> 入无赖学者之林。
> 挟王霸纵横之术,
> 居乞士隐沦之位。
> 誉之则尊如菩萨,
> 毁之则贬为蟊贼。
> 书空咄咄悲人我,
> 弭劫无方唤奈何。

从这首诗偈中,可以看到南老师的心路历程。你说他是自谦也好,说他刻薄也好,都没有关系,但"誉之则尊如菩萨,毁之则贬为蟊贼",却也是不争的事实。我在前面提到过,有些人把他当成菩萨,推崇得很高很高。有人对我说,南先生有点像武侠小说中的"大侠"或"帮主",只不过他不玩武的,而是个"文侠"。骂他的人也不少,骂什么的都有,我就听过不只一个人说他是"黑道头子"。对外界的这些评论,南老师都不在乎,只是淡然处之,因为任何对他的赞扬或批评,都超不出他在这首诗偈中的"自我鉴定"。

第十六章
教化的力量

孔子有三千弟子，七十二贤人。孔子在几十年的教学生涯中，培养造就了不少各方面的人才，如慷慨好义、精通军事的子路，政治、外交、经济样样都行的子贡，学问道德方面最受孔子欣赏的颜回，可惜他短命，三十二岁就死了。我不是拿南老师同孔夫子比，这根本不好比，时代相差了两千五百多年。但这个现象却令人感兴趣，在今天，南老师有那么多的学生，其数量可能大大超过孔子的弟子，而且都是自己愿意投身门下，并以此引为自豪。南老师离开台湾多年，但他在那里还有影响，台湾还经常有人老远专程跑到香港求见。南老师有那么多的弟子，长期追随，都愿意为南老师办事，都愿意拿钱给南老师花；而这么多人并不是平庸之辈，他们当中许多人在自己从事的领域里都是佼佼者。在南老师的学生中，甚至还有许多外国人，美国人、法国人、德国人、加拿大人、比利时人，他们在南老师面前都毕恭毕敬，颇有中国的儒者味道。

在南老师的师生关系中，有很多传奇式的不可思议的事，几乎每个学生都能讲出一段他们投入"南门"的精彩故事。比如，香港一个大老板张某，白手创业，拥有相当大的家产，在享尽了荣华富贵之后，蓦然回首，不知道自己人生的道路通向何方。一个偶然的机会，他得到了一本南老师的书，一读，马上觉得这位南某人正是自己要找的高人，一定可以给自己指点迷津。这位张老板立即跑书店，把南老师的书一本一本买来读。读了南老师的书，他下决心要找到南老师，要登门请教。他根据书上出版社的地址，找上门去，得到的答复是南老师云游在外。他没有灰心，一次去看病，那位医生无意中说起自己同南老师有来往，张老板立即请求他引见，医生说：慢慢来，不着急。过了半年，再去问那位医生，医生说：要引见，我恐怕自己的能力不够，我要找我的师兄师姐想办法。这样，又过了半年，张老板等不及了，他要自己找，一定要找到。听说南老师在四川峨眉山闭过关，何不到那儿去找。张老板来到成都，从一个朋友那里知道，峨眉山上有个老和尚，叫通永法师，当年是南老师的师兄。张老板立即雇了一辆出租车，直奔峨眉山。他叩响了山门，见到了通永法师，说明了来意。通永法师不紧不慢地说，天色已经晚了，今天你先睡下，这件事明天再说。张老板在峨眉山过了一夜。第二天，通永法师告诉他，你跑这么老远的路来找南老师，南老师就在你们香港；你要我引见可以，不过，你得答应我一个条件。张老板说，只要能见到南老师，什么条件都好说。通永法师说：你得先拜我为师。张老板二话没说，跪下就拜；通永法师赐给张老板一个法号——"心定法师"，并给他写了一封引见信。张老板拿了这封引见信，高高兴兴回到香港，他没有，主要是不敢，贸然登门求见。他把那封引见信复印了一份，自己又写了一封信，一起寄给南老师，希望南老师接见并赐教。发信后，等了两个星期，没有回音。张老板就再发一封信，又复印了一份引见信附上，还是没有回音。他有点失望了，最后写了一封信，并附上那封引见信的原件，这是最后一次了，如果还没有回音，就死了这条心，说明自己无缘得见高人。在南老师这边，这种求见的信，几乎每天都有，太多了，南老师一般是不予理会。这位张老板，信中落款用的是"心定法师"，南老师一看，以为是宗教界人士，懒得理会。只是这位"心定法师"求见信一封接一封，不厌其烦，南老师觉得这个人有点怪，是什么人，就让他来吧。张老板来了，见面寒暄后，讲了自己的身世和求见的目的，南老师听后把他说了一通：你自己事业做得很成功，干吗来找我？张老板就这样成了南老师的学生，经常登门；他们之间还有更生动精彩的故事，张老板不让我写，说如果写出来，我们之间的因缘从此一刀两断。

像这样的故事，我听了很多很多，许多事情令我百思不得其解。当今社会，要再找一个像南老师这样的人，像这种师生关系的，我想是很困难的。所以，我在这本书里，要专门写一章南老师和他的学生的故事。

下面我要介绍九位"南门弟子"的故事，南老师可能不大同意我这么写，他很不同意用"南门弟子"这个词，因为他从来不承认谁是他的"弟子"或"学生"，他说他一辈子没有收过一个学生或弟子。但那么多人自称是他的学生，他们同南老师之间，确实也存在着密切的师生关系，我写这一章，希望从中看出南老师的教化精神。南老师的学生数以千计，我在这里只选择九位，希望其他学生看了我这本书，不会有什么不必要的想法。为什么要选择这九个人，而不是其他九个人？你拿什么标准来选择？我说我没有严格的标准，因为这本书不是正传，不是权威之作，选择的标准完全是我个人定的。大致可以这么说，我选择的标准有两条，一条是，他们的人生道路，因为南老师的关系而发生了重大的变化；还有一条是，他们在拜入"南门"之后，以各自的方式，为南老师的事业出过力，南老师今天做成的事情，有他们的一份力量。当然，具备这两个条件的学生还是很多很多，我只是在不同类型的人当中选出这九个人来。还得说明一下，写这些学生的事，我要做大量的采访工作，因为时间的关系，也因为他们大多生活在台湾、香港和外国，找他们采访不那么容易，因此，我只能把人数控制得少一点。

浅水走蛟龙

他方羁旅愁千叠，
家国情怀感万重。

> 我亦藏身无住处，
> 如何浅水走蛟龙。

这首题为《悼朱生文光》的诗，写于一九八六年。那时，南老师在美国，住在华盛顿附近的弗吉尼亚，追随他的学生只有几个人，其中有一位叫朱文光。"他方羁旅愁千叠，家国情怀感万重"，开头这两句，描写南老师当时旅居美国时的心情，虽然身处他邦，仍然心系故国。下面两句"我亦藏身无住处，如何浅水走蛟龙"，是南老师对朱文光的骤然去世，表示沉痛的哀悼和万分的惋惜。"浅水走蛟龙"，讲的是朱文光去世的情况。一九八六年十二月二十四日，圣诞节的前夜，南老师准备在住处宴请几个客人；但那天大雨倾盆，山洪暴发。正在闭关中的朱文光，生怕客人对路况不熟悉，破例出关，特地开车前去为客人引路。结果，在过一座桥的时候，朱文光连车带人被大水冲走，不幸遇难，终年五十二岁。朱文光从大学时代开始，追随南老师三十年，突然遇难身亡，南老师自然是悲痛不已。

朱文光，台湾省台北市人，生于一九三四年。父亲是一个正直的文化人，曾经在广州办过报纸。在朱文光还在念中学的时候，一场灾难从天而降，父亲在"二·二八事件"中遇难，留下寡母和五个未成年的孩子，母亲还怀着一个遗腹子。母亲是一个坚强的女性，在丈夫遇难后，独力支撑家庭这副沉重的担子；她没有文化，靠给人家缝缝洗洗，换来升斗粮食，抚养六个嗷嗷待哺的子女。其中的艰难困苦，非亲身经历，难以想象；而这位母亲居然创出了奇迹，六个孩子中，有三个大学毕业，两人取得了博士学位，在亲友中被传为佳话。

朱文光毕业于台湾大学农化系，后又获美国加州伯克利大学博士学位。还在台大读书的时候，朱文光就追随南老师，很长一段时间里就住在南老师的家里。南老师交办的事情，他说一不二，一定认认真真地做好。大学毕业后，他当了讲师、副教授、教授，还一直跟着南老师。他一辈子没有结婚,没有家庭经济负担,领了工资,全部交给南老师用。自己的零花钱和孝敬母亲的钱,是靠兼差和卖文额外得来的。南老师对朱文光也很好,像对待自己的儿子一样。一九六五年,朱文光去美国留学,以他的家庭背景,在当年几乎是不可能的事,还是南老师托关系走后门,才使他顺利办成出国手续。南老师为朱文光饯行,写了一首诗,其中两句是:"前途从此多珍惜,古道于今孰扶轮。"一九七一年,朱文光留学归来后,又成了南老师的主要助手,南老师办的《人文世界》杂志每期都有朱文光的文章,有时候一期写好几篇。

朱文光是一个奇人、怪人,性格很特别,但人缘很好。在众人当中,他并不突出,总是静静的,很少讲话;他有他自己的境界,世间的名利是非,好像与他沾不上一点关系。同学们都叫他"朱老道",因为他学道学得很好,有关道家的各种法门,他都加以研究。更亲近的同学则叫他"朱哥哥",把他当成大师兄。他在南老师身边,做事很多,但挨骂也不少。为人正直,直得有点憨。他受人尊敬,但又经常被人拿来取笑。至今谈起他来,"老同学"们还会讲出他当年的许多笑料。那时候他住在南老师家里,有一天夜晚,蚊香引燃了棉被,他慌得不知道怎么把火扑灭,反而拿了一沓报纸去扇。南老师瞧见了,赶忙提了一桶水把火浇灭。而朱文光却说:糟糕,棉被弄湿了怎么睡?

朱文光长得一表人才,追他的姑娘不少,甚至还有一个美国妞,但他从来没有动过心。爱管闲事的人一次一次给他介绍对象,安排约会,但他始终保持"有礼有节"、"坐怀不乱",同女朋友不接吻、不搂抱,"恋爱"一次一次以失败告终,没有在人生的道路上跨出这一大步。

南老师在美国的时候,人地生疏,联络的事都靠朱文光,因为他留过美;朱文光会英文,会开车,南老师的"外交"事务都由他打理。南老师想到大陆做事,派学生回大陆探路,朱文光是第一人。他在专业上也很有建树,对《易经》有深入的研究,自己出版过好几种学术专著，如《易经星命学》、《西方神秘学》、《知己知彼知心术》、《生命的神光》、《东方文化幕后之学》和《联邦调查局内幕》等。对南老师的学问和事业，他可以说是了解最多、理解最深的，因为他同南老师有三十年的师生关系。在美国留学的时候，他曾花一年多的课余时间，天天以方便面充饥，把南老师的《道家、密宗和东方神秘学》一书译成英文，在美国出版，这是南老师的著作第一次翻译成英文走向世界。

可惜朱文光英年早逝，南老师失去了一个得力的助手，应着了南老师送他留美的那句诗——"古道于今孰扶轮"，朱文光能够做的事是其他人无法代替的。他去世之后，在他的遗物中发现了一份文稿，是关于南老师的，采用问答的形式，比如南老师有神通吗？南老师为什么不出家？南老师为什么抽烟？南老师三餐吃什么？南老师平时忙些什么？南老师如何自修？南老师读哪些书？南老师最高兴的是什么？一共列了八个问题。据接近他的人说，他在生前拟了三十个类似的题目，就自己三十年来追随左右的所见所闻，写成文章，向读者全面介绍南老师。他是个勤奋严谨的人，一贯奉行"今日事，今日毕"的精神；但他在做这篇文章的过程中，经常是摊开稿纸，凝神静思，但往往写不下去，又收起笔来。问他为什么，他说："一辈子敬畏老师，说实在连正眼都没敢抬头见老师。仿佛该写的是全部，但一提笔，又都是片断。"他去世前，这篇文章没有做完，留下了一片遗憾。

半个"布道者"

大家都叫他"定国公"，他的名字叫陈定国，一九三九年生于台湾省嘉义县，祖籍福建。

陈定国在台湾算得上是一个名人，他的头衔、他的荣誉证书、他的著作，报出来都有长长的一大串。一九六三年，他从台湾成功大学毕业后，花两年时间，在政治大学拿到企业管理硕士学位。一九六六年，得到联合国的奖学金，到澳大利亚学习企业管理顾问半年。然后，去美国留学，一九七三年在密歇根大学取得企业管理博士学位，据说，华人在美国取得企管博士学位的，他是第一人。一九七九年出任台湾大学商学系主任和商学研究所所长。台大是台湾最高学府，商学系又是一流科系；陈定国走马上任后，利用自己学到的西方先进管理知识，用办企业的精神来办教育，同新闻界、企业界联手，把商学系和研究所办得更加有声有色。陈定国策划推出了一个由教授、企业家和行政官员组成的联合演讲会，每个星期六，由台湾最大的报纸《联合报》和《经济日报》出钱出场地，由陈定国出题目策划，每次邀请一位著名企业家、一位名教授和一位高级官员，就经济管理方面的问题进行探讨，免费向社会开放；演讲的内容，第二天在《经济日报》上全文发表。这个讲座连续举办了三十场，每次听众超过一千人，一时间，在台湾造成轰动，台大商学系和研究所、《联合报》、《经济日报》和工商界人士，三方面都从中得益。像台湾有名的"塑料大王"王永庆，原来是只做不讲，他的成功经验和经营之道，社会上了解的并不多。陈定国"三顾茅庐"，硬是把王永庆请到联合演讲会上，结果，在社会上造成的影响，是王永庆自己所始料不及的。后来，王永庆反过来把陈定国挖走，在他的台塑集团公司里干了一阵子。

陈定国是个精力充沛、永不停息的人，他总是不满足自己已经取得的成就，他要尝试新的领域。一九八五年，陈定国辞去台塑的工作，受聘于泰国卜蜂正大集团，担任该集团的资深执行副总裁和总裁室主任，相当于"参谋长"的角色。

正大集团在我国名气不小，在中外合资企业中，无论是规模、效益和知名度，都可以算是佼佼者；同中央电视台合办的"正大综艺"节目，长盛不衰，高居电视收视率排行榜的前列。正大集团高薪聘请陈定国，这正是正大老板的高明之处，能知人善任。陈定国不仅有深厚的理论基础，还有丰富的实践经验，而且，能把这两方面的内容讲得头头是道。正大集团董事长谢国民对陈定国讲，中国的高层领导很聪明，中层领导和企业负责人也很好，但他们缺乏国际企业管理方面的知识。谢国民希望陈定国利用自己在企业管理方面的学识和经验，来大陆讲学，并把这个工作放在优先位置。这正是陈定国的长处，轻车熟路，陈定国开始了被称为"传道"的历程。

陈定国先在大陆正大所属的一百多个企业巡回讲课，给正大集团的骨干传授现代企业管理的理论和经验。陈定国中等身材，粗壮结实的体格，圆圆的脸蛋，留一撇小胡子，并没有典型的学者风度。但他讲起课来，魅力十足，讲话嗓门大，又讲得快，只带一个提纲，没有讲稿；他又喜欢站着讲课，给他准备椅子不坐。经常是一天讲十个小时的课，连续几天，他也不觉得累；人家怕他太辛苦，把讲课日程排得松一点，他却说，你们的时间很宝贵，不要因为我而花你们太多的时间。那一阵子，随着大陆经济的高速发展，企业管理成了热门。陈定国讲课的名声很快传出去，请他演讲的单位多得不得了。有政府部门、有大企业、还有名牌大学。听他课的人，除了大学生外，大多是企业的经理和政府官员，还有专门为厅局级干部办的研修班。陈定国跑遍了大江南北，忙得不亦乐乎，也乐得不亦乐乎。他喜欢这个角色，"布道者"的角色；他把国际先进的管理经验，台湾成功企业家的经验，传给正在腾飞的中国企业界。可以说，他成功了，在短短的几年时间里，他在大陆赢得了相当高的知名度。

我在小标题里说的"半个布道者"，是指陈定国这些年讲课的情况。他讲课的一大特点，是把中华民族的传统文化引进到现代企业管理之中。大陆学术界、理论界、新闻界也已经注意到，日本人在这方面有成功的经验，比如把《孙子兵法》和《三国演义》这些中国古代经典，运用到商战上来而取得成功。但大陆似乎还没有人能拿出有分量的研究成果来。其原因大概是，有经营管理的理论和经验的人，可能没有传统文化的功底；而研究传统文化的人，对现代经济管理又是外行。而陈定国的优势就在于，他具有这两方面的深厚学识。他把中国传统文化中的儒释道的精神，引入他的现代企业管理理论中，给听课者以耳目一新的感觉。比如，他说，要做一个成功的企业家，必须先做一个成功的人，成功的主管人员的"做人哲学"应该是老子的三宝："一曰慈；二曰俭；三曰不敢为天下先。"成功的主管人员的"做事哲学"也有三宝，那就是内用黄老（道家）、外示儒术（儒家）、落实于韩非（法家）。陈定国在谈到他给企业界上课的情况时说："大乘佛法中所谓的布施分三种，最基本的是财布施，给人钱财，但钱总会用完的；第二等的布施是法布施，授人一技之长，方法技艺永远用不完；最高的布施是无畏布施，给人家勇气，才能成就万事，否则光知不行，不敢做，等于无用。有人在事情的关键时刻缺乏胆识，不敢迈出一步。无畏布施是教给人以无畏的精神，勇敢地行动。所以，我在讲课时，注重给人以无畏的精神，把知行结合起来。"

陈定国讲课时，引用了很多传统文化里的理论和知识。他的这些学问是从哪里来的呢？一部分是他读书时学到的，一部分是从南老师那儿学来的。

陈定国从一九八九年开始追随南老师，说起来也是一个偶然的因缘。在台湾的时候，他并不认识南老师，他有自己的事业，有自己的圈子。南老师到了香港后，经一位台湾企业界朋友孙静源的引荐，陈定国拜访了南老师，临走时，南老师送他一本自己的编年诗集。陈定国回家一读，对南老师肃然起敬。于是，他第二次、第三次拜访南老师，南老师把自己的书都送给陈定国。

自从陈定国到正大集团任职后，就把落脚点放在香港。他经常穿梭于曼谷、香港和大陆之间，但在香港的时间还是比较多。只要他在香港，每天下了班，夫妇俩必定到南老师那里去。我几次去南老师那里，都能碰到陈定国。南老师喜欢这个学生，我看有多方面的原因。一是陈定国是个自强不息的人，他出生在农村，小时候家境并不富裕，少年时代曾放过鸭子，上学时，光着脚跑一个多小时的小路。陈定国之所以有今天的成就，全靠他自己的努力奋斗。而且，大概是出身于农家，陈定国虽然留过洋，又身居上流社会，但他还保持了淳朴忠厚的品德，没有纨绔子弟或商界大佬的习气；日常生活里也非常节俭，一年四季只有两身西服轮番着穿；结婚以后，一直到现在，他从不到外面理发，都是他的太太陈美珍为他理发。我同陈定国同年，站在他的面前，我这个自以为不尚奢华、崇尚恬淡的人，也自叹不如；因为以他现在的收入，完全可以享受豪华奢侈的生活，至少用不着在衣食住行上精打细算，可是他仍然过着简朴的生活。难怪南老师喜欢这样的人，也谆谆教导他的学生，要自立立人，自立，陈定国做到了，立人，陈定国也做到了。当然，这只是比较而言，相对而言，真正做到自立立人，谈何容易，在佛法里，能做到自立立人，称得上是菩萨了。

其次，陈定国追随南老师的时间不算很长，但他对南老师的学问十分佩服，他自己学起来也非常认真。南老师的书，他差不多读遍了，书上圈圈点点，是认认真真地读。而且，他读了南老师的书之后，能把它变成自己的东西，前面讲到他讲课的情况时已经提到过，这在南老师的学生中并不多见，所以我说他是半个"布道者"。南老师讲课，陈定国一定到场，而且认真地听，认真地记笔记。我第一次见到陈定国的时候，开玩笑说他是"二道贩子"，在南老师那里听到的东西，说不定他第二天讲课就拿来引用了。看来，我这个玩笑有点浅薄。为了写这本书，我同陈定国有过几次交谈，他讲出了对南老师学问的独到的见解。他说，我在美国拿到第一个博士；回台湾十几年，在企业管理的实践中，拿到了第二个博士；我读了南老师的十五本书，自认为拿到了第三个博士——中华儿女为人处世的博士。如果把南老师的著作读完了，就可以拿到第四个博士了。陈定国也常对他的学生讲，读了南老师一半的书,就可以拿到一个博士学位。他这里讲的"读"字很重要,要真的读下去,读懂了,才算读,不是看过一遍或翻一下,那是一般人都容易做到的。

还有一点,虽然不很重要但也很可贵,是性格。陈定国的性格有很可爱的地方,别看他有那么大的学问,但他不是那种做学问的人常有的性格——不苟言笑,一脸严肃。陈定国性格开朗,未开口先笑,有他在,就可以把整个气氛活跃起来。陈定国只要在香港,每天下午下了班,必定到南老师那里,同南老师一起吃晚饭。他的太太是台大毕业,抚养了两个孩子成人,闲居在家。陈定国夫妇成了南老师的"人民公社"的"常委",他经常能带来一些欢快的气氛,只要有陈定国在,就会笑声不绝。

弱女子,大管家

李素美,一九四四年生于台北。从信佛学佛开始,到投入南老师门下,终生追随;并倾全力经营企业,筹集经费,管理南老师的"人民公社",支持南老师的事业。这十几年来,李素美是南老师身边一个不可或缺的人。我同她开玩笑,如果南老师是"皇帝",那么,你大概算是"宰相"了。

李素美为什么要信佛学佛?拿她自己的话说:因为生活太美满了,太幸福了,有一天突然想到,万一这一切失去了怎么办?于是走上了学佛的道路。这是一个长长的故事,还得从她的家世谈起。

李素美的祖籍是福建同安。祖父离开家乡,渡过海峡,到台湾谋生。到了她父亲李土(奇仁)的手里,还只是一个小康的家庭。她的父亲是一个能干又勤俭的人,艰苦创业,打下一片天地,成了台湾一个有名的金融家。抗战胜利后,他的事业顷刻之间化为乌有。但他没有被挫折所压倒，经过了几年的努力，又开创了一个新局面。如果要描写他一生奋斗的业绩和他创下的事业，恐怕又要写成厚厚的一本书，这不是我在这里要做的。我只简单地说一下他的葬礼的情况，读者就可以自己去想象了。他活了九十九岁，于一九九四年在台北去世。参加他的葬礼的人有好几百人，台北的达官贵人几乎倾城出动。李登辉虽然没有亲自参加，但他还是送了一个匾额。南老师从香港送去一副挽联，写着："白手而置千金之产，毕世恩勤，了无遗憾；诚心以积善行为先，人间缘尽，念佛生西。"南老师的这副挽联，把他的一生作了全面的评价。

李素美出生后，家庭正在从败落重新走向发达，用"锦衣玉食"来形容她的童年和青少年时代的生活，大概不会过分。遗憾的是，李素美一生下来，身体就很孱弱，有一点林黛玉的味道，"从会吃饭时起就开始吃药"，父亲在那么多的孩子中，也就对她更加爱护和关怀。

李素美毕业于台湾政治大学中文系。大学毕业不久，她就嫁人了。丈夫一表人才，是一位"帅哥"，他们生了一女一男两个孩子。李素美家里有钱，本来完全可以不出去工作，完全可以呆在家里，当一个家庭主妇。父亲很关爱她，希望她出去工作，而且最好到日本人开的公司去工作。父亲的用意是要磨练她。在日本公司，一个女职员，除了要看老板的脸色外，还要给男职员沏茶倒水。李素美哪里尝过这种滋味。在家里，饭来张口，衣来伸手，只有别人听她的使唤，她什么时候听过别人的指派。但李素美还是忍着，回家对父亲发牢骚，父亲不吭声，意思很明白，要她坚持下去。父亲用另外一种方式来鼓励她，中午，父亲让人给她送去可口的午餐，下午下了班，父亲早就等在她公司的门口，手里总是拿着一张报纸。素美出来一看，父亲大概早就来了，高高兴兴跟他回家。后来，李素美离开日本公司，自己办公司，办快餐店，办欧米茄手表代理行。公司的业绩怎么样，好像无足轻重，她的目的不在于赚钱，她用不着去赚钱，父亲留给她的钱永远也用不完。父亲要她做点事，否则，她只能整天坐在牌桌前消磨时光。

李素美还是在牌桌上消磨了不少时光。连续生了两个孩子之后，李素美完全成了一个家庭主妇，不再到外面做事了。家里其实也没有多少事让她操心操劳，孩子有佣人照看；闲着干什么？打牌。坐到麻将桌上，一坐就是半天，是输是赢她都不在乎，消磨时光而已。但有一段时间，她在牌桌上，天天输钱，很好的牌也和不了，心里不痛快。突然想到，自己这种自由自在的日子，都是因为有一个好爸爸，不仅仅因为父亲有钱，更重要的是父亲的关爱。可是，父亲已经七老八十了，万一哪一天父亲不在了，自己可怎么办呢？应该找一个精神寄托。于是，李素美离开牌桌，开始跑庙子，去拜佛。她在庙里没有找到精神寄托，也没有学到多少佛法；不过她还是经常去，因为在那里，她是个很受欢迎的人，她捐了不少香火钱。

李素美真正开始学佛，还是结识了南老师之后。大约是一九八〇年，说起来也是一个偶然的机缘。一次，李素美去看病，在医生那里，自己不小心把手上的念珠弄断了，珠子撒了一地。这当然是件很尴尬的事，赶紧趴在地上捡珠子，那位医生也帮着捡。从捡念珠说起学佛，那位医生告诉李素美，学佛要跟高明的人学，他的老师南怀瑾就是一个高人。这是她第一次听到南怀瑾的名字，从此，同南老师结缘。

李素美开始去听南老师的课，她同别的学生有所不同，很多人听了一次课，就对南老师佩服得五体投地，但李素美没有这种感觉；相反，听了一次两次，她甚至可以在南老师的课里挑出毛病。大概是第三次去听课，南老师在上面讲，她在底下同邻座的人说悄悄话，议论南老师刚才这句话讲得不对。百十人的大课室，而她讲话声音很低，想不到却被南老师听到了，南老师马上指出，那位同学在下面说什么，要说大声说，把她批了一通。李素美这一下完全服了。从此之后，凡是南老师讲课，她都要来听。不管是讲佛学方面的，或者是讲世法方面的，她都有兴趣。她是学中文的，有一定的古文基础，听起来没有太大的困难。

一九八五年七月，南老师离台赴美，追随的几个学生里就有李素美。论资历，论关系，她都算不上南老师最亲近的学生，说起来又是偶然的机缘。她那时正考虑为两个孩子留美打前站，需要跑一趟美国；加上她的婚姻正亮起红灯，远走高飞可能是一个解决的好办法。于是，她匆忙决定加入南老师的匆忙的美国之行。这一去，改变了李素美的人生道路，她很快把两个孩子接到美国。她没有守在年迈挚爱的父亲面前尽孝道，只是偶尔回台北去探望探望。

在美国的两年半，李素美异常忙碌。她要照应自己的两个孩子和弟弟传洪的孩子，接送他们上学、回家。南老师的学生陆续从台湾跟过来，组成了一个"大家庭"，"家务"的重担就落在了李素美的身上。精神的压力是这位富家小姐从来没有经历过的，但她挺过来了，因为她生活在南老师的身边，南老师对她的指点，对她的教诲，使她坚强起来，她好像换了一个人。她对我说："跟随了南老师之后，我又多了一个父亲，我亲生父亲给了我很多的爱，教给我很多东西；南老师像我父亲一样，没有南老师，我真不知道自己的生活会是怎样。"

把南老师比作父亲，不止李素美一个人，我听过南老师的好几位学生对我讲过这样的话，不是亲身体验，很难理解他们这种师生感情。李素美跟随南老师，从台湾到美国，从美国到香港，南老师讲课、谈事、聊天，她都在场，南老师讲话的内容，李素美听了可能有一百遍了。所以，有时候，她就成了南老师的助教，负责写黑板，南老师提到诗词典故，或佛经上的用语，她马上在黑板上写出来。南老师身边经常做这个事的有两个人，除了她之外，还有一个李淑君，我在下面还会专门讲到。

在南老师的"独立王国"里，或者说在南老师的圈子里，李素美是一个特殊的人物，她扮演了一个"大管家"的角色。南老师离开台湾后，这些年来，只有李素美始终跟随身边，寸步不离；南老师的日常事务都由她总管，南老师请来的客人，需要她安排接待；南老师答应的资助项目，只要一句话，开支票的是李素美。在大陆，有十几个投资项目，总经理都是李素美。同大陆有关部门谈判，实地考察，都得她出面，一年得跑好几趟。而且，这些投资项目，对她来说，都是新的领域，她都得从头学起。特别是刚开始时，大陆的一套办事方式，她从来没有接触过，有时往往弄得双方都不太愉快。看上去，李素美经常是笑嘻嘻的，但依我看来，她内心的苦恼可能很多很多。许多事情，李素美本来可以不做，她可以在家享清福，或者在南老师身边念佛打坐，消磨时光。但她现在的大部分精力还是花在工作上，花在经营上，经常加班加点，废寝忘食。她要考虑赚钱，一方面，用赚来的钱维持南老师"人民公社"的正常运转；另一方面，她现在的头衔是总经理，她的身份是商人，在商言商，当然要考虑经济效益。

李素美自从接近南老师之后，受到南老师的教化，她告诉我她自己在佛学方面的精进，我无法完全理解，但她的精神面貌焕然一新，则是有目共睹的事实。另外，李素美学佛很用功，"自奉甚俭，不尚奢华，有慈悲心"；她从来不爱打扮，现在，只是生意应酬上的需要，才去买几件名牌衣服；而她送东西给别人，有时又显得很大方。这几句话不是我说的，而是一个对她相当了解的人说的。这个人还说，你与其把李素美说成是"大管家"，还不如说她是"大护法"。

一日从师，终身为父

李传洪，生于一九五〇年。是前面讲的李素美的亲弟弟，有关他的家世部分就可以省略不重复了。

李传洪是一个奇人，说不好听一点是一个怪人，南老师身边有好多人都是有一点儿"奇"，也有一点儿"怪"，好像不"奇"不"怪"

的人就不会走到一起。这几年,我一天到晚读南老师的书,编南老师的书,写南老师的书,整天念叨着南老师的事,我的妻子就很担心,生怕我也因此变成一个"奇人"或"怪人"。

李传洪毕业于台湾政治大学,后赴美深造,在哈佛大学攻读两年,在俄勒冈州立大学获博士学位。

李传洪的人生历程上,曾经有过光辉的一页。他曾经拥有台湾台北银行副董事长等头衔,还当过国民党中央党务顾问,那时他只有二十八岁。所以有人讲过这样的话,李传洪当年如果好好干,今天李登辉的位置可能是他的。不管这句话是否有点夸张,姑妄听之;李传洪那时不好好干却是事实,他对政坛没有兴趣,没有在仕途上求发展,因此,现在他的名片上没有任何的官衔。他在台湾政坛有很多朋友,各种派别的都有,有的还身居高位;作为朋友,有事求到他,他会热心帮忙。但他自己不参与现实的政治斗争,他认为那是很无聊的事,他没有兴趣。

李传洪认识南老师是在一九八〇年,没有什么传奇式的故事,他只是轻描淡写地告诉我:"是我的朋友郑淑敏带我去的。"原来,李传洪早就翻过南老师的一本书《楞严大义今释》,在他的印象里,能写出这样的书,一定是明清时代的人。见了南老师后,李传洪首先声明,自己一不学佛,二不打坐。去了几次之后,李传洪把自己的"声明"忘得一干二净,跟着南老师很认真地学佛学禅,打坐用功,十几年一直坚持下来了。一九八五年,南老师去美国,李传洪也跟在身边。

李传洪家里有钱,他年轻的时候,吃喝玩乐,什么都享受过。自从跟了南老师之后,他像换了一个人。他跟南老师学佛学禅,平时,念佛打坐,再也不干别的事了。南老师对他要求很严格,而李传洪也服服帖帖。

李传洪爱管闲事,爱做善事,爱做积德的事,不要说别人有困难求到他,即使是同他毫不相干的人,他也会见义勇为,鼎力相助。有一回,他路过一个地方,看到一个孤立无援的老太太,苦苦哀求几个警察,旁边围了一堆人看热闹。李传洪挤进人群一打听,原来是一桩债务案,老太太欠着五万块钱无力偿还,要被扫地出门。李传洪二话没说,掏出五万块钱塞给警察,叫他们赶紧走人,不要麻烦这个老太太。还有一次,报纸上报道了一个长途汽车司机献身救人的故事,这个司机在一条山路上行驶,半道上,刹车突然失灵,眼看一场重大车祸就要发生;一边是悬崖峭壁,一边是万丈深渊,司机如果跳车,就可以保住自己的一条命,但车上三十来名乘客肯定会翻进深渊,全部丧生。在这万分危急的关头,这位司机紧把方向盘,贴着峭壁走,结果车子撞在峭壁上,司机当场毙命,而全车的乘客全部生还,只有几人受伤。李传洪看到这则报道后,对这位司机舍己救人的行为非常敬佩,并且立即作出决定:承担司机丧事的全部费用,负担司机遗属今后的生活费,负担他的子女到大学毕业。

  这样的事,李传洪做得很自然,做了很多;他接济了别人,从不到处宣扬;他自己也不指望人家回报,给了人家钱,过后就忘了。时间长了,李传洪得了一个"善财童子"的外号,"善财童子"的名称来自佛学,是文殊菩萨的一个弟子的名字,同钱财没有什么关系。把"善财童子"加封给李传洪,有人是拿这来取笑他,意思是说他办不成什么正经事,只会乱扔钱,乱花钱,花冤枉钱。说这种话的人,不是没有一点道理,但我从旁观察,像李传洪这样有钱的人,或者钱比他还多的人,并不少见;而像李传洪这样花钱扔钱,就我所接触所了解的,则非常少见。我见过海外来的一些大老板,跑到大陆来,公开的捐助,私下的馈赠,大把大把地花钱,有的人出手比李传洪还要大方。但有的人往外拿钱的时候,明显地怀有目的,不是为名,就是为利。但李传洪在往外拿钱的时候,似乎并没有想得到什么好处,也没有想到人家给他什么回报。

  这几年,我同李传洪有些接触,但对他的了解并不算多;他开口闭口只谈南老师,而从不讲自己的事。在南老师那里,我碰到过他几次,听不到他的声音,在南老师面前,他只听不讲话。开初,我以为他口才不行,后来才发现,他很会讲话。那年在厦门,参加禅堂落成典礼,李传洪为修建这座禅堂出了钱,所以安排他讲话。李传洪没有准备讲稿,一上来,把这件佛门盛事之所以能实现,完全归功于八十高龄的妙湛大和尚、南普陀寺的全体僧众、当地政府的有关部门,以及修建这座禅堂的全体工人,却只字不提自己出钱的事;最后,他讲出了一句掷地有声的话:"比起这些人付出的努力,金钱显得微不足道了。"那天讲话的人很多,有当地的,有海外来的;我听下来,李传洪这短短的几句话讲得最精彩。

说李传洪在大陆没有办成功一件事,恐怕也不尽然。如果从赚钱的角度来说,确实如此。七八年来,他在大陆搞了一些合资项目,投入的资金也不少,但他还没有赚到一分钱,从这一点看,他是一个不成功的投资者。但另一方面,李传洪确实做成了不少事情。外国一个大药品生产公司,要在大陆注册某些药品的专利,据说有可能获得批准;而这些药品大陆正在研制,如果被外国公司抢先注册,将给大陆的厂家带来不可估量的损失。这件事不知怎么被李传洪知道了,他就找大陆的有关领导,又花大钱从国外请来律师、专家,跑了好几趟,发现外国那家公司要注册的专利早已过期,终于把它打掉了,保护了大陆厂家的利益。为这件事,李传洪一分钱的利益也没有得到,相反,他自己不知道赔进去多少钱。他同我谈起这件事的时候,轻描淡写,并没有计较自己个人的得失,只是说:"有些外国人很坏,总想来坑我们中国人,我们一定要小心。"

李传洪的朋友很多,他很会交朋友,走到哪里,交到哪里,我说他是"万能胶"。据说,他在台湾交的朋友,什么人都有,上至"党国要人",下至贩夫走卒,三教九流,无所不交。其中的原因,大概同他的为人很有关系。据我的观察,他是个没有心计的人,同他交朋友,有一种安全感，他不会出卖朋友，他也没有想到要利用朋友。他接济过很多朋友，但他并没有指望从朋友那里得到回报。当然，也有朋友为了感恩，在他某次陷入困境时，两肋插刀，拔刀相助，帮了他一次大忙。李传洪同我说起这件事时，又是轻描淡写，说：那只是"无心插柳柳成荫"罢了，自己本来没有预料到。

南老师到香港定居后，李传洪没有跟过来，他从美国回到了台北，在那里他有自己的事业，他在台北有一个薇阁基金会，办了一所薇阁学校，从幼儿园到中学，类似大陆这几年兴起的"贵族学校"，很多人千方百计把自己的孩子送到这所学校。李传洪谈起这所学校时，得意之状溢于言表。据参观过这所学校的大陆人士说，这所学校确实办得不错，不仅仅有一流的校舍、一流的设备和一流的师资，更重要的是，从小对学生进行传统文化和传统道德的教育，在台湾那种社会混乱、世风日下的环境中，他的这个学校出来的学生，都能讲秩序、讲纪律、讲礼仪、讲道德。这正是南老师办教育的理念，李传洪把南老师的理念变成了现实。

把南老师比作自己的父亲，李传洪又是一个，从他的言谈中，南老师甚至比他的父亲还亲。这几年，李传洪经常到大陆来，花了很多钱，做了很多事，但他在大陆默默无闻，他好像从不计较，从没有想到在大陆得到一点什么。别人向他建议，哪个事情可以做，哪个项目可以投资，李传洪总是这样说：我听南老师的，南老师叫我做，我就去做；南老师不叫我做，我就不做。大陆有一个项目，李传洪很有兴趣，在南老师面前讲了好几次，非要捐资投入，两百万美元，一百万，五十万，南老师硬是不让他掏钱，他一定要掏，两个人讨价还价，最后还是听南老师的，只叫他出五万美元意思意思。还有一件事，南老师有个项目要花很多钱，要在短时间内筹集到，别人都不行，只有李传洪行。但李传洪银行里的钱远远不够，他只好卖地产。正好那段时间台湾地产市场疲软，一下子卖出去不容易。李传洪天天跑关帝庙，跪在关老爷前面，口中念念有词："求关老爷保佑，求关老爷保佑，让我的地早一点卖出去，让我的地早一点卖出去，好让南老师做事。"

南老师在他的心目中，真的比他的父亲还重要。这样的师生关系，对南老师如此言听计从，究竟是什么原因，我到现在还没有弄明白，也许只有他们自己才能讲得清楚。

辛苦艰难永追随

在南老师的诗集中有一首诗《书赠淑君学子》：

> 同心协力是何人，
> 辛苦艰难赖有君。
> 一会灵山终不散，
> 偕行悲愿济斯民。
>
> 二十余年旧道场，
> 孤身冷庙喜清凉。
> 相逢犹似当年境，
> 不觉人间岁月长。

南老师赠给学生的诗不多，有时候给学生缠不过去了，他会抄录一首古人的诗相赠。能够从南老师那里得到这样一首充满感情的诗，"淑君学子"自然是受宠有加；而了解了"淑君学子"的经历和在南老师身边的作用后，我想，她是受之无愧的。这位"淑君学子"就是李淑君小姐。

李淑君，河北正定人，一九四八年生。父亲是傅作义的部下，在北平当一个军队粮库的库长。傅作义率部起义，北平和平解放，父亲追随傅作义参加起义，高高兴兴，回家总是说共产党、解放军怎么好怎么好。母亲娘家是大地主，好几个亲戚在老家被斗，投奔到北平家里，母亲提心吊胆。后来，人民政府号召起义人员交出武器，李淑君的父亲有一支自卫用的手枪，他一早出门去上交。也许他没有找对地方，尽管有关部门对他客客气气，还是让他辗转跑了好几个单位，总算把手枪交了。回到家里，已经很晚了，害得母亲受了一整天的惊吓。这件事促使他们全家离开大陆去台湾。

李淑君被母亲抱在怀里，随父亲去了台湾。在她的记忆里，童年少年时代的生活是清苦的，父亲到台湾后，没有向军方报到，而是自谋生计，在一个煤矿里找到一个差使，从最底层做起，一步一步升级，最后做到"局级干部"。李淑君虽然是个女儿身，但从小就有强烈的国家意识、民族意识，很注意自身的人格修养。还在小学的时候，老师给学生出作文题目《我的志愿》，许多同学不是想当工程师就是当医生，而李淑君只想当一名教师。从小学到中学到大学，她一生想做的就是两件事——教育和慈善事业。几十年过去了，李淑君回首前尘，说自己投入南老师门下，不是偶然的。李淑君同南老师的几十年师生情缘，最初还是因为"佛"。她生长在基督教的家庭里，从小随父母去做礼拜；但是，教堂没有留住她。在大学三年级的时候，听了一次"佛学讲座"，主讲人是台大一位研究生，他"诠释清晰、言词动人"，使李淑君一下子对佛学产生了兴趣，便一次又一次去听他的"佛学讲座"。她本想在佛学中寻求人生真谛，结果却陷入无比的苦恼之中。她后来回忆说："三四个月下来，对佛学体系有了大概的认识，但却因此陷入极度的踌躇与彷徨，原来遍满人间的欢乐竟然成了一片苦海。在哲学、文学、艺术里得到的那份喜悦和满足，一刹时也都成了妄念，都被打入世智辩聪的樊笼。所剩下陪伴自己的就是那堆贪嗔痴的夹缠，剪不断理还乱的妄想。"

就在李淑君因为学佛而陷入极度苦恼之时，又一张"佛学讲演"的海报，改变了她的人生道路。这回，主讲人是南怀瑾，题目是《禅与心理实验》。李淑君一听，如醍醐灌顶，"啊！明师在此！"她接着听完了南老师的"佛学讲演"，从此走上学禅学佛的不归路。在她大学毕业之前，南老师在台北创办"东西精华协会"，李淑君一看协会的章程，南老师要做的事，正是自己从小就埋在心底的理想，就下决心追随南老师。南老师怕影响她的前程，叫她慎重考虑，李淑君二话没说，跟定了。此后多年，一直是南老师的一个学生，一个助手。

前面提到过，"东西精华协会"是南老师一生中比较成功的一件事，是他从大学讲坛走向社会、影响朝野的一个舞台；李淑君从一开始就参与了这个工作。从管理会务，给南老师当助教，帮助南老师整理书稿，校对书稿，发行图书杂志，都有李淑君的心血。在协会成立后相当一段时间里，实际上只有李淑君一个人追随南老师。南老师的老一辈朋友中，有些人对他办协会不太看好，劝他不要弄；在南老师执意要干的情况下，有的人甚至暗地里找李淑君，劝她不要干，南老师也就干不成了。李淑君没有听这些老前辈的话，她认定南老师要做这件事，愿心完全是正确的，尽管她对南老师的理想能不能实现，心里也有怀疑，但还是下决心跟随南老师。所以，南老师在给她的诗中说："同心协力是何人，艰难辛苦赖有君"，讲的就是那一段的经历。

李淑君回忆"东西精华协会"初创办的日子，特别崇敬南老师那种无私奉献和坚韧不拔的精神。协会碰到的最大难题是经费。租房子要钱，装电话、置设备要钱，印讲义也要钱。而南老师只是一个穷教授，还是个兼职的教授，月薪一千多，养家糊口还捉襟见肘，哪有余钱积蓄来办这件大事。但南老师想办成这件事，他有魄力，借钱，三分利的高利贷都敢借。李淑君说，那时候经常是东挪西借，借到钱赶紧送银行。台湾有句俗话，叫"赶三点半"，就是银行下午三点半关门。李淑君经常要赶三点半,生怕赶不上,出现空头,账号被吊销不说,南老师还要吃官司坐牢。

李淑君可以说是追随南老师时间最长、受南老师的教化最大、对南老师的道德文章了解最多的学生之一,特别是禅宗方面,有人说李淑君已有很高的造诣。能够给南老师当助教的没有几个人,李淑君是一个。南老师后来不再公开讲学,但他还是天天在谈古论今,经常提到历史上的某个人物、某个典故,经常引用诗词偈语,这时,李淑君就把这些人名、诗词写在黑板上,或者写在小纸条上传阅,难得李淑君从南老师那里学到了不少知识。

多年来,李淑君跟随南老师,心甘情愿地当一名助手,默默无闻地贡献自己的一分力量;她没有著书立说,我相信她有这个能力;她没有去开创自己的事业,她把自己完全融进南老师的事业之中。她甚至为南老师的事业奉献了自己的青春年华,至今还是单身一人。我在同李淑君探讨南老师一生的事功时说,南老师的理想非常崇高,但结局恐怕同孔夫子一样,他的理想永远也实现不了,就是那句话,南老师是"明知其不可而为之"。李淑君说,她从一开始就有这个想法,但她认定南老师要做的事是正确的,她就下决心追随南老师做事,至于别的,她从来不考虑。李淑君当年的同学,有的身居要职,有的事业有成,拿世俗的眼光,李淑君在事业上是不成功的,当年她如果不追随南老师,后来的境况可能大不一样了。但李淑君没有后悔,她向我表示,自己永不后悔。她说,一个人一生能做自己喜欢做的事情,就是最大的幸福。

前些年,李淑君曾经在大陆一所大学任客座教授,开了一门课,叫《禅宗与生命科学》,颇受欢迎。在同学校领导和师生的接触中,她对大陆的情况有了更多的了解。两岸的统一,是她的强烈愿望。

我写完李淑君的故事后,同她聊天,想请她补充一些材料,但她没有给我多讲她自己的事,只是简短的几句话。她说:你怎么写都没有关系，我不在乎；我很珍惜自己能有机会追随南老师；我心里还特别感谢我父母的理解和支持。

"关门弟子"

说他是南老师的"关门弟子"，只是一句玩笑话，因为南老师从来不承认自己收过学生或弟子。我之所以开这个玩笑，原因是，在南老师数以千计的学生中，侯承业结识南老师的时间很短，他第一次拜会老师是一九九二年。我把他列入这一章中，有特殊的原因。

讲起侯承业的身世经历，可以写一本厚厚的书，当然，南老师的学生中，有不少人都可以写一本书。关于他的家世背景，侯承业不愿意让我多写，说那都是过去的事了。我这里只能简单地作一些介绍。

一九三五年十月，侯承业出生于山西太原附近的灵石县。其父侯桢祥，在国民党军统局里当过大官，曾任中美合作所总务处长，少将衔；后来又担任军统局七处处长。抗战时，他的父亲派人把他从老家接到重庆，住在磁器口中美合作所里，他家的房子就是美国顾问梅乐斯住过的公馆，下面不远处关着张学良，侯承业那时还只是个小学生。

一九四九年，侯承业去了台湾。在那里，他念完了中学和大学之后，赴德国留学，获斯图加特工业大学硕士学位。后来又到美国继续深造，在西雅图的华盛顿大学医学院及工学院做研究工作，获得医学工程硕士和哲学博士两个学位。完成学业后，他留在美国工作，先后在美国交通部担任工程师和在母校华盛顿大学任教。这段时间，可以说是侯承业事业上走向成功的阶段，特别值得一提的是，一九八〇年，他协助美国地质调查局，用航空测量方法，预测到了圣海伦火山的爆发。这次火山爆发，是美国本土历史上最为严重的一次火山爆发，在全国自然是个大新闻。侯承业参与了预测工作，奠定了他在华盛顿州的威望。

一九八二年,应当时的台湾行政院长孙运璇的邀请,侯承业回到了台湾,从事公共工程方面的工作。后来又与当局共同成立了"台湾自动化股份有限公司",侯承业担任董事长,全力从事机器人的开发,协助台湾两百家工厂实现生产自动化。在差不多十年的时间里,把"埋头苦干"、"废寝忘食"这些形容词用在侯承业身上,恐怕也难以形容他的艰辛历程。开发机器人,并把它应用到生产中去,不知攻克了多少道技术难关;而更为困难的是,要说服生产厂家来接受这个还不完善的新鲜事物。侯承业全身心地投入,还要想方设法筹集经费,至少得养活两百来名科技人员。在极为困难的关头,眼看研究项目因为经费问题而要陷于停顿的时候,有一个人支持了他,就是他的太太——王富士女士,她变卖了自己的房产,让丈夫把研究工作继续下去。对他的太太,侯承业那种感激和敬佩之情,简直到了崇拜的地步,为了丈夫的事业,她默默地作出了巨大的贡献和牺牲,是侯承业心中唯一崇拜的人。在自动化工作基本完成的情况下,他的太太劝他就此打住,让有实力的公司向前发展下去。她怕他的身体坚持不了;而侯承业则坚持要再干一年,再冲刺一下,将冲床机械手臂研究完成再走。两人的意见相持不下。这时,侯承业碰到也是南老师学生的首愚法师,法师见他似有心事,就问他有什么难处,他据实以告。法师问他谁能改变他太太的决定,侯承业说,可能只有一个人——南老师。首愚法师答应陪他去见南老师。于是,就引出了侯承业这个"关门弟子"的故事。

南老师,侯承业从来没有见过面,但南老师的名字侯承业不知听过多少遍。他的太太追随南老师十几年,跟南老师学佛学禅,颇有心得;她自己花巨款,在美国加州建了一个道场,追随的人也有好几百。不过,她在美国没有打禅宗的旗号,而是用调理身心的牌子,以免被人家说成是"邪教"之类而带来不必要的麻烦。她收集了南老师的所有著作，侯承业有时候也拿出来翻翻。对佛学、禅宗，侯承业没有多大的兴趣，他是个天主教徒。但他尊重太太的信仰，他也知道南老师是他太太最崇拜的人。现在，首愚法师要带他去见南老师，求南老师指点他们两人面临的迷津。

一九九二年五月，侯承业专程来到香港，拜见南老师。侯承业向南老师讲了自己的情况后，南老师只用两句话来回答："为什么十多年来都是为别人想，而今天忽然想到自己了？""自动化不只是为了省人工，而是提高产品品质，好同别人竞争，就是大陆十二亿人口，也要推动自动化。"南老师显然是支持他把研究工作继续下去，侯承业立即向在美国的太太通了电话，转达了南老师的意见。他的太太说：其实也不是为自己想，只是看你太辛苦，内心不忍，老师既然这么说，那就是支持你了。

侯承业同南老师见了一次面，立即对南老师肃然起敬，对南老师佩服得五体投地；见了一面，改变了他的为人处世的态度。

由于侯承业的出身、经历，以及他自己所取得的成就，他不会轻易佩服一个人，不会轻易推崇一个人，更不会轻易改变自己的信仰。他给我讲了他皈依天主教的故事：那还是在大学的时候，他和两位同学一起，要去信天主教。天主教教规比较严格，不是你说信就让你入教的，先要经过"培训"，由神父给你讲《圣经》，半年以后，如果你相信天主了，才给你洗礼。侯承业和两位同学，每星期六到教堂，听神父讲解《圣经》，每次差不多四个小时。半年下来，神父问他，你信不信，侯承业回答说：不信。不信，神父不给他洗礼，叫他继续参加"培训"。而那两位同学一下子就通过了。侯承业又跟神父学了半年，神父还是问他那句话：你信不信？侯承业回答：不信。不信，还要再接受"培训"。这样，经过三年时间，共六次"培训"，神父再问侯承业：你信不信？侯承业终于回答：信！于是，经过洗礼，侯承业成了天主教徒，说不上虔诚，但很认真，《圣经》读得滚瓜烂熟。他说：宗教信仰没有什么道理可讲，信就有，不信就没有，完全是一个人的个人行为。我问他：你是搞科学研究的，信教同科研会不会产生矛盾？他没有正面回答我的问题，但他说：信教使我为人处世上增加了信心，在事业上，不管碰到什么困难，想起《圣经》里的故事，我就有了信心，有主保佑，相信自己一定能成功；在成功之后，我也会把功劳归于主，不会成为自己的包袱。

侯承业信奉天主教走过了一段漫长的路，而他对南老师，从耳闻心仪到亲聆教诲而折服，只有短短的一段时间。同南老师第一次见面之后，他回到台湾，花了差不多一年的时间，料理好他的工作，来到了南老师的身边。南老师叫他做一点金温铁路的顾问工作，同南老师有了比较多的接触。南老师的学问修养，南老师对学生的耐心教导，南老师的博大胸怀，侯承业可以说佩服得五体投地。侯承业为人处世都是很认真的。前面提到过，他早年先是留学德国，后来又留美。国际上有一句笑话，说德国人的脑袋是方的。这句话是挪揄德国人办事呆板、不知通融的个性；但另一方面也道出了德国人办事认真严谨、一丝不苟的精神。而美国人，办事讲效率，讲功利，讲实际。侯承业接受过德国和美国的两种教育，在他的身上，这些特点都可以找得到。

南老师叫他为铁路的事当顾问，他不愿意坐在香港只顾只问，而是跑到铁路沿线，去实地考察。他的身体不算很好，患有糖尿病，累了饿了，身体就吃不消。但他在三个月之中在铁路沿线跑了四趟，体重掉了二十来斤，然后写出一份长长的报告，据他说，这份报告涉及的面很广，包括施工、财务管理、资金的筹集、股份上市等等，有些内容涉及南老师当时最为关心的问题。他把这份报告交给了南老师，但没有下文。我没有看过这份报告，我相信他在报告里写的意见和建议是有道理的，但在南老师那里，或者在大陆有关方面那里，他的意见不一定都会被采纳。在这种情况下，侯承业功成身退，结束了在南老师那里的工作，回到了美国。

在加州，他有一所不小的房子，房子周围有一大片草地花园，他说这次回加州是自我"下放劳动"，整天在家里除草养花。他本来可以过这种田园式的生活，反正在美国有退休金可拿，下半辈子生活不成问题。在整整一年的时间里，表面上很轻松，实际上他在反思。他想起在南老师身边的时候，有一天，南老师把他找去，先给他写两句话："扬善于公堂，规过于私室。"接着，南老师说："今天只有你和我，所以我要对你讲几句批评的话。你同你太太富士最大的不同是，富士做每件事的出发点是为别人好，去帮助别人，即使她批评或指责了别人，别人还是心存感谢。而你呢？虽然结果是一样的，也做了好事，但出发点不同，你是认为别人做不好，所以你一定要做好，你是不服气，所以你做起来很辛苦。"

"扬善于公堂，规过于私室"，是南老师经常引用的。南老师对他的学生，很少当着大家的面批评，在公开场合，他一般总是表扬学生；而对学生的批评，一般都在私下进行。南老师在私室里对他说的几句话，可以说改变了侯承业的人生理念。除了他的太太有时提醒他之外，这个世界上还没有人当面批评过他，而且，南老师的话一针见血。侯承业对我剖白："我一生所做的一切，实际上都是为了自己，为名为利；老师说我做事为了争气，那是老师客气，实际上是争名。"

经过一年的反思，侯承业决心改变自己做人处世的态度，要像南老师那样，为国家，为民族，为人类，做一点有意义的事；看到南老师为弘扬传统文化、为中华民族的繁荣昌盛，八十高龄，还在呕心沥血，操心操劳，侯承业要为南老师的事业，贡献自己的力量。

也许是他的善愿感动了上帝，机会来了。他的母校——华盛顿大学工学院希望他回去，重执教鞭。华盛顿大学虽然偏处一隅，但学校的规模和科研实力，在美国大学中名列前茅；而学院请他回去，完全是有诚意的。从个人考虑，侯承业可以接受，也可以婉言谢绝。他想起了南老师，他要配合南老师做点事，他要为南老师做点事。于是，他同学院讨价还价，要回去可以，但要答应他一个条件——在学院设立一个以南怀瑾命名的项目或中心，从事太平洋地区的交流，实际上是东西方的文化交流。他在南老师那里感受到，这项工作非常重要。现在，西方有人把东方文化，把中国，看成是二十一世纪的威胁。除了极少数人别有用心之外，大多数西方人对东方文化，对中国，缺乏了解，或者说根本不了解。侯承业要利用这个机会，建立一个机构，专门做沟通东西方文化的工作。但他的设想要得到学院和学校的认可，谈何容易。南怀瑾何许人也？洋人怎么知道？在工学院里，四五十个教授，只有他一个华人。于是，写报告，做方案，协商，答辩，整整花了一年的时间，侯承业终于说服了学院和学校的领导，接受了他的条件，甚至还超出了他自己提出的目标。学院领导对他说：既然你认为南教授是那么伟大的人，那么，以他来命名一个项目或一个中心就太小气了，何不以他的名字建立一个学院。这样，在华盛顿大学就有了一所"南怀瑾学院"。

"南怀瑾学院"于一九九五年八月八日，在西雅图华盛顿大学工学院挂牌成立。以个人名字命名的大学、学院，在美国不算稀罕，但以一个中国人的名字来命名，这在美国或者整个西方世界也是不寻常的事。

只念过小学的"大师"

余正如，大家都叫她阿如，一九三八年生于台湾基隆。在南老师的追随者中，博士、专家可以成把成把地抓，论学历，论财产，论社会地位，阿如在"南门弟子"中肯定排不上号。她只有小学毕业的学历，一辈子没有一个正式的职业，没有头衔，没有家产，甚至连个家都没有，我把她写在这本书里，也是想从一个方面了解南老师的教化精神。

阿如出生在基隆的一个穷人家庭，她生下来不久，父母无力养活她，就把她送给一个有钱人家当养女。养父母对她不错，不愁吃不愁穿，家庭也很和睦。只是有一点，阿如这孩子有点怪，从小喜欢拜佛，喜欢往庙子里跑。读书读到小学毕业，就不想继续读下去了。还是一天到晚跑庙子，上佛学院。有时候一去几天甚至几个星期不回家，养父母心里着急，到处找也找不到，只得找警察局，还在报上登寻人启事，弄得满城风雨。阿如怕被家里人找到，跑到"养女会"寻求庇护，家里人拿她没办法，只好让她去。

阿如在基隆居士林一住就是十几年，实际上是过着出家人的生活，吃素念佛，还跟师父学气功，学拳，练就了一身本事，一般人近她不得。她长期练功修行，修成了一副男儿身，三十岁就断了月经，在禅宗、道家里叫"斩赤龙"，据说是很难修到的一种功夫，从此，人的生理、心理就永远停留在三十岁这个阶段。这种属于东方神秘学的东西，我一般不轻易相信，但据看过阿如表演的人说，阿如的功夫确实了得；而我头一次见到她时，以为她只有三十来岁，后来一打听，她已经五十好几了。

阿如从小信佛，但她为什么不削发为尼、不彻底出家？据说，她住过好几个庙子，深深了解到，梵音缭绕的寺庙，并不是人们想象的那样一方净土，宗教界里，也同世俗社会一样，有好人也有坏人，也有勾心斗角，也有争权夺利。最使阿如伤心的是，她在一所庙里修行，为庙子干了不少活，住持很欣赏她，很信任她，把施主们捐助的香火钱都交给她保管，有几十条黄金。阿如把这笔不算小的钱藏在佛龛后面，没有人知道。后来，住持圆寂，没有多久，新来的住持逼她把这笔钱交出来，用这些黄金自己开了个金店。阿如对宗教失望了，从此不再踏入这种圈子。

阿如还是信佛学禅，这一次，她投身南老师门下，一跟就是多年。

南老师的大名，阿如早就听说过，因为南老师刚到台湾时，在基隆生活了好几年，同佛教界人士有过来往，阿如一天到晚往庙子里跑，自然对南老师有所耳闻。她真正同南老师结缘，是在三十年后，她在好几个庙子跑了一圈之后，才找到南老师。那一年，南老师在台北创办了一所佛学院，名为"十方丛林书院"。书院初创阶段，人手不够，包括服务的做饭的，就在报上登广告，招聘工作人员。阿如的师姐把这个消息告诉她，南老师办的佛学院招聘工作人员，你何不去试试。阿如喜出望外，背了两个大草包的行囊，跑到台北应征，说自己什么都可以做，当伙头军也行。她这一身装束，很土很土，问她会不会做饭，她说从来没有做过。但她一片诚心，并坚持不领一分钱的工资。南老师就把她留下来，试试看。这一试，就使阿如找到了归宿。她在这里感到很开心，听南老师讲课讲经，都是她过去没有听过的。她过去没有做过饭，但几天下来，居然成了厨房的一把手，每天三顿饭，多的时候有一百多人吃饭，都是她一人掌勺。后来南老师到美国，阿如也跟到美国；南老师到香港，她也跟到香港；南老师回大陆，随从的人不多，但也少不了阿如。

　　阿如也是个奇人、怪人。现在，跟在南老师身边，除了做一顿晚饭之外，没有太多的事情。没有事情做，她闲得难受。怎么办？南老师另外找了一个做饭的，把阿如送到大陆学医，到一个中医学院学了两年，又到上海跟一个"神针"学针灸。别看她只念过小学，学起中医针灸来，却很有灵气，解剖学上的名词，人体上的几百个穴位，她自己发明了一个口诀，很快就能背下来；她不用眼睛只用手摸就能找到扎针的穴位。而且，她给人扎针胆子很大，我在一边看着都有点害怕，但病人说她扎得很好，甚至到了针到病除的地步。"余大夫"的名气不胫而走，台湾一份报纸上甚至把她称作"针灸大师"。她的医术够不够"大师"的条件，我不敢乱说，我没有请她扎过针治过病，但她的医德可以说无可挑剔。她给人看病，一概不收钱。南老师送过好多学生到大陆学医，目的是不仅让他们学一种谋生的手段，更重要的是掌握一种济世救人的本领。南老师那么多学过医的学生里，在学以致用、济世救人方面，可以说阿如是做得很出色、很有成绩的一个。她在上海学针灸的时候，每天早晨和星期天，都跑到公园去，教别人打拳；后来，针灸稍微入门，她就给别人扎针。很快就交了许多朋友，人家都传说这个余大夫是台湾来的，是个大好人。从开始学医到拥有小名气，只用了三四年的时间。为什么？因为她不收钱，病人可以放心，至少她不会是一个骗子；当今社会，还有整天给人看病而不要钱的吗？

后来，阿如拿到针灸医师的执照，她更可以放手去做她想做的事了。她想只身到大陆最穷的地方，比如贵州、西藏等地，去给穷人治病。她的愿心，南老师很支持，但不太放心。叫她先不要去贵州、西藏。南老师投资金温铁路，南老师联系好，把阿如送到铁路工地去，为修路民工治病。于是，余大夫的名字在铁路沿线又远近闻名了。在铁路沿线，她一站一站开展义诊。修路民工的生活条件、工作条件都比较差，生了小毛病，或者有点小病痛，一般也都忍着。阿如一到工地，立即受到民工的欢迎，民工排着队，一批一批来候诊。她每天给三四十个人扎针，越忙越高兴。别人怕她累着，而她就是不愿意闲下来，自带的三千根银针几天就用完了。这样的大夫已经不多见了，当年的"赤脚医生"是这么干的，现在上哪儿找"赤脚医生"去？当地的报纸和电视台，都报道了阿如的事迹，有一家报纸的标题是："南先生情暖建设者，余大夫妙手治百病"。

读者可能会问，阿如给人看病不收钱，那么她靠什么维持生活？她在南老师那里干活的时候，一直不拿工资，这是她投入门下的时候自己立的规矩。不过，南老师和他的学生经常给她一些零花钱。她除了出门坐公共汽车花点钱外，几乎不花什么钱，她把自己物质方面的需求压到最低限度。身上穿的，都是别人给的旧衣服，送她新衣服，她会不高兴，勉强收下来，她也不穿。到大陆学医，来回路费和学费，都是南老师和他的学生出的。她吃饭也很简单。在南老师那里，她可以沾光享受到一些高级的东西，但她把基本衣食之外的东西都视为奢侈和浪费，甚至一张餐巾纸都不用，在她眼里，用餐巾纸擦嘴，简直是暴殄天物。她到北京学医，有时候到我那儿去，我怕她人生地不熟，再说年纪也不算小了，叫她打"面的"，十块钱就够了，她硬是不听，说挤公共汽车几毛钱就够了，何必浪费钱。到北京不到两个星期，北京的公共汽车路线比我这个老北京还要熟。

　　阿如实际上过着苦行僧一样的生活，但她一天到晚总是乐呵呵的，好像没有烦恼，没有忧愁，也没有任何个人的物质追求。阿如在各地奔忙，南老师考虑到，总有一天她跑不动了，需要一个属于她的"窝"，就在大陆一个地方，买一套两居室的房子给阿如，但阿如不要，她说：我到不了享有房子的境界，天下到处有我住的地方，哪儿都是我的家。她想的是怎么为更多的人治病，金温铁路沿线跑了一趟后，下一步是海南岛山区，她要把自己的这点本事献给穷苦大众。她知道我去过不少国家，向我打听可以到哪些国家去行医，她要走向世界。我告诉她，几十年来，中国向非洲二十多个国家派遣了医疗队，很受那里的政府和人民的欢迎，但那是很花钱的事，何况你不会外语，到国外去恐怕寸步难行。她听我这么一讲，说，那就先不考虑这件事了。

　　在南老师的那么多学生中，阿如是一个不显山不露水的人，但实际上，她是很有理想的人，她说她一生最大的愿望是办一个"安老院"，去帮助那些无助的老人。她说，人老了是最可怜的，是最需要帮助的，特别是穷苦人。我说，办"安老院"谈何容易，那要很多钱，你从哪儿搞到这笔钱。她说，慢慢想办法吧。她向我透露了一个秘密：她过了一辈子清贫的生活，从来是身无分文，想不到临近晚年，鬼使神差，她可能一夜之间成为一个"亿万富婆"。原来，这牵涉一起遗产继承案子，有人帮阿如打官司，如果官司打赢了，阿如就可以继承这笔遗产。我问她，这么多的钱，如果你拿到了，准备怎么花？阿如说，她自己不会花一分钱，她要分一半给南老师去花，另外一半让她的师姐去办一个"安老院"。

大陆年轻人当中，前几年流行一句很时髦的话，叫做"实现自我价值"。这句话是从西方传进来的，我不知道怎么样才算实现自我价值；但我从阿如身上看到了一种力量，一个人活在世上，最高兴的事莫过于能够为别人做点什么。我写完了这段文字后，问了她一个最简单的问题——你为什么不出家？她没有说庙子里发生的事，只是说："出家不好，出家不能做事，我不喜欢，我要做事。"她的回答很简单，似乎没有太多的道理，但我马上感觉到，这是受南老师的影响。南老师经常告诫他的学生，学佛、学禅不在于形式，不在于是否出家、是否吃素、是否打坐，最重要的是以出世的精神做入世的事业。阿如不是走在这条路上吗？！

记住老师四句话

王伟国，他的情况有点特殊，同这一章里其他几个人不一样，他是唯一在大陆土生土长而且现在还在大陆的；我把他列入南老师的学生当中，有人可能会说，他算什么"南门弟子"，他还不够格。但据我观察，这些年来，王伟国同南老师的关系太密切了，我不得不写一下他的故事。

王伟国，一九三七年生于浙江省温州市乐清县，是南老师的内侄，南老师的原配夫人是王伟国的姑妈，所以，他叫南老师姑丈，还算得上是近亲。只是南老师早年奔波在外，王伟国小时候对南老师并没有什么印象。解放前夕，南老师回老家一趟，王伟国第一次见到了这位姑丈，觉得挺好玩，怎么姑丈后面还跟了一个和尚。

南老师去台几十年，在王伟国的心里，这个姑丈的印象早已淡漠无痕了。谁想到，正是这个姑丈，在他人生道路上的几个重要关头，都起了极为重要的作用。

一九五七年，王伟国从温州一中毕业后，考入当时的华东化工学院，现在的华东理工大学。五年后，毕业分配到上海化工研究院。王伟国为人忠厚老实，在学校的时候，他是个好学生，学习成绩优异，政治思想进步，大学毕业前，党组织就发展他入党，支部大会顺利通过；但他当了三个月的预备党员后，党员开会再也不叫他参加了。他也不去问个清楚，就这样不明不白地把个预备党员给弄丢了。当然，他去问也没有用，后来回想，问题出在南老师身上。他在支部大会通过后，要填"党员登记表"。在社会关系这一栏里，王伟国不清楚家里到底有哪些亲戚，这些亲戚都是干什么的。他就把父亲的履历表拿来抄，这一抄就把南老师抄上去了。他的父亲王世鹤同南老师是亲上加亲，既是表兄弟，又是郎舅关系，可以说是南老师同辈亲戚中关系最亲密的人。王世鹤比南老师大六岁，中学毕业后，跑到杭州找了一份工作。早年，南老师从家乡出来闯天下，到了杭州，能够投靠的亲友只有这位表哥兼舅子王世鹤一个人。

王伟国把南老师的名字填在自己的党员登记表里，海外的朋友和大陆现在的年轻人，肯定不会懂得其中的利害关系，这在六十年代初期，可不是一件小事。在那个阶级斗争天天讲的年代，谁要是有一个海外关系，还是个台湾关系，不要说入党，不被看作是"特务嫌疑"已经很便宜你了。王伟国没有当成共产党员，他以后再也不提入党的事了。这是南老师第一次影响了王伟国的人生道路，而当时，南老师当然不知道，连王伟国自己也不知道。

没有当成共产党员，并没有影响王伟国的情绪，也没有影响到组织对他的信任。他能被分配到上海化工研究院，算是一个相当不错的单位，是一个很好的证明。到化工研究院后，领导上对他也很器重，同时分配来的大学生有二百五十人，王伟国被指定为临时召集人。工作了才两年，就让他担任专题组长，后来甚至把尖端机密的项目交给他。当然，王伟国自己也很努力，总是兢兢业业，埋头苦干，并在工作中做出了优异的成绩。在六十年代后期，毛主席提出"备战、备荒、为人民"的战略部署，搞"大三线"建设，大批国防工业项目内迁。王伟国负责的项目也同国防有关，也要内迁，要迁到大西北去。上海化工研究院等于一分为二，同国防工业有关的项目内迁，那些同国防没有关系的项目仍旧留在上海。到三线去的人，政治上必须绝对可靠，有海外关系的人不在考虑之列。但王伟国被破例批准，他很高兴，这是组织对自己的信任。他的妻子也在化工院工作，正好两人一起走。他们安排好孩子，打好了行李，准备奔赴大西北的时候，突然接到通知：三线你们不去了，还是留在上海。为什么？王伟国没有问。不用问，还是因为南老师的关系过不了关。这是王伟国在人生道路上，第二次受到南老师的影响，一次重大的影响。一个知识分子，一个工程技术人员，政治上不受信任，内心的痛苦是不难理解的。王伟国掩盖了内心的痛苦，一如既往地努力工作，后来，在研究工作中又取得成绩，他开发的项目一直到今天还在发挥效益。

话说回来，领导上那次不让他去三线，把他留在了上海，对王伟国个人来讲，是祸是福，实在很难评说。王伟国曾经得过一场大病，肝的毛病，病得死去活来，都亏了上海的医疗条件好，治好了他的病。如果他去了大西北，说不定早就"埋骨沙场"了。我同王伟国开玩笑，这次，是南老师救了你的一条命。

因为南老师的关系，王伟国受到影响，还有一件事，是在"文革"初期，王伟国被隔离审查，要他交代海外关系，具体讲就是同南老师的关系。谈不上是迫害，可以说是冲击。隔离起来，开头几天的滋味当然不好受，过了几天也就无所谓了。要他交代，他交代不出来。态度不好，打态度。但态度好了，还是交代不出来，本来嘛，只是在小时候见过姑丈一面,能交代出什么东西来。专案组的人也没有办法,南老师在台湾,他们也不可能到台湾去外调取证。后来就不了了之,隔离了两个星期,就把他放了。

历史有时也真能跟人开玩笑。海外关系,曾经使多少人忍辱负重,曾经使多少人吃尽了苦头,在一次又一次的政治运动中,因为有个海外关系而成了被怀疑斗争的对象,有的人甚至因此被整得含冤死去。谁也没有想到,到了改革开放的年代,海外关系,一夜之间成了令人羡慕的吃香的东西,很多人千方百计想找一个海外关系,管他八竿子打得着打不着。海外关系从"阶下囚"到"座上客"的变化,反映在王伟国身上,也是如此。原来他怎么也讲不清楚的姑丈南怀瑾,到了八十年代中期,再一次改变了王伟国的人生道路。

南老师一九八七年底到了香港后,就着手安排在大陆做点事,比如搞投资,设奖学金,从事文化事业。南老师自己没有打算马上回来,有各种各样复杂的原因,使他不能轻易迈出这一步。南老师说自己名叫"留半步",意思是身在香港,不能在罗湖桥头跨出一步,跨出一步,就回来了。他留了半步,时机还没有到。

南老师又想在大陆做事,自己又不想马上回来,就得有人帮他做,就得有大陆的人帮他做事情。经过几十年的分离隔阂,这个时候,南老师同大陆的亲戚朋友差不多都联系上了,家乡有他的第二代第三代亲属,分散在各地的老朋友也不少,但王伟国在众多亲友中,成了比较合适的人选。照南老师的脾气,他做事一般不用自己的亲属。在台湾,在香港,他的公司里没有用自己的一个亲人,王伟国是唯一的例外。原因大概是多方面的,我分析其中两点比较重要:一、王伟国在上海,地理位置优越。"争名于朝,争利于市"这句成语,到了南老师的嘴里有了与众不同的解释。南老师说:要玩政治,想当官,到北京去,这叫"争名于朝";要做生意,要投资,要赚钱,上海是个好地方,"争利于市"。南老师自己既不争名也不争利,他要帮大陆做点事,文化方面的，建设方面的，他觉得上海这个地方不错，王伟国身在上海，南老师就要他试试。二、南老师在用人上，一方面是求才若渴，凡有一技之长的人，南老师都喜欢发挥他的专长；另一方面，南老师对他所用的人要求也很严格。在南老师的著作中，他经常谈到人才问题，引用历史上大量事实，说明人才的重要性，说明人才的难得。在实际生活中，南老师最大的一个问题也是人才，苦于缺少合适的人才帮他做事；追随南老师的人很多，真正能舍下自己的事业来帮他做事的人又很缺乏。他的一个学生对我讲，能配合南老师做事的，一般不会超过七年，最后都离开了。这是套用好莱坞电影《七年之痒》的说法，不一定准确，但说明南老师的用人之难，也说明能为南老师所用、为南老师赏识的人真是少而又少。我从旁观察，所谓人才难得，就是才德兼备的问题，能力和为人的统一，一个人又有本事有能力，又忠厚老实，找到这样的人很难很难，恐怕任何部门、任何地方都是一样。

南老师在给他的表兄、王伟国的父亲的一封信中说："古人俗话有语：上阵须要亲兄弟，打仗还靠子弟兵。虽属徇私之言，但到底亦是人生历史之经验谈。弟一生在外，无论任何作为，极少为私；及今数十年后之经验，倘私不害公，则涉用私人，何尝有碍公益。天下人才，毕竟难得。"南老师这里说的"倘私不害公，则涉用私人"，指的就是他要起用王伟国。在王伟国见到南老师之前，南老师已经派他的学生到上海考察，同王伟国有过接触。南老师的学生回去后向他报告，他这个侄儿"笃实、干练、可靠"，于是，南老师才开始让王伟国帮他在大陆做事。开始时只是试试，慢慢地，发现王伟国基本具备了前面讲的两方面的优点，就越来越放心让他去做，王伟国实际上成了南老师在大陆的代理人。

王伟国下海了。他扔掉了铁饭碗，辞去了化工研究院有机所副总工程师工作，担任了南老师香港公司驻上海办事处的代表，统管南老师在大陆的投资、贸易和文化工作。这真是难为了他了，一辈子同试管、烧杯打交道，现在却要一切从头学起，生产、供销、人事、财务、法规和公关等，每一件事都是新鲜陌生的；每一个项目，都得经过立项、报告、审批、落实，不知碰了多少钉子。短短的几年里，南老师在上海和附近地区共有十几个项目，投入资金两千多万美元，都是由王伟国经办的。其中，最大的项目是金温铁路，王伟国担任铁道公司的董事，虽然不是全职的，但他在合资双方的沟通和协调方面，起到了不可或缺的作用，浙江省的领导和有关部门负责人，对他都有很好的评价。

五十多岁的人下海，王伟国可以说走出了一条成功的道路，很多台商到大陆来投资，都愿意找王伟国咨询，很多人愿意同他合作，有的甚至想用高薪聘请他。不过，王伟国的成功之路稍微有些特殊。我跟他开玩笑，你是套着救生圈下海的，南老师是你的救生圈。因为南老师在大陆投资，同一般的商人、资本家不一样，南老师并不是以赢利为唯一目的；他让王伟国投资一个项目，没有给王伟国下达利润指标，没有说一定要在多少时间内收回资本，这样，就给了王伟国一个相当宽松的环境，没有太大的压力。当然，压力是有的，是王伟国自己给自己施加压力，赔了钱总不是一件光彩的事。他全身心地投入，干得很卖力，也干得很不错，除了个别项目，因为缺乏经验，或者是合资对方的原因，做得不顺利，他经手的十几个项目都相当成功。

一个普通的知识分子，在短短几年间，创出了这番业绩，应该满足了吧？应该开始享受生活了吧？王伟国的回答是"不！"他是上海市政协委员，同市里许多负责人都有良好的关系；他掌管的十几个公司，经济效益都不错，但他仍然过着淡泊的生活。不抽烟，不喝酒，不打牌，不跳舞，几乎没有任何休闲娱乐活动，甚至看电视的时间都很少。他也不喜欢应酬，别人来谈生意，谈到饭边上，他请人家在办事处吃便饭；人家请他赴宴，能推的就推掉。在穿着方面，他也很随便，同眼下一些"大款"没法比，甚至可以说同他的"老板"的身份也不相称,他根本不在乎。他一天到晚忙个不停,我说他"日理万机"。什么机?电话机。他一天到晚离不开电话机,早上一睁开眼睛,就把电话机拿到床上,打半天才起来漱洗吃饭。晚上睡觉前也是打电话,如果不打电话,他坐在那里就要睡着了。在办公室里,经常是他一边在打电话,另外有两三个电话在等着他。我看他这种"日理万机"的生活真够辛苦的,我说我是"日理一机",电子计算机,玩电脑,比你这个"大老板"舒服多了。

王伟国整天忙忙碌碌,到底是为了什么呢?他究竟还要实现什么理想呢?我经过观察捉摸,从他身上看到了南老师的影子,看到了南老师的影响。在南老师的大陆亲属中,王伟国有最多的机会亲近南老师。他掌管着南老师在大陆的事业,他可以随时到南老师那里去。如果说是一个遗憾,就是他是学工的,南老师的学问,南老师一天到晚讲的儒释道的学问,他过去很少接触,现在,他也没有条件从头学起。南老师那么多书,经他的手送出去的恐怕有成千上万册,但他自己没有完整读过南老师的一本书。他自我调侃地说:我就记住南老师的四句话。哪四句话?南老师在美国的时候说的,到大陆投资,要坚持:"共产主义的理想,社会主义的福利,资本主义的管理,中华文化的精神。"南老师这四句话,在一些介绍南老师的文章中出现过,我也听到一些负责同志赞扬的评语,但真正把这四句话记住了,并身体力行,在南老师海内外那么多学生中,恐怕只有王伟国做得最出色。

王伟国受南老师的委托,在大陆开办的第一个合资项目是上海联盈塑料化工有限公司,他代表外方,同他原来的单位上海化工研究院合资。搞塑料是王伟国的本行,但过去他只是泡在实验室里,埋头搞科研,比较单纯;现在,整个公司的生产管理、营销、人事、财务,都要他操心,这无疑是一种巨大的挑战。王伟国把南老师说的这四句话,贴在了公司的会客室里,根据这四句话的精神,来摸索公司的发展道路和积累经营管理的经验。经过四五年的时间,他的这个合资公司，在产品的数量和质量上，已在全国同行业中居领先地位，经济效益也很可观，双方最初投入的资金已经收回，公司被誉为上海市八强民用科技型企业之一。

提起这个公司的成功之路，王伟国可以谈得头头是道，强调法治，强调制度管理，广泛使用计算机，他可以讲出一套一套的经验，被好几个单位请去介绍。他不是共产党员，但他对公司里党支部的工作非常支持，这在合资企业里大概是少有的。他对支部的同志说："我不是共产党员，但希望你们不要忘了共产主义的理想。"

王伟国把员工的福利时刻挂在心上。在公司里，他拿的钱不是最多的，成绩出色的员工，奖金超过了他这个"老板"。至于组织员工"一日游"、"出国考察"等活动，也坚持了多年。令许多公司、单位苦恼的"调动积极性"、"加强凝聚力"这类问题，在王伟国这个公司里有了比较圆满的解决方案，公司的员工，在王伟国这个"老板"的领导下，工作都很卖力，虽然待遇不算特别高，但很少有人想离开。

学功又学德的洋学生

在追随南老师的学生中，有很多洋人，有美国人、法国人、德国人、加拿大人、日本人、新加坡人和拉丁美洲人，我见过的就不少；最后，我选定了阿里斯德作为这些洋学生的代表，自然有我的道理。

阿里斯德是一个假名字，是我给起的；他是美国人，外交官，而且级别不低，为避免给他带来任何的不便，我决定把他的真名隐掉。

十年前，南老师旅居美国的时候，阿里斯德第一次踏入"南门"。由于工作的关系，阿里斯德对东方文化早有了解。见到了南老师之后，他立即对南老师肃然起敬，然后，就经常到南老师那里去听课，成了南老师的学生。但这段师生关系维持的时间并不长，顶多不过一年，南老师离开美国，阿里斯德也被外派，辗转好几个驻外岗位，职位步步高升。

十年后，阿里斯德借休假的机会，携妻带子，全家来看望南老师，我正好在南老师的身边，听阿里斯德讲述自己从师的心得以及他对南老师的评价，引起我深刻的思索。阿里斯德说，一踏进"南门"，他就喜欢上那个氛围了，像一个大家庭。开始的时候，他看到好多学生跟南老师学禅宗、学打坐，他没有学，工作太忙，抽不出时间来打坐。有的学生跟南老师学念咒子，他不以为然，不相信念咒子会有多大的作用。但跟了这位老师，总要学点什么，从最简单的学起，还是念咒子吧。两年以后，他开始念咒子，南老师推荐的"准提咒"，他是抱着求证的心理，到底有没有用，自己要试一下。试了几天，当然见不到效果，人家告诉他，至少要念几百万次之后才会见效。他坚持下来了，念到一百来万次后，发现自己身心都很舒服。

阿里斯德这次来向南老师报告，八年来坚持念准提咒，每天念六千次，大约花五六个小时。他念咒子不出声，在心里念，因此随时随地都可以念，开会时念，办公时念，散步时念，甚至开车时也念，已经念了一千三百多万次。他向南老师报告自己的学习成绩时，周围的学生听了，个个称奇，都说他了不起。准提咒是准提佛母传授的咒子，内容是："南无飒哆喃，三貌三菩驮，俱胝喃，怛侄他，唵，折隶，主隶，准提，娑婆诃，唵部林。"这个咒子很长，一共有三十个字，南老师的学生中也有许多人念准提咒，但没有几个人能够像阿里斯德那样持之以恒。

阿里斯德从南老师那儿学到的还有一样东西——施食，就是在晚上睡觉之前，站在阳台上或者房间的一角，拿一小碟米，心中观想周围有很多很多的饿鬼，然后把米撒向空中布施给饿鬼。每天晚上的这个功课，他也坚持了八年。

念咒、施食这些东西，都是佛门密宗里个人修持的方便法门，阿里斯德是基督徒,他并没有皈依佛门,也没有想得道成佛;但他似乎从南老师传授的密宗法门里,获得了很大的收获。他对我说:我念咒子的时候,并没有看到菩萨,但念咒的结果,使我现在做任何事情都很顺利,我的思想很容易集中起来,碰到什么难题,很快就能找出解决的办法来,几乎到了心想事成的地步。而一件事情做完了,或自己觉得不要再做下去,要把它放下,很快就可以放下。他给我讲了一次历险的故事。有一次出差,飞机在飞行过程中突然发生故障,一个引擎不转了,这意味着什么,大家当然明白。飞机上所有的乘客个个丧魂失魄,惊恐万状。阿里斯德自然也不例外,马上想到,自己如果遇难,老婆孩子怎么办?但他又记起临行前太太的嘱咐:"你出差在外,碰到什么事,不要考虑我和孩子。"阿里斯德即刻恢复了镇静,什么也不想,闭起眼睛念准提咒。引擎的故障没有造成灾难,飞机平安降落,全体乘客逃过一劫。惊魂甫定的乘客对阿里斯德的表现百思不解,大家都被吓得够呛,你老兄像没事一样,还能在那里闭目养神;别人不知道他在那里念准提咒。

阿里斯德这次出差逃过劫难,有人说是他念准提咒的结果,是准提菩萨在冥冥中保佑着他,我听听就是了。但他念咒子八年,能做到使自己的脑子像电器一样,说开就开,说关就关,达到这样的境界,在禅宗里是一种很高的境界,许多人修持一辈子也达不到。我到南老师那里去过那么多次,念佛、打坐、念咒、施食这些事,都听说一点,但都没有付诸行动,所以,对阿里斯德的学习心得很难完全体会,更难准确地表达出来。我转而问他的太太:你们结婚十几年了,在他跟了南老师后,你有没有发现他身上起了什么变化。她说,有,有很大的变化。她讲了两条,第一,臭脾气改了,官架子小了。过去,外面来的电话,都是先通过秘书,问清了对方身份地位、事情的轻重缓急之后,才决定接或不接;现在,他不用秘书来接电话,也不问对方的身份地位,尽量接听外面打进来的电话。第二,慈悲心强了。在美国官场，办一件事情，一般都是首先从个人考虑，办不办这件事，怎么样去办，办得成办不成，首先考虑个人的得失；而阿里斯德现在办事，不是从个人的利益去考虑，只要这件事能使别人受益，使多数人受益，他一定会尽力去做。

看来，阿里斯德从南老师那里学到不少东西，而他对南老师的一番评语，更是见地不凡。他说：南老师对文化事业的贡献既深又远，可惜人们现在还不懂，还认识不到。二十世纪，人类经历了许多灾难，二十一世纪，人类必须找到一条道路，使各种文化能够和平相处，一起努力，创造更美好的世界，这是全人类面临的一个重要任务。而南老师的思想就是讲东西文化的融合。未来的历史学家，在回顾二十世纪时，会把南老师列为重要的思想家。他还告诉我，在一次国际会议上，他在讲话中阐述了东西方文化融合的观点，告诫西方政治家，一定要了解中国的文化，学习中国的文化；当然，他也声明，这只是他的个人见解，不代表美国政府的立场。

阿里斯德学过中文，程度不算高，听、说、读、写的能力都不算很强，他说只读过南老师的三本书——《禅与道概论》、《如何修证佛法》和《中国佛教发展史略述》。我有点纳闷，我把南老师的书都读完了，还是一大堆的问号，他怎么会对南老师和他的学问作出那么肯定的评价。他不假思索地回答我：人生的阅历和职业的敏感。他出生在外交官的家庭，从小跟着父亲走南闯北，周游列国；后来，自己又当了外交官，见过的世面更多了。我问他究竟到过哪些国家。他的太太在一边插话说，你最好问他还有哪些国家没有去过。他掰着指头数，非洲去过的国家比较少，长期住过的只有三个国家，欧洲、亚洲、拉丁美洲，没有去过的，数来数去，只剩下十几个了。四十年来，阿里斯德到过那么多的地方，结交了那么多的朋友，接触了解各种各样的文化，形成了他今天那种特有的素质和敏锐的观察能力。他想了半天，找不出一个合适的中文辞语来表达，我说，用中国话讲，叫"阅世很深"吧!他说,差不多是这个意思。他说自己接触一个人,用不着花很多时间,就可以对这个人作出判断,作出评价。

我同阿里斯德相处只有两天的时间,完全能够感觉得到南老师和东方文化对他的影响,他不可能经常到南老师这儿来,但每个月都要给南老师打一次越洋电话,报告自己的学习心得,请南老师指点。他要他的儿子学中国文化,包括读中文书,打少林拳;而他的儿子对"太老师"的话都是深信不疑。那天,我们在聊天,他的儿子坐在远处看电视;南老师发现他的儿子坐的姿势不太好,两只脚在不停地抖。南老师就对他们夫妇讲,叫孩子改掉这个习惯,坐的时候姿势要端正,不要抖脚。他的太太马上去把孩子领到南老师的面前,请南老师直接对孩子讲,并说,老师的话他一定会听的。南老师很和气地对他们的儿子讲:坐在那里不要抖脚,抖脚会把一生的财运、一生的好运气抖掉的,记住了?孩子点点头,回去坐在那里,再也不抖脚了。

像阿里斯德这样的洋学生,追随南老师,崇敬南老师,学习东方文化,自然是很难得的。但南老师在他的著作中,有许多地方涉及西方文化,特别是美国文化。南老师对西方文化的观点、评价,西方人能不能接受?我向阿里斯德提了两个问题:南老师说,美国不能代表西方文化,要研究西方文化,一定要研究欧洲文化,特别是希腊文化和罗马文化,你作为一个美国人,同意不同意南老师的观点?他几乎是脱口而出:"同意。"还有,南老师说,美国立国才两百年,美国没有文化,你同意不同意南老师的这个观点?阿里斯德没有正面回答我这个问题,但是他说:我们美国历史上出过几个大政治家,比如华盛顿、杰斐逊,但没有出过有分量的哲学家、思想家,没有出过像孔子、老子、黑格尔那样的人;我相信,将来会出的,因为美国现在是世界的政治、经济和文化的中心,将来会出现有分量的思想家的。

我同阿里斯德分手,回到北京。第二天报载:美国一架专机在国外失事,机上全部人员遇难。当天接到南老师电话,说阿里斯德逃过一劫，已提前结束休假赶回美国。原来，这架专机的使命是阿里斯德一手筹办的，他本来也要参加这趟旅行。但在他把一切安排好之后，突然想到自己好久没有去看南老师了，也好久没有休假了。他一向忠于职守，事必躬亲，但这次，他一反常态，向上级请假：这趟差使不去了，我要休假。于是带了全家到香港看望南老师。阿里斯德逃过这次空难，是纯粹的巧合或是他念准提咒的结果？南老师的饭桌上大概会有一番热烈的讨论。

在追随南老师的人当中，许多人都有一段传奇式的经历，在人生道路上，都有傲人的成绩；他们在师从南老师之后，都有许许多多生动精彩的故事，从中可以看到南老师的教化力量。我在这本书里只选了九个人，由于篇幅的原因，也由于采访条件的限制，不可能把"南门弟子"的事情都写出来；有些人的情况还要作进一步的了解，有些事情发表的时机也还不成熟。我在写完这一章后，突发遐想：如果有人肯花力气，搜集几十个人的材料，写一本《南门弟子传》，一定会很精彩、很有可读性，比我的这本书要强多了。

这里再强调一下，我上面写的九个人的故事，都是本着扬善隐恶的原则，属于"正面报道"的性质。至于其他事情，我都没有涉及，因为我不可能把每个人都了解得非常全面，解剖分析得非常细致，那样做好像也没有必要，我只是在他们同南老师的关系上下功夫。另外，我看到了南老师的教化力量，选择了这九个人作代表，从不同的角度来反映这种特殊的师生关系，看过书稿的几位朋友说，这一章很生动很精彩。其实，我这本书里隐去的东西很多很多，就拿南老师的学生来说，也有一些人自称"终生追随"，或者以"得意门生"来标榜，但他们的言行，我看在眼里，实在很难恭维。还是南老师高明，他不承认自己收过一个学生。否则，把那种"不肖之徒"做的拆烂污的事都算到南老师的账上，任凭南老师有多大的神通，也洗刷不清。

这里再补充几句话,同南老师的教化精神也有一点关系。台湾有人把南老师称作"通天教主",南老师自己不承认。在我看来,经过几十年的努力,南老师实际上已经建立起了一个自己的"教派",也可以说是一个"独立王国",一个精神上的"独立王国"。这个"独立王国",没有国号,没有疆土,没有组织,没有法律,什么也没有,但却有许多"臣民";南老师在这个"独立王国"里,指挥一切,调动一切,关起门来当"皇帝"。这个"独立王国"的影响有多大?说它大,它很大很大,可以影响到千里万里之外;说它小,它很小很小,小到只是一张饭桌,就是南老师的"人民公社"里的那张大饭桌。在这张饭桌上,南老师是"皇帝";离开了这张饭桌,各人该干什么就干什么,南老师管不了,他也没有想去管。我说南老师是在"独立王国"里当"皇帝",就是从这张饭桌上得到的启示。

有一次,吃过晚饭,大家照例坐在饭桌旁,听南老师在谈古说今。这时进来一个学生,打过招呼,就搬把椅子挤在饭桌边。南老师继续讲故事。但这位新来的学生,同旁边的一位久别相遇,两个人在底下就说起悄悄话来。南老师很不高兴的样子,冲着那两位说:"你们在干什么?我在讲话,你们为什么不听?我是皇帝,皇帝讲话是要有人听的。"

这就是南老师,就是在那张饭桌上,或者扩大一点,在那个客厅里,君临一切;在谈笑之间,作出了从事文化事业和投资项目的决策。曾子说:"用师则王,用友则霸,用徒则亡。"这大概是我们中华民族传统文化中"帝王之学"里的一个重要原则吧。这三句话当中的一个"用"字,我的理解是"采纳意见"的意思。南老师给好多人推荐过这三句话,对象是位高权重的当权派,或者是大公司的总裁、总经理。那么,在南老师自己的"独立王国"里,他究竟是"用师"、"用友"还是"用徒"?我看他是谁都用又谁都不用。南老师的一生,够得上是他"亦师亦友"的人,恐怕有好几百,但真正值得他怀念的恩师只有两位,一位是朱味渊先生,他少年时期的国学老师,南老师对他非常崇敬和怀念,几十年后,南老师同朱味渊的后人联系上之后,出资为他的老师出版了一部《复翁诗集》,使之流传。还有一位恩师袁焕仙先生,我在前面已经说过。他的这两位恩师早已作古,现在还健在的,在学问、道德方面能称得上是他老师的人,恐怕没有了。现在,南老师的周围都是他的朋友,他的学生;他现在没有一个老师,没有一个上级领导,甚至可以说没有一个高参或智囊,你甚至举不出一个可以影响或帮助南老师决策的人来。这也许正是南老师的独特之处,一定要找出南老师的"老师"或"高参"或"顶头上司"是哪一个,我只能说是孔子、老子和释迦牟尼了。但话又说回来,南老师做那么多的事情,涉及的领域那么广泛,在很多方面他自己也是外行。碰到他不熟悉的事情时,他会征求朋友甚至学生的意见,在这方面,他确实做到了"不因人而废其言",只要你的意见有道理,他就会采纳。

有好几个人向我提出:南老师有没有培养接班人?如果有,那么这个接班人是谁?我可以大胆地说,南老师没有接班人;没有任何人可以接他的班,没有人会掌握南老师的全部学问,更不可能像他那样出世入世、挥洒自如。南老师身边有不少学生,在个人的事业上,在学佛学禅的境界上,在济世利生的事功上,可能会有相当的成就,但他们谁也不会说自己能够达到南老师的境界。几十年来,南老师自己没有指定谁来接他的班,他也没有精心培养过一个接班人,他的教化是广泛的,所谓"有教无类";他甚至没有一个特别钟爱的学生。据他的一位学生回忆,早在二十多年前,有一次,南老师曾经当众哽咽着说,他对不起他的老师袁焕仙,袁老师交给他的棒子,几十年了,却找不到一个人可以交出去。时间过去了多年,我看,南老师还是没有找到一个可以接棒的人。圈子里有人曾对我说,南老师可能会把衣钵传给某某人,说得还很神秘;我听了只是笑笑。

南老师百年之后,拿禅宗佛门的话叫"圆寂"之后,他建立起来的这个"独立王国",他这个天天宾朋满座的"人民公社",恐怕有一天也会人去楼空,不复存在了。但我相信,南老师的等身著作以及他的道德文章,将会流传下去。他现在身边这些学生,受南老师的教诲熏陶,会在自己从事的领域中,贯彻南老师的理念,做南老师想做而未做完的事情。南老师著作在大陆大量出版,已经产生了很好的影响。大陆已经有很多人,他们没有机会去拜见南老师,他们同南老师没有师生关系;但他们在认真地读南老师的书,并把南老师书中洋溢的我们中华民族的传统美德,贯彻于自己的行动之中。几位大学教师,拿到了南老师资助的奖教金,尽管他们家庭都不富裕,但他们都没有把这笔钱拿回家去,而是悄悄地转手给了家境困难的学生。一位七十多岁的老太太,同南老师有一点因缘,南老师资助她一笔钱;而这位老太太自己却分文不花,把这笔钱通通买了南老师的书,送给别人。一个企业的头头,读南老师的书很有心得,自己赚了一笔钱,没有想到买房子买汽车,而是想搞一个书社,让更多的人分享从书中得到的乐趣。一位国家机关干部,到偏僻山区扶贫,他在帮助当地解决实际困难的同时,积极向当地干部推荐南老师的书。这样的事情太多了,他们同南老师都没有师生关系,但他们都在做实实在在的事情,把南老师的学问,把中华民族的传统文化、传统美德传布开来,流传下去。

结束语

我在本书的开头说过,我只是南老师的半个学生。我尊崇南老师的学识、道德文章,以及他为国家民族众生所做的一切,如果能从南老师那里学到一些传统文化中的学问和美德,就将受益匪浅,所以,我甘愿当他的学生。但南老师说自己从来不承认谁是他的学生,我也没必要自讨没趣,非要说是他的学生不可;而且,我认识南老师的时间并不长,不像他周围的许多学生,长期追随左右,在受教于南老师的同时,还为南老师做了许多事情,佛家所谓护法、传承、供养、取悦,各人都扮演各自的角色。而我,没有为南老师做什么事。在台湾,说到谁是南老师的学生,是一件光彩的事,是一种荣誉;我不能跻身于他们中间,来分享这种荣誉,所以,我说自己是南老师的半个学生,这大概无伤大雅吧!

我的"半个学生"的说法,还有一点尽量客观的意思。因为,在传统文化中,无论是儒家或是佛门禅宗里,师生关系是非常严肃的,"一日从师,终身为父",学生或徒弟,对老师或师父,就像对自己的父亲一样,不能说半个"不"字,南老师的大多数学生也是这样对待南老师的。这一点,我过去没有做到,今后恐怕也难以做到。原因很多,最重要的一点是,我们在过去几十年的时间里,实际上我们是生活在两个不同的世界里,人生观、价值观、世界观的形成环境截然不同,对许多问题的看法,在做人处世上,都有不同的地方;何况,我已进入了老年阶段,有些观念恐怕很难改变了。因此,我在总体上尊敬推崇南老师的同时,也保留了一点点说"不"的权利,保留一点点行动的自由。比如,我编辑出版的《南怀瑾谈历史与人生》这本书,虽然得到他的首肯,他还破例为这本书写了不称为序言的序言,但事先我并没有征求他的同意或批准。南老师一辈子立身处世都很通达，但有时候也会干出莫名其妙的事，如果我事先告诉他要编这本书，他很可能会说，不要弄了，这是没有意思的。只要他说出这一句话，我就不好再说什么了，这个事情就做不成了。但是，等我把书编好了，拿给他征求意见时，他只说好啊好啊，你去做吧。

我写这本书的情况也是一样，开始的时候，一直保密，谁也不知道；等到写得差不多了，再告诉南老师，因为要补充核实一些关键性的资料。那时，南老师也不好再说不要弄了，他有那种菩萨心肠，看我辛辛苦苦写出来了，也不说什么了。

综观南老师的一生，做了那么多事情，他的那么多著作有些肯定会流传下去，使后人继续受益。但是，南老师的理想并没有实现，也不可能实现。这同孔子和历代圣贤们一样，他们追求的理想，经过千百年也没有实现，但他们的理想还是鼓舞了一代又一代的志士仁人为之奋斗。南老师说的，一个人把"自欺、欺人、被人欺"三件事做完了，就可以走了。南老师很健康，他还是个有功夫的人，他会长寿。但我敢说，他这辈子，这三件事永远做不完。只要是对国家民族有利的事，只要有人来求他，他总是会永远做下去的，他总是有做不完的事，虽然他知道有时候做好事也不见得有好结果，但他还是去做。

这里我要讲的，南老师也好，古代的圣贤也好，他们的理想，他们的道德风范，他们的牺牲精神，都是很令人敬佩的，但为什么都不能达到他们的理想？从南老师的身上，我琢磨出一点，那就是，南老师在为理想而奋斗的过程中，基本上是单枪匹马，基本上是一种个人的行为。"道不同，不相与谋"，这一点，在南老师身上有时也表现得很强烈。虽然他有那么多的学生，不少学生确实为他做了不少事情；但他的学生，无论从人数上或从能量上讲，在整个国家民族的亿万人的事业中，毕竟只是很小的一部分。

南老师一辈子没有当官，一辈子没有从政，但我们不能说他不关心政治。他在解释《论语》里"不在其位，不谋其政"这句话时，教导搞科学的搞技术的学生不要去谈政治，他说："一个知识分子，如果不是身居官职，最好不要随便谈论批评政事"，"学者文人最喜欢谈政治，而且他们对现实的政治几乎没有满意过，尤其学自然科学的学者，更喜欢谈政治，如果将来由科学家专政，人类可能更要糟糕"。这番话，南老师经常讲，我听了觉得颇有道理。但是，实际上，南老师自己一辈子在关心政治，在研究政治，在谈论政治。所谓"忧国忧民"，离开了政治，还有什么可忧的。南老师著作的一大特色，是处处体现了他的忧国忧民之心，他谈帝王之学，为臣之道，实际上是谈古代的政治；他讲解古代的经典，联系到现实的世界，联系到现实的社会，实际上也是在谈论现实的政治。他一辈子做了许多事情，早年在台湾，后来为大陆，做过许许多多好事，利国利民，但严格说来，这些事也都脱不开现实的政治。南老师经常说的一句话是"玩玩"。他给学生上课，教打坐，教禅宗，教佛法，他常说：我是陪你们玩玩的。他在大陆投资，经常是扔进去几十万几百万美金，也不求经济效益，包括比较大的投资项目金温铁路，经常给他带来许多烦恼，他却一笑了之：嗨！不要紧的，这都是玩玩的，并不是我的真正目的。

所以，我觉得，南老师在台湾、在大陆做的那么多事，不能说他在做每一件事之前都有明确的政治目的，但综观他一生所做的事，也脱不开政治的干系。所以，从这个意义上讲，南老师也是在玩政治。所不同的是，他不到政治的圈子里玩政治，他是站在政治圈子之外玩政治。比起古今中外政治圈子里的许多人，南老师的理想境界、道德风范以及智慧谋略，确实有过人的地方；但在历史的作用上，他这种玩法，产生的作用毕竟是有限的。

南老师关心政治，但又一辈子不愿意步入政坛，在我看来，同他受儒释道的影响很有关系。释迦牟尼本是个王子，放弃了王位继承权，出家修行，立志要普度众生。中国古代道家人物则是薄帝王将相而不为，时代需要他时，就出来辅佐别人，等天下太平了，就功成、名遂、身退，飘然而去。至于儒家，大多追求的是"学而优则仕"，但也有像孔子晚年的做法，自己不从政，而是全力培养学生；另一方面，如果当权者能够采纳自己的意见，就全力以赴，如果自己的意见不受重视，则退避三舍。

南老师对现实的政治采取补台而不是拆台的做法，拿他自己的话说，是"站在圈子外面补漏"。他不进入政坛，但他对现实政治是关心的，他不听命于当权者差遣，当权者指使他做什么，他不会接受，他要做自己喜欢做的事，但他可以配合当权者。这大概是道家的用天下而不为天下所用吧！南老师一再强调，他做的事，是当局不能做的，或不方便做的。

从前面一点引申出来，南老师的学说思想，南老师一生的所作所为，都是有益于社会的，或者说，都是国家社会的一种稳定因素。有一年，大陆来人谈起，某个地方为了繁荣经济，准备在政府有关部门的控制下，开设赌场，筹备工作差不多了，也到澳门赌场考察过，只等上级批准了。南老师一听，这怎么行，这种事怎么可以做，非把社会搞乱了不可。南老师那几天心急如焚，忙着向高层领导建言，一定不要批准这个项目；我不知道是不是南老师的话起作用，反正那个地方的赌场最后没有开成。我们现在强调安定团结，那么，南老师著作里讲的内容，南老师在大陆所做的一切，都是有利于安定团结的。因为，南老师继承了儒释道的精华，而在古代历史上，儒释道的理论，基本上是社会的稳定因素。当然，许多人指出，儒释道，特别是儒家的思想，在中国历史上，都被封建帝王所利用，成为统治人民的工具，阻碍了社会的发展。但在我看来，我们今天的社会，人民大众成了国家社会的主人，维护一个安定的社会环境，对大家都是有利的。而现实的情况，我们现在不是儒释道的东西太多了，不是传统文化的东西太多了，而是传统文化的精华，包括儒释道里优秀的遗产，在相当长的时间里，被忽视了，被扔掉了。

南老师一辈子的理想是弘扬传统文化，是把他认为几千年传下来的圣贤学问，继承下来，传下去，不要使它在我们这一代人手里断掉。这几年，传统文化已经受到我国领导人的重视，中央提出的"物质文明、精神文明两手抓"，这个精神文明的建设，当然包括了弘扬传统文化。在十四届六中全会的决议里就明确写上了"弘扬祖国传统文化精华"这句话，这实际上回答了南老师最担心的问题，就是在物质文明发达的情况下，怎么使精神文明跟上去，不要弄得社会越来越富了，而人民的道德水准越来越堕落了。但是，这个问题的解决，是长期的、艰巨的任务，不仅在中国是如此，在全世界也是如此。在经济最发达的美国，许多社会问题，比如凶杀、抢劫、强奸等案例，在世界上也是名列前茅的。美国社会舆论各种意见都有，但也拿不出好办法来。他们解决起来比我们麻烦要多，困难要大，因为他们崇尚个人主义，把个人利益放在首位。他们中有人主张，对这些社会问题，让社会自己来调节，总会有办法的。

南老师的弘扬传统文化的理想当然是正确的。但传统文化是否能解决现实生活中出现的全部问题，我认为几乎是不可能的，因为，毕竟时代变了。在这一点上，我同南老师在认识上存在差距，南老师认为，现实社会的一切问题，都可以从古代圣贤的经典中找到答案，包括现代科学没有解决的问题，比如生命的来源问题，释迦牟尼佛早在两千多年前就已经回答了。南老师把孔子、老子和释迦牟尼推崇得过高了，把他们两千多年前讲的所有的话，奉为绝对真理，实际上，是南老师自己在解释孔子、老子和释迦牟尼的话。这样，他的著作在学术界引起一些批评和争议，也就不奇怪了。

后　记

这本书是玩出来的，玩电脑玩出来的。

一九九五年初，单位里要实现办公室现代化，给十几个人都配备了一台电脑，并聘请电脑老师每周上两次课，教电脑原理和文字处理。学电脑，说难也难，说容易也容易，关键是实践。在老师上第一课的时候，我就想到，何不利用这个机会，写点什么；于是，就写起南老师来了。开始时，速度很慢，反正是玩，也不着急。想不到学了几次后，玩电脑玩出了兴趣，双休日在家里闲着没事，抽出一天来到办公室玩电脑。三个月后，整个电脑课程结束，我输入的"文件"居然有将近十万字了。于是，一鼓作气，把工作之余的时间都用在玩电脑上了。

花了整整两年的时间，在电脑里"玩"成了这本书。本来不是计划之内的事，我没有寄以很大的希望。读者如果有兴趣买，有兴趣读完，那就是我最大的满足了。

正如我在开头说的，"南怀瑾"是个"大问号"，我写完这本书之后，还是这句话，我没有完全解开这个"大问号"，我想我也没有能力做这件事。在这本书里，我只是向读者提供了一点我知道的事；有些事情没有了解清楚，有些事情不便写出来。

本书当年出版后，受到广大读者的厚爱，多次重印。

现在应出版社的要求再版,对原书中的个别错误作了改正。书中肯定还有不足之处,读者朋友们有任何批评和建议,我都非常欢迎。

二〇一五年十一月八日

南怀瑾先生著述目录

1. 禅海蠡测　（一九五五）
2. 楞严大义今释　（一九六〇）
3. 楞伽大义今释　（一九六五）
4. 禅与道概论　（一九六八）
5. 维摩精舍丛书　（一九七〇）
6. 静坐修道与长生不老　（一九七三）
7. 禅话　（一九七三）
8. 习禅录影　（一九七六）
9. 论语别裁（上）　（一九七六）
10. 论语别裁（下）　（一九七六）
11. 新旧的一代　（一九七七）
12. 定慧初修　（一九八三）
13. 金粟轩诗词楹联诗话合编　（一九八四）
14. 孟子旁通　（一九八四）
15. 历史的经验　（一九八五）
16. 道家密宗与东方神秘学　（一九八五）
17. 习禅散记　（一九八六）
18. 中国文化泛言（原名"序集"）　（一九八六）
19. 一个学佛者的基本信念　（一九八六）
20. 禅观正脉研究　（一九八六）

21. 老子他说　（一九八七）

22. 易经杂说　（一九八七）

23. 中国佛教发展史略述　（一九八七）

24. 中国道教发展史略述　（一九八七）

25. 金粟轩纪年诗初集　（一九八七）

26. 如何修证佛法　（一九八九）

27. 易经系传别讲（上传）　（一九九一）

28. 易经系传别讲（下传）　（一九九一）

29. 圆觉经略说　（一九九二）

30. 金刚经说什么　（一九九二）

31. 药师经的济世观　（一九九五）

32. 原本大学微言（上）　（一九九八）

33. 原本大学微言（下）　（一九九八）

34. 现代学佛者修证对话（上）　（二〇〇三）

35. 现代学佛者修证对话（下）　（二〇〇四）

36. 花雨满天　维摩说法（上下册）　（二〇〇五）

37. 庄子諵譁（上下册）　（二〇〇六）

38. 南怀瑾与彼得·圣吉　（二〇〇六）

39. 南怀瑾讲演录二〇〇四—二〇〇六　（二〇〇七）

40. 与国际跨领域领导人谈话　（二〇〇七）

41. 人生的起点和终站　（二〇〇七）

42. 答问青壮年参禅者　（二〇〇七）

43. 小言黄帝内经与生命科学　（二〇〇八）

44. 禅与生命的认知初讲　（二〇〇八）

45. 漫谈中国文化　（二〇〇八）

46. 我说参同契（上册）　（二〇〇九）

47. 我说参同契（中册）　（二〇〇九）

48. 我说参同契（下册）　（二〇〇九）

49. 老子他说续集　（二〇〇九）

50. 列子臆说（上册）　（二〇一〇）

51. 列子臆说（中册）　（二〇一〇）

52. 列子臆说（下册）　（二〇一〇）

53. 孟子与公孙丑　（二〇一一）

54. 瑜伽师地论　声闻地讲录（上册）　（二〇一二）

55. 瑜伽师地论　声闻地讲录（下册）　（二〇一二）

56. 廿一世纪初的前言后语（上册）　（二〇一二）

57. 廿一世纪初的前言后语（下册）　（二〇一二）

58. 孟子与离娄　（二〇一二）

59. 孟子与万章　（二〇一二）

60. 宗镜录略讲（卷一至五）　（二〇一三至二〇一五）

图书在版编目(CIP)数据

我读南怀瑾/练性乾著. —2 版. —上海:复旦大学出版社,2016.4(2016.5 重印)
ISBN 978-7-309-11965-7

Ⅰ. 我… Ⅱ. 练… Ⅲ. 南怀瑾(1918~2012)-传记 Ⅳ. K825.46

中国版本图书馆 CIP 数据核字(2015)第 275950 号

我读南怀瑾(第二版)
练性乾　著
策划创意/南怀瑾项目组
编辑统筹/南怀瑾项目组
责任编辑/黄文杰

复旦大学出版社有限公司出版发行
上海市国权路 579 号　邮编:200433
网址:fupnet@fudanpress.com　http://www.fudanpress.com
门市零售:86-21-65642857　团体订购:86-21-65118853
外埠邮购:86-21-65109143
常熟市华顺印刷有限公司

开本 787×960　1/16　印张 23.75　字数 292 千
2016 年 5 月第 2 版第 2 次印刷

ISBN 978-7-309-11965-7/K·556
定价:48.00 元

如有印装质量问题,请向复旦大学出版社有限公司发行部调换。
版权所有　侵权必究